研究開発＆特許出願活動に役立つ

特許情報調査と検索テクニック入門
改訂版

野崎篤志 著

発明推進協会

改訂版の発刊にあたり

　本書は2015年10月に上梓した「特許情報調査と検索テクニック入門」の改訂版である。初版では特許検索式の作成という従来は暗黙知であった作業の形式知化を念頭に、関連性マトリックスと特許検索マトリックスを用いた検索式の具体的な作成テクニックについて解説した[1]。著者のテクニックが万能であるというつもりはないが、数多くの方々に拙著を読んでいただき、参考になったという感想をいただいたことは大きな励みになった。

　初版からこの改訂版まで4年しか経過していないが、このわずか4年の間で特許情報を取り巻く環境に3つの大きな変化があったと感じている。

　1つ目は特許情報に対する注目が高まったことである。2017年4月に公表された知財人材スキル標準（version2.0）において、IPランドスケープが戦略レベルのスキルとして定義されたことで、特許情報をより積極的に事業活動や研究開発活動へ活用していこうという機運が高まっている。特許情報調査だけではなく、事業戦略へ特許情報を活用していく際にも、的確な分析対象母集団を形成するスキル・テクニックは欠かせない。

　2つ目は人工知能をはじめとしたテクノロジーの急速な進歩である。初版が出版された直後から特許情報調査・分析業務へ人工知能技術を適用しようとする動きが加速化し、様々なベンダーからツールが発表されている。いくら人工知能搭載ツールが発展・普及しても、特許情報調査・分析作業をすべてAIが自動的に行ってくれるわけではない。ツールを用いる人間が、特許情報調査・分析についての基礎知識・スキルを有しておく必要がある。

　そして、3つ目はJ-PlatPat・特許情報プラットフォームのリニューアルである。2018年3月と2019年5月の2回のリニューアルを経て、インターフェースだけではなくコンテンツ・検索機能も大幅に強化され、無料の特許検索データベースでありながら、かなり高度な検索を行うことができる

---

[1]　ちょうど本書の初版と同時期に特許検索に関する書籍（［東 尼崎, できるサーチャーになるための特許調査の知識と活用ノウハウ, 2015］、［二神, 2015］）が立て続けに出版されたのも非常に興味深かった。

改訂版の発刊にあたり

ようになった。

　以上、3つの変化を踏まえて、改訂版では以下のような点について加筆・修正を行った。

- 初版の枠組みを維持しながら、全体構成を修正（第1章の差し替え、第2章の2.4.2を新規追加、第4章の構成を整理、第8章の8.3を新規追加、第9章の9.1を新規追加）
- 人工知能搭載ツールに関するコラムを追加
- 第7章の特定テーマに基づいた検索式作成事例を刷新
- 意匠調査データベースと検索テクニックに関するコラムを追加
- 全体を通じて、J-PlatPatをはじめ新しいデータベース画面に差し替え

　初版では入門書を謳いながら400ページ近くになってしまったが、著者としては本格的に特許情報調査に従事しようとする方が必要な知識およびスキル・テクニックを習得するために最低限必要なボリュームであったと考えている。そのため、改訂版でも特にボリュームを絞り込むことは行っていない。むしろ、特許情報調査の完全な入門者だけではなく、入門者が初級者へ、初級者が中級者へ、中級者が上級者へそれぞれレベルアップする際にも活用いただけるような内容を目指している。

　私が愛読している経営コンサルタントの大前研一氏の書籍のまえがきの中に以下のような文章がある。

> 前作『企業参謀』において、うかつにも、私は「手法」と見誤られるものにかなりのスペースをさいた。私はそれを参謀の「道具」と呼び、実際その使い方を記述した。意図したものは、道具の使い方そのものではなくて、道具を使って行うところのプロセスの記述と、プロセスの奥にあるものの考え方の記述であった。数多くの読者からノウハウを公開してくれてありがとう、と感謝された。ごく少数の読者は、ものの考え方についての記述が非常に参考になった、と

> 言ってくれた。本書は、この少数派の人々を対象としている。
> （出所：大前研一、『新装版　企業参謀―戦略的思考とはなにか―』）

　本書では特許検索式作成テクニックの形式知化を目指しているので、大前氏が言うところの「手法」や「道具」（＝関連性マトリックスや特許検索マトリックスなど）についてかなりのページを割いているのは事実である。しかし、「手法」や「道具」の奥にある考え方について理解・咀嚼し、自分なりに「手法」や「道具」をアレンジして活用していただきたいというのが著者の想いである。

　なお前著同様、この4年間にお付き合いさせていただいたクライアントや研修・セミナーの受講者の方々、K.I.T.虎ノ門大学院の社会人学生の方々とのディスカッションがこの改訂版の基礎となっている。お一人お一人のお名前を挙げることはできないが、厚く御礼申し上げたい。

　最後に、本書の出版にあたり遅筆な著者をあたたかくサポートいただいた発明推進協会の城水氏をはじめ皆様方に心から感謝の意を表したい。

2019年10月　野崎　篤志

はじめに

　本書は先行技術調査をはじめとした特許情報調査に必要な基礎知識をまとめた入門書であると同時に、特許情報プラットフォーム（J-PlatPat）などの無料特許データベースまたは商用特許データベースを用いて検索式を構築するためのテクニックについて解説した実務書である。特許情報を研究開発活動に活用したい研究者・技術者や、出願・権利化活動へ活用したい弁理士や企業の出願担当者・特許技術者のような方々に活用いただけると考えている。特にこれから特許情報調査について学び始める初学者の方に向けた書籍である。本書の内容を体得していただくことで、番号検索、出願人検索だけではなく、独力でJ-PlatPatまたは商用特許データベースを用いて、特許検索式を構築し、先行技術調査を実施できるレベルまで到達することを企図している。もちろん企業の知的財産部門の調査担当者・サーチャーのように調査業務に従事している方であっても、研究者・技術者向けの社内勉強会を行う際の補助テキストとして利用いただけるであろう。既に特許情報調査について基礎知識・スキルがある方は、本書内の随所にある脚注も合わせてお読みただくことで、専門的な知識やテクニックについて習得いただけるであろう。

　1999年3月に特許電子図書館（IPDL：Industrial Property Digital Library）サービスが開始され、インターネットを通じて特許情報を簡単に検索し入手することができるようになった。2015年3月には特許情報プラットフォーム（J-PlatPat）がサービス開始となり、特許電子図書館に比べて機能改善が図られている。さらに最近では米国のGoogle社のGoogle Patentsを始め、各国特許関連機関以外の組織や個人が無料の特許検索データベースを提供している。商用特許データベースでは、2014年1月31日をもってサービスを終了してしまったPATOLISのオンライン検索システムをはじめ、様々な企業が独自のコンテンツ・機能を備えたサービスを展開している。

　特許情報によりアクセスしやすくなればなるほど、特許情報を研究開発活動や特許出願活動へより積極的に活用しようという想いが高まってくる。しかし、実際に研究者・技術者が特許検索データベースを利用して調

はじめに

査を行っても関連のないノイズ公報ばかりがヒットしてしまったり、特許出願担当者や特許技術者が出願前の先行技術調査を行うが適切に母集団を絞り込めない等の場面に遭遇することが多いのではないだろうか。本書では"特許検索マトリックス→基本パターン"により効率的・効果的に検索式を作成するテクニックについて紹介する。特許情報プラットフォーム（J-PlatPat）をベースに解説しているが、履歴演算が可能な商用特許検索データベースを利用できる環境であれば、本書の内容をさらに効果的に利用いただけると考えている。

　検索式の作成テクニックというのは、従来は一部の調査担当者・サーチャーのみが保有していた暗黙知であった。近年、無料・商用特許検索データベースの普及・発展に伴い、特許検索という暗黙知を形式知化するための論考も見られるようになったが[2]、どのように検索式を作成すればよいのかという点について明示的に解説した書籍は著者の知る限りない。著者は、特許検索というのは「サイエンス」的な部分もあり、「アート」や「クラフト」的な部分もあると考えている[3]。直観に基づいた「アート」、経験に基づいた「クラフト」的な側面は重要ではあるが、様々な方が利用可能な型として体系化する「サイエンス」的な取り組みも同様に重要であると感じている。本書は著者が型として体系化した"特許検索マトリックス→基本パターン"による検索式構築手法を解説しているが、もちろんこれが100%正しいというわけではない。特に著者は大学・大学院で熱流体力学を専攻し、現在は自動車・新エネルギーおよびヘルスケア分野を主に担当しているため、化学・バイオ分野には適していない部分がある点は予めご了承願いたい。

　また本書では検索式の作成テクニック以外に、特許情報調査に必要な基礎知識や番号検索・パテントファミリー調査のテクニックについても可能

---

[2] 例としては［酒井, 特許検索手法のマニュアル化と検索ノウハウの伝達, 2007］、［桐山, 特許調査の実践と技術50, 2011］、や［六車, 技術者のためのアイデア発想支援, 2013］、［東 尼崎, できるサーチャーになるための 特許調査の知識と活用ノウハウ, 2015］、［二神, 2015］、［小島 浩., 2017］などがある。

[3] ［ヘンリー・ミンツバーグ, 2014］はマネジメント・マネージャーに必要な要素として「サイエンス」、「アート」、「クラフト」の3つを挙げており、この3つのバランスが取れていることが望ましいとしている。

な限りページを割いてまとめている[4]。このような情報はなかなか体系的にまとまっている成書がないので、読者の参考になることを期待している。なお前著[5]同様、本書の内容は、これまで著者がクライアントの方々と様々な調査・分析案件を通じて得た経験がベースになっている。またこれまで講師を務めさせていただいた各種セミナーにご参加いただいた方々からの質問も、自らの手法・考え方を見直すために非常に有益なものであった。個々の方々のお名前を挙げることはできないが、ここで厚く御礼申し上げたい。

最後に、本書の出版にあたり多大のご協力をいただくとともに遅筆な著者をあたたかくサポートいただいた鴨井様・渡邊様・清水様・城水様をはじめとして発明推進協会の皆様方に心から感謝の意を表したい。

2015年8月　野崎　篤志

---

[4] 残念ながら現在絶版となってしまったが［情報科学技術協会・OUG特許分科会, 2002］の第1章は、著者が知り得る限り特許情報調査を行う上で必要となる法律的な知識などを体系的にまとめてある。
[5] ［野崎, 特許情報分析とパテントマップ作成入門　改訂版, 2016］

凡例

JPO	日本国特許庁
USPTO	米国特許商標庁
EPO	欧州特許庁
IPC	国際特許分類
FI	ファイルインデックス
CPC	欧米協同特許分類
DB	データベース
J-PlatPat	特許情報プラットフォーム
特許法	日本特許法
公開特許	公開された発明
登録特許	特許権が付与された発明
先行特許・先行文献	先行して出願・権利化された発明

- 本書では主に特許情報調査について述べているが、特許情報と述べている場合は原則実用新案情報も含めている（実用新案特有の点については別途説明を行っている）。また、特に断りのない限り、日本の制度について説明している。
- 本書において記載されている画像、記載されている会社名、製品名などの固有名詞は各社の商標または登録商標である。なお、本文中では、TM、®マークは省略している。
- 本書内において引用文献は、［野崎, 2013］や［野崎, 弁理士が知っておきたい特許情報調査の基礎知識, 2014］のように記載している。引用文献および参考文献については本書末尾に一覧を掲載している。
- 本書に掲載されている各種データベースのインターフェースは2019年9～10月時点のものであり、今後変更される可能性がある点ご留意いただきたい（ブラウザはGoogle Chromeバージョン75.0.3770.142を用いて動

凡例

作検証している)。また本書で紹介しているサービスやソフトウェアについて著者は安全性を保証するものではない。本書掲載のサービスやソフトウェアのご利用は読者ご自身の責任と判断によって行っていただきたい。

- Espacent について、2019年11月19日に新しいバージョンがリリースされたが、本書では旧バージョン（Classic Espacent）の画面を用いて説明している点、ご容赦いただきたい。

目次

改訂版の発刊にあたり

はじめに

凡例

序章　特許情報調査に求められる知識・スキル …………………………… 2

第1章　良い検索式・母集団とは？ ………………………………………… 8
　　コラム　特許情報業務における人工知能技術の活用 ……………14

第2章　特許情報調査のための基礎知識 …………………………………18
2.1　情報の種類と特許情報 ……………………………………………………18
　2.1.1　情報の種類 ……………………………………………………………18
　2.1.2　特許情報とは …………………………………………………………22
　2.1.3　特許情報調査の目的と特許情報の持つ二面性 ………………………23
　2.1.4　特許情報の特徴 ………………………………………………………26
　2.1.5　公報種別コードとサーチレポート …………………………………29
2.2　特許情報調査に必要な特許制度の基礎知識 ……………………………34
　2.2.1　特許制度 ………………………………………………………………34
　　①特許要件（新規性、進歩性、先願主義など）………………………35
　　②出願公開制度および実体審査・審査請求制度の有無の有無 ……41
　　③実用新案制度の有無 …………………………………………………42
　　④特許権の権利状況・存続期間 ………………………………………44
　　⑤特許情報調査に関する日付 …………………………………………45
　2.2.2　海外出願ルートとパテントファミリー ……………………………46
　2.2.3　公報発行のタイミング ………………………………………………54
2.3　特許調査の種類 ……………………………………………………………58
　2.3.1　目的・フェーズ別の種類 ……………………………………………59

　　　　①出願前調査・審査請求前調査 …………………………………60
　　　　②無効資料調査・公知例調査 ……………………………………62
　　　　③侵害防止調査・クリアランス調査・FTO …………………64
　　　　④技術収集調査 ……………………………………………………65
　　　　⑤技術動向調査・出願動向調査 …………………………………66
　　　　⑥権利状況調査・法的状況調査 …………………………………67
　　　　⑦パテントファミリー調査・対応特許調査 ……………………68
　　　　⑧ウォッチング・SDI ……………………………………………69
　　　　⑨主要な調査種類別留意事項 ……………………………………69
　　2.3.2　検索対象別の種類……………………………………………71
　2.4　検索キー：キーワードと特許分類 ……………………………………72
　　2.4.1　検索式の構成要素……………………………………………72
　　2.4.2　キーワードの種類……………………………………………73
　　　　①特許庁審査官が利用しているキーワード ……………………73
　　　　②特定データベースで利用されているキーワード ……………75
　　　　③特許公報に記載されているキーワード ………………………75
　　2.4.3　特許分類の種類………………………………………………77
　　2.4.4　国際特許分類…………………………………………………78
　　2.4.5　日本独自の特許分類…………………………………………80
　　　　①FI：ファイル・インデックス …………………………………81
　　　　②Fターム …………………………………………………………83
　　　　③ファセット・広域ファセット…………………………………87
　　　　④FI・Fタームの更新 ……………………………………………88
　　2.4.6　欧米協同特許分類（CPC）…………………………………89
　　コラム　米国特許分類（USPC・USC）と欧州特許分類（ECLA）……96

第3章　特許情報調査に用いるデータベース・ツール ……………100
　3.1　特許検索データベースの種類 ………………………………………100
　3.2　特許検索データベースの選択 ………………………………………104
　3.3　特許検索データベースの検索メニューと演算子 …………………106
　　3.3.1　検索メニュー…………………………………………………106

①番号検索 …………………………………………………… 106
　　②構造化検索・メニュー検索 ……………………………… 107
　　③コマンド検索 ……………………………………………… 107
　　④概念検索 …………………………………………………… 108
　　⑤ステータス検索・経過情報検索 ………………………… 110
　　⑥引用・被引用検索 ………………………………………… 111
　　⑦構造式検索 ………………………………………………… 115
　　⑧画像検索 …………………………………………………… 116
　3.3.2 演算子 ……………………………………………………… 117
　　①基本的な演算子：AND・OR・NOT …………………… 117
　　②近接演算子 ………………………………………………… 119
　　③トランケーション ………………………………………… 121
　コラム　海外特許検索データベース情報源 …………………… 124

第4章　番号からの特許情報調査 ………………………………… 128
4.1　J-PlatPat での調査 ……………………………………………… 129
4.2　パテントファミリー調査 ……………………………………… 138
4.3　米国特許の番号調査（権利状況・移転状況の確認）……… 143
4.4　EP 特許の番号調査（EP 登録特許の移行状況の確認）…… 152
4.5　WO 特許の番号調査（国際公開特許の移行状況の確認）… 157
　コラム　近傍検索の文字数・ワード数設定 …………………… 162

第5章　企業名・発明者からの特許情報調査 …………………… 166
5.1　企業名からの調査 ……………………………………………… 166
　5.1.1　出願人・権利者の特定………………………………… 166
　　①社名変更または吸収・合併 ……………………………… 166
　　②カタカナからアルファベット社名へ変更 ……………… 168
　　③海外企業の出願人名の表記揺れ ………………………… 169
　　④知財管理会社を通じての出願 …………………………… 170
　5.1.2　J-PlatPat での調査 …………………………………… 171
　5.1.3　海外特許データベースでの調査……………………… 172

5.2　発明者名からの調査 ………………………………………………… 176
　5.2.1　発明者の特定 ……………………………………………………… 176
　5.2.2　J-PlatPatでの調査 ………………………………………………… 177
　5.2.3　海外特許データベースでの調査 ………………………………… 180
5.3　米国特許の権利譲渡調査 …………………………………………… 182
　コラム　J-PlatPat利用時に注意すべき点 ……………………………… 188

第6章　関連性マトリックスと特許検索マトリックスの利用方法 … 192

6.1　関連性マトリックスと特許検索マトリックス …………………… 192
6.2　特許情報調査のステップと検索式構築フロー …………………… 195
6.3　ステップ1　調査対象テーマを明確化する ……………………… 196
6.4　ステップ2　調査方法を検討する ………………………………… 199
6.5　ステップ3　検索キー「キーワード」を探す …………………… 200
　6.5.1　予備検索と同義語検討ルールの適用 …………………………… 201
　6.5.2　キーワード選択支援ツールを利用 ……………………………… 206
　6.5.3　類語辞典を利用 …………………………………………………… 209
6.6　ステップ3　検索キー「特許分類」を探す ……………………… 210
　6.6.1　予備検索 …………………………………………………………… 211
　6.6.2　ランキングからFI・Fタームを探す …………………………… 212
　6.6.3　特許・実用新案分類照会（PMGS）で分類定義を確認する … 216
　6.6.4　特許・実用新案分類照会（PMGS）から探す ………………… 221
　6.6.5　特許分類選択時の留意点 ………………………………………… 225
6.7　その他の検索キーの探し方 ………………………………………… 228
6.8　ステップ4　検索式の組み立て …………………………………… 229
　6.8.1　関連性マトリックスを踏まえた検索式の作成方針 …………… 229
　6.8.2　検索式の基本パターン …………………………………………… 231
　6.8.3　特許検索マトリックスからの検索式構築 ……………………… 234
　6.8.4　J-PlatPatでの論理式構築 ………………………………………… 238
6.9　初心者向けの検索式構築アプローチ ……………………………… 244
6.10　検索式の評価・修正 ………………………………………………… 246
　コラム　英語キーワード・CPCを探す ………………………………… 248

第7章 特定テーマに基づいた特許情報調査 ……………………… 254
- 7.1 検索式作成事例 ……………………………………………………… 254
  - 7.1.1 先行技術調査：橋梁点検用ドローン…………………… 255
  - 7.1.2 先行技術調査（課題ベース）：子供用安全ライター …… 263
  - 7.1.3 技術収集調査：硫化物系固体電解質を用いた全固体電池…… 273
  - 7.1.4 無効資料調査：セルフレジ（無人店舗）………………… 283
  - 7.1.5 侵害防止調査：ロボット掃除機の衝突防止機能………… 290
  - 7.1.6 技術動向調査：機械学習……………………………… 300
- 7.2 検索式作成パターンのまとめと応用 ……………………………… 307
  - コラム　検索テーマが課題・目的の場合のアプローチ ………… 310

第8章 公報の読み方と調査結果のまとめ方 ……………………… 314
- 8.1 公報を読むための基礎知識 ……………………………………… 314
  - 8.1.1 公報の構成と発明の理解…………………………… 314
  - 8.1.2 調査種類別の公報の読み込み範囲………………… 316
- 8.2 公報の読み方 ………………………………………………… 319
  - 8.2.1 公報のスクリーニングと精査………………………… 319
  - 8.2.2 公報のスクリーニング手順………………………… 322
  - 8.2.3 J-PlatPat 検索結果一覧の MS Excel リスト化 … 328
- 8.3 海外特許公報の読み方 ………………………………………… 332
  - 8.3.1 海外特許公報を査読する際のアプローチ…………… 332
  - 8.3.2 和文抄録の活用…………………………………… 333
  - 8.3.3 機械翻訳の活用…………………………………… 336
- 8.4 調査結果のまとめ方 …………………………………………… 342
  - 8.4.1 調査報告書に記載すべき事項……………………… 342
  - 8.4.2 出願前調査……………………………………… 344
  - 8.4.3 無効資料調査…………………………………… 347
  - 8.4.4 侵害防止調査・クリアランス調査（FTO）…………… 349
  - 8.4.5 技術収集調査および技術動向調査………………… 350
  - コラム　意匠調査データベースと検索テクニック ……………… 352

第9章　特許情報調査スキルを磨くために …………………… 362
9.1　特許情報業務の今後 …………………………………… 362
9.2　セミナー・研究会へ参加する ………………………… 363
9.3　文献・カンファレンス資料をウォッチングする …… 365
9.4　特許検索競技大会・Patent Olympiadに出場する…… 366
9.5　他者の検索式を評価する ……………………………… 368
9.6　他者へ検索式作成方法を教える ……………………… 369
9.7　その他 …………………………………………………… 369
　　コラム　サーチャーのキャリアパス ……………………… 371

図表一覧 ………………………………………………………… 375
　　図一覧 ……………………………………………………… 375
　　表一覧 ……………………………………………………… 383

引用文献・参考文献 …………………………………………… 387

おわりに

著者プロフィール

序章
特許情報調査に求められる知識・スキル

序章　特許情報調査に求められる知識・スキル

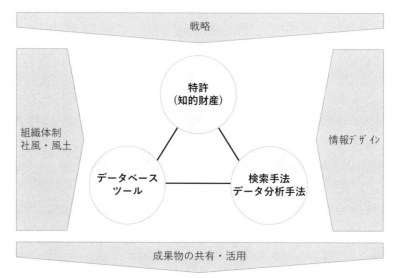

図1　特許情報調査に求められる知識・スキル

　新規研究開発テーマ立ち上げにあたって競合他社の特許を分析したり、特許出願前に類似した先行文献がないか調べたり、新規製品・サービスを市場投入するにあたって第三者の特許権を侵害していないか確認するなど、企業における事業戦略策定・遂行および研究開発活動および知財活動に特許情報調査は欠かせない。また経営戦略や事業戦略へ貢献するためのIPランドスケープ[6]を遂行するための情報源としても特許情報は必須であ

---

[6]　2017年4月に特許庁から発表された「知財人材スキル標準（version2.0）」において、戦略レベルのスキルとしてIPランドスケープが定義され、日本の知財業界へ浸透しつつあると感じている。しかし、著者としては2000年代前半の"経営戦略の三位一体"や2000年代後半の"経営に資する知財、事業に資する知財"において、特許情報を経営・事業戦略へより積極的に活用することは述べられており、IPランドスケープがとりわけ新しい動き・トレンドであるとは考えていない。詳細については拙稿を参照いただきたい（[野崎,特許情報をめぐる最新のトレンド—人工知能、IPランドスケープおよび特許検索データベースの進化—, 2018]、[野崎, IPランドスケープの底流—情報分析を組織に定着させるために, 2019]）。

る。本書は先行技術調査をはじめとした特許情報調査に必要な基礎知識および検索式・母集団の構築テクニックについてまとめてある[7]。

本書で解説する特許情報調査に求められる知識・スキルについて図1に示した。図1は特許情報調査だけではなく特許分析・パテントマップ作成に求められる知識・スキルも併記している。特許情報調査に求められる知識・スキルには、個人レベルで習得すべきスキルもあれば、チームや組織全体として定着させるべき能力もある。

特許（知的財産）、データベース・ツール、検索手法・データ分析手法の3つの円が、特許情報調査の上で必須となるコアスキルである。つまり特許の知識（広義に言えば知的財産の知識）、特許情報調査を行うデータベース・ツールに関する知識および使いこなすスキル[8]、そして番号検索・出願人検索や特定テーマに基づいた検索式作成といった検索手法・データ分析手法に関するスキルから構成される。この3つの知識・スキルは、研究者・技術者、知的財産部門のスタッフ、弁理士・特許技術者が一個人として、特許情報調査ができるようになるために必要とされる。

しかし、特許調査結果は一個人だけではなく、組織的に展開することでより効果を発揮する。特許分析・パテントマップ作成やIPランドスケープという点では、戦略に関する知識や、どのように魅せれば受け手がスムーズに理解できるような情報デザインの知識といった個々人のスキルも重要である。一方、特許分析・パテントマップ作成やIPランドスケープだけではなく特許情報調査を根付かせるためには、特許情報を有効活用しようとする組織体制や風土づくり[9]、そしてマネジメント層から現場レベルまでの啓発・教育が必要となる。また特許調査結果の共有・活用も重要なポ

---

[7] 特許情報分析を行う際にも分析対象となる母集団検索式を作成する必要がある。的確な母集団を設定しないで分析を行っても、良い結果は得られない。

[8] 人工知能を搭載した特許調査支援ツールに関する知識についても含まれる。本書では著者が考える人工知能ツールとの付き合い方について後述する。

[9] 企業・研究組織における特許情報の活用については［久野, 2006］の述べている情報パワー・組織パワーがある。また［嶌谷, 中村, 米田, 2008］および［戸田 裕., 企業の知的財産マネジメントにおける特許・技術情報の管理と活用, 2007］、［戸田 裕., 日立の社会イノベーション事業を支える知財活動と知財情報の有効活用, 2017］、［ユーザベース, 2019］では企業における特許情報マネジメントや戦略的活用について述べている。

イントである。本書では上述の3つのコアスキルに焦点を当てて解説していくため、周辺スキルについては特にページを割いて説明をしていない。データ分析手法や戦略、情報デザイン、組織体制・風土について知りたい方は特許情報分析に関する拙著（[野崎, 特許情報分析とパテントマップ作成入門　改訂版, 2016]）を参照いただきたい。

以下に**図1**の3つのコアスキルと本書の構成について述べる。

表1　3つのコアスキルと対応する章

3つのコアスキル	対応する章
特許（知的財産）	第2章　特許情報調査のための基礎知識
データベース・ツール	第2章　特許情報調査のための基礎知識 第3章　特許情報調査に用いるデータベース・ツール
検索手法	第1章　良い検索式・母集団とは？ 第4章　番号からの特許情報調査 第5章　企業名・発明者からの特許情報調査 第6章　関連性マトリックスと 　　　　特許検索マトリックスの利用方法 第7章　特定テーマに基づいた特許情報調査
その他	第8章　公報の読み方と調査結果のまとめ方 第9章　特許情報調査スキルを磨くために

第1章は良い検索式とは何か？について適合率・精度（ノイズが多いか少ないか）および再現率（モレが多いか少ないか）の2つの指標を用いて解説する。

第2章は特許情報調査のための基礎知識であり、調査に必要な特許法の知識や調査の種類・特許分類・データベースの基礎事項について整理している。特許法を勉強するだけでは習得できないポイントについても解説している。

続いて**第3章**では日本特許情報を調査する場合に用いるデータベースやツール、およびその機能などについて説明している。データベースやツールの具体的な利用方法については**第6章・第7章**で事例を交えながら解説している。

調査対象テーマ	

調査対象国・地域	
日付限定	
注目企業・発明者	
注目公報番号	

特許検索マトリックス

	背景技術	構成要素①	構成要素②
調査観点			
キーワード・同義語			
IPC			
FI			
Fターム			
CPC			

関連性マトリックス

	背景技術 構成要素① あり	構成要素① なし
構成要素② あり	該当	参考
構成要素② なし	参考	ノイズ

図2　特許検索マトリックスと関連性マトリックス[10]

　第4章から第7章までが検索テクニックについて述べている本書の中心的な部分である。第2章でも説明する通り、特許調査は検索対象によって、番号検索、出願人検索、主題検索に分かれる。第4章は番号検索について解説している。J-PlatPat、Google Patents、欧州特許庁のEspacenet等を用いた番号調査や対応特許調査、権利状況調査などのテクニックについて解説している。第5章は出願人検索であり、企業名や発明者名を検索する際の留意点について取りまとめている。第6章では図2に示す"特許検索マトリックス"および"関連性マトリックス"について事例を用いて、検索式構築の方法論を述べ、第7章において様々な技術分野の例題を通じて、"特許検索マトリックス"および"関連性マトリックス"を用いた検索式構築方法について理解を深めていただきたい。
　第8章は、第4章から第7章で検索して形成した母集団に含まれる特許公報をスクリーニングしていく上で、関連性マトリックスを用いた該当・ノイズの判断基準の設定や効率的なスクリーニング方法、そして調査の結

---

[10] 特許検索マトリックスについては初版からフォーマットを変更した。また初版では特許検索マトリックスを重点的に取り上げており、関連性マトリックスについては簡単に触れるだけにとどまっていたので、改訂版では特許検索マトリックスと関連性マトリックスをなるべく関連付けて説明している。

果のまとめ方について述べる。最後の**第 9 章**では特許情報調査スキルを磨くためにどのような方法があるのか、著者の私見を取りまとめた。

　なお、本書では海外特許検索データベースや意匠検索について詳細に説明していないが、コラム「海外特許検索データベースの情報源」において米国・欧州・中国・韓国および国際出願などの海外特許情報を調査する際のガイドブック・マニュアル等について、また「意匠調査データベースと検索テクニック」において日本意匠調査の検索テクニックについて紹介している。

第 1 章

良い検索式・母集団とは？

第 1 章　良い検索式・母集団とは？[11]

　良い検索式・母集団とは何であろうか？まずは以下の5つのシチュエーションについて考えてみよう。

- ✓ キーワードのみで検索してみたがノイズばかりでなかなか該当の公報が見つからなかった。
    - ➔ ノイズが多い
- ✓ 適切な特許分類を選択したと思っていたが、しばらく経ってから重要な先行文献を抽出できていないことが分かった。
    - ➔ モレがあった
- ✓ 自社保有技術だけではなく周辺技術まで拡張して分析対象母集団を形成したことで、より広い視点で特許出願および研究開発状況を俯瞰することができ、自社の中長期R&D戦略の策定に役立った。
    - ➔ 網羅的（モレがない）
- ✓ 研究者・技術者から提出された発明提案書に書かれている発明の概要を、概念検索を使って調査したら関連する先行文献を簡単に見つけることができた。
    - ➔ 制約条件（時間、ボリューム）
- ✓ NPE（特許不実施主体、いわゆるパテントトロール）から警告状が届き、1週間以内に回答しなければならないため、関連する特許分類のOR演算で母集団形成した後、AIツールで関連性の高い文献のみを抽出し、スクリーニングを行った。
    - ➔ 制約条件（時間、シチュエーション）

　1つ目と2つ目はあまり良い検索式を立てられなかったようである。一

---

[11] 特許・情報フェア＆コンファレンス2018のイーパテント・トークセッションにて「弁理士サーチャーからみた良い検索式とは？」というテーマで東智朗氏（株式会社ライズ　代表取締役）とディスカッションした様子をYoutubeのe-Patentチャンネルにアップしているので合わせて参照いただきたい（https://youtu.be/hNZC75hKBoc）。

方、3つ目は分析のために良い母集団検索式が作成できている、また4つ目はキーワードや特許分類を組み合わせた検索式は作成せずに、特許検索データベースが有している概念検索機能（**3.3.1-④参照**）を用いたところ所望の結果が得られた例である。最後については検索式の良し悪しは分からないが、時間的な制約の中でベストな方法で先行文献を抽出するアプローチをとっていると言える。

　検索式または母集団は、何らかの調査（先行技術調査、無効資料調査、侵害防止調査・FTO など）や分析（技術動向分析、競合他社分析、新規用途探索、M&A やアライアンス先候補抽出など）の目的を実施するために作成する。調査や分析の目的を実現することができるのが良い検索式・母集団であり、一義的に「これが良い検索式」は決まらない。

　ヒット件数がコンパクトな検索式・母集団を作成し、ノイズが少なくても、数多くのモレが発生していれば調査の目的を実現できないかもしれない。またヒット件数が膨大でモレがほぼゼロであったとしても、大量のノイズ文献を読んで精査しなければならないとなると、工数がいくらあっても足りない。よって調査や分析の目的から検索式・母集団の良し悪しを考える上では、

- ✓　ノイズとモレ
- ✓　TPO（時：time、所：place、場合：occasion）

の2つの観点が必要である。

　ノイズとモレという面から、検索式の良否を測る指標として適合率・精度（precision）と再現率（recall）の2つがある。以下の図を用いて説明する。

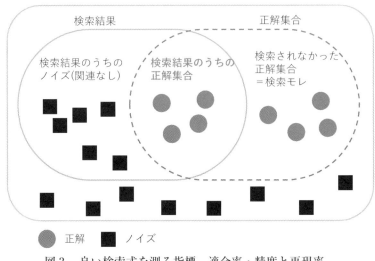

図3　良い検索式を測る指標－適合率・精度と再現率－

　適合率・精度（本書では次章以降"精度"と呼ぶ）とは検索結果の中でどれだけ検索目的に合致した正解があったかを示すものであり、数式で表すと

　　精度（適合率）＝検索結果のうちの正解集合 / 検索結果

となる。仮に検索結果が10件あり、そのうち公報を読みこんだ結果4件が検索目的に合致した公報（検索結果のうちの正解集合●）で、残り6件が検索目的に合致しないノイズ公報■であった場合、精度は

　　精度（適合率）　40％＝4件 /10件

となる。精度が大きいほど母集団に含まれるノイズが少ないことになる。
　一方、再現率は全正解集合の中でどれだけ検索で正解をピックアップできたかを示すものであり、数式で表すと

　　再現率＝検索結果のうちの正解集合 / 正解結果

となる。再現率の分母である正解集合というのは理論的には算出は不可能であるが、仮に検索結果が10件あり、そのうち公報を読みこんだ結果4件が検索目的に合致した公報（検索結果のうちの正解集合●）であったが、正解集合●が全部で8件であった場合、再現率は

再現率　50%＝4件 /8件

となる。再現率が小さくなるほど本来抽出すべき正解集合が抽出できていないことになる。

　精度と再現率はトレードオフの関係にある。つまり母集団内のノイズを減らそうとすれば（＝精度を上げる）、モレが増える（＝再現率が下がる）。ノイズ混入率も押さえて、かつモレない検索式・母集団を形成するというのは非常に困難であることは容易に想像がつくであろう。

　ここまでノイズとモレという観点から検索式の良し悪しを見てきたが、もう1つの観点としてTPOがある。実際の特許調査案件や特許分析プロジェクトにおいて、十分な作業時間が確保できているケースは稀であろう。特に無効資料調査や侵害防止調査・FTOなどは、何らかの時間的制約が課せられた状態で依頼を受けることが多い[12]。たとえば競合他社・NPEから警告状が届き、1週間以内に回答しなければならない場合、調査自体にかけられるのは2～3日程度であろう。この2～3日の間でベストな結果が出るような検索式・母集団を形成する必要がある。いくら自分にとってベストではない形であっても、時間的制約の中でベストな形に仕上げなければならない[13]。

　TPOを踏まえた検索式を構築する際には、適合率・精度と再現率だけ

---

[12] 無効資料調査だけではなく、侵害防止調査・FTOについても「来週の展示会でこのデモ機を出品することになったので調査をしておかないといけなくなりました」のような至急の調査依頼を受けた経験をお持ちの方も読者の中には多いかと思う。

[13] ある制約条件下のクライアントからの依頼について、「できる／できない」の二元論ではなく、「何ができるか」、「どこまでできるか」、「デッドラインまでに何が終わらないか」、「どれくらいの追加日数があればベストな形態が完了できるか」のように「できる部分／できない部分」を時系列で整理・回答する姿勢が重要であると考える。

ではなく、以下の**図4**に示す「投網アプローチ」と「銛やアプローチ」の2種類の検索アプローチについて把握しておくと良い。

検索のアプローチ	アプローチの概要
投網アプローチ[14] 	特許分類やキーワードを十分選定した上で、ストーリーを考えながら検索式を構築していくアプローチ。査読は検索式作成後に行うことが多い。
銛やアプローチ 	関連する先行文献をベースとした引用・被引用検索や、キーワードや特許分類を用いてヒット件数の小さい母集団を数多く作成して、都度査読し、芋づる式に関連性の高い先行文献を抽出していく。

図4 検索のアプローチ（投網アプローチ・銛やアプローチ）[15]

一般的に日本人は「投網アプローチ」が得意であり好む傾向が強い。他者（外注先の調査会社含む）が作成した検索式であっても、式を見ればそのストーリー（検索式作成者の意図）が分かるようなタイプである。

もう1つは「銛やアプローチ」であり、アメリカ人がよく使うアプローチである[16]。事前にキーワードや特許分類を検討してから検索式を構築す

---

[14] イラストは農林水産省、漁業種類イラスト集より。
[15] 投網アプローチ・銛やアプローチについて、前職の同僚のアメリカ人とディスカッションした際、「それは Casting net approach と Spear approach だね」と英語で言われたことを思い出す。よくある話だが、英語で表現すると一気に洗練されたと感じるのは著者だけであろうか。
[16] 「アメリカ人が」と言い切っているが、著者の前職時代の同僚はこのアプローチを用いているものが多かった（米国特許のサーチレポートを数件見ると、USPTO（米国特許商標庁）の審査官もこのアプローチを用いている方が多い印象がある）。アメリカ人だから、みな「銛やアプローチ」であるわけではない点は留意いただきたい。

るのではなく、把握している先行文献の引用・被引用検索や、ピンポイントでのキーワード検索、調査の過程で抽出した先行文献の発明者での名義検索など、小さなヒット件数の母集団をたくさん生成して、都度読み込んでいくタイプである。そのため、検索式を後から見てもどういう意図で作成したのか分からない場合も多い。

「投網アプローチ」と「銛やアプローチ」のいずれか一方が優れているのではなく、あくまでもTPOを踏まえて選択するべきものである[17]。たとえば、調査自体に1～2日しかかけられない場合は「投網アプローチ」でじっくり検索式を構築するよりも、「銛やアプローチ」で関連性の高い小さな母集団を数多く作成して、都度査読していった方が良いだろう。逆に、侵害防止調査・FTOや動向分析のように、どのような範囲を対象に調査・分析したのか、その範囲を明確化することが重要な場合は「銛やアプローチ」ではなく「投網アプローチ」で検索式・母集団を作成するべきであろう。

本書では基本的にキーワードや特許分類を用いたオーソドックスな、つまり「投網アプローチ」での検索式作成テクニックについて解説している。上述の通り、調査・分析の目的を実現することが最も重要であり、その目的実現のために、TPOを踏まえて「銛やアプローチ」を採用したり、検索支援ツールとして概念検索や人工知能技術を活用することを否定するものではない。むしろ、基本的な「投網アプローチ」での検索式作成テクニックを踏まえているからこそ、適切な検索式作成・方法を取捨選択できるようになると考えている。

---

[17] ある特定技術分野に詳しい調査担当者であれば、関連する特許分類やキーワード・同義語、重要出願人・発明者等の情報が既に頭の中に入っているため「銛やアプローチ」が非常に有効に機能する。

コラム　特許情報業務における人工知能技術の活用[18]

　人工知能技術が特許情報調査・分析業務へ初めて採用されたのは、2015年秋のFRONTEO（当時はUBIC）の「Patent Explorer」であり、同年の特許情報フェアでは数多くの来場者がブースに詰め掛けていた。また、日本国特許庁でも2016年以降「人工知能技術を活用した特許行政事務の高度化・効率化実証的研究事業」や「外国特許文献へのFターム等付与に関する機械学習活用可能性調査事業」を通じて、AIの特許庁業務への活用を検討しており、その成果を2017年4月にアクション・プラン[19]として公開した。「Patent Exploerer」の登場から4年ほど経過し、日本国特許庁だけではなく海外特許庁もAIへ積極的に取り組んでおり（参考：[桐山勉 安藤俊幸, 2017]、[西出, 2018]）、国内外の民間ベンダーからも様々なAIツールが発表されている。

　著者は人工知能搭載特許調査・分析ツールを「スクリーニング効率化・レイティング」、「クラスタリング・分類展開」、「新規性・進歩性判断」の3種類に分けて捉えている。以下の表に主なツールについて掲載している。

表2　人工知能を搭載した主な特許情報調査・分析ツール

ツール名	ベンダー
スクリーニング効率化・レイティング	
KIBIT Patent Explorer	FRONTEO
XIpat （クラスタリング・分類展開も可能）	XIpat Labs
Patent Noise Filter	アイ・アール・ディー

---

[18] 人工知能技術を用いた特許調査・分析ツールの現状や、人工知能技術と今後どのように付き合っていけば良いかについては過去の拙稿（[宇野, 野崎, 那須川, 小川, 2016]、[野崎, 特許情報と人工知能（AI）：総論, 2018]、[野崎, 特許情報をめぐる最新のトレンド―人工知能、IPランドスケープおよび特許検索データベースの進化―, 2018]、[野崎, 知財情報調査・分析を取り巻く人工知能とその周辺動向－AIツール・RPAツールとの協働・共創時代へ－, 2019]）も合わせて参照いただきたい。

[19] 特許庁における人工知能（AI）技術の活用に向けたアクション・プランの公表について、
https://www.jpo.go.jp/system/laws/sesaku/ai_action_plan/ai_action_plan.html

Deskbee	アイ・ピー・ファイン
Patentfield （クラスタリング・分類展開も可能）	Patentfield
amplified ai	amplified ai
クラスタリング・分類展開	
Patent Mining eXpress, Text Mining Studio, Visual Mining Studio	NTTデータ数理システム
Nomolytics	アナリティクスデザインラボ
Shareresearch　分析オプション	日立製作所、ニッセイコム
Derwent Data Analyzer	クラリベイト・アナリティクス
新規性・進歩性判断	
AI Samurai	AI Samurai
その他	
Cotobox　（商標検索）	cotobox株式会社
Toreru　（商標検索）	株式会社Toreru

　以下は、人工知能搭載調査・分析ツールのトレンドに関する著者の私見である。

- ✓ 2015年から2017年にかけては人工知能技術に対する期待値が非常に大きく、特許情報調査や分析業務についても一部完全にAIに代替するのではないか、と感じていた方もいた。
- ✓ 2018年ごろからAIへ対する見方が冷静・現実的なものとなり、現時点のAI技術で特許情報調査や分析業務を効率化しようと考える方が増えてきた。

　9.1でも述べるように特許情報調査・分析業務は「問題特定」、「調査デザイン・分析デザイン」、「読込・分類展開（人・ツール）」、「解釈・戦略策定」の4つのフェーズに大別できる。現在は、人工知能が得意なのは「読込・分類展開（人・ツール）」のフェーズで、AIを活用して作業効率化を図ろうという動きが目立っている。ただしAIを導入すればすぐに何でもできるわけではないので、AIをどのように自社業務に組み込んでいくか

中長期的な視点で検討する必要がある。
　なお、人工知能技術の特許情報調査・分析業務への適用については、花王株式会社・知的財産部の安藤俊幸氏の以下のような論考

- ✓ ［安藤,機械学習を利用した効率的な特許調査方法,2016］
- ✓ ［安藤,機械学習を用いた効率的な特許調査方法,2017］
- ✓ ［安藤,機械学習を用いた効率的な特許調査方法,2018］
- ✓ ［安藤 桐山,分散表現学習を利用した効率的な特許調査,2019］

などに詳しく記載されている。また全般的なトレンドを把握する際は

- ✓ Japio YEAR BOOK 2019　特集　特許情報分野におけるAI活用のススメ
- ✓ Japio YEAR BOOK 2018　ミニ特集　特許庁×AI
- ✓ Japio YEAR BOOK 2017　特集　PI×AI（特許情報×人工知能）〜第四次産業革命が特許情報の未来をどう変えていくのか〜

などを参照されたい。

第 2 章
特許情報調査のための基礎知識

第 2 章　特許情報調査のための基礎知識

　特許調査・特許分析を行うためには、どのように検索式・母集団を構築しなければいけないか、検索式のベースとなるキーワードや特許分類をどのように抽出・収集すれば良いのか、また、そもそも特許情報とはどのような特徴を持った情報なのか等々、特許情報調査・分析を行う上で必要となる基礎知識はたくさんある。

　これまでの特許調査関係の書籍では、特許情報調査に必要となる特許法の知識については触れていることが多いが、特許公報の種類や種別コードなど細かな点について体系的にまとめている書籍はあまり見当たらない。本章では他書ではあまり触れていない事項も含めて整理する。特に調査を専門で実施している方々には脚注にも詳細な情報も掲載してあるので留意して読んでいただきたい。

2.1　情報の種類と特許情報

　情報には様々な種類があり、分け方がある。本書で対象にしている特許情報も数ある情報の中の 1 つであるが、本節では特許情報の位置づけについて確認していく。

2.1.1　情報の種類[20]

　政治家や著名人が講演会などで発言した内容が一部切りとられ、新聞・雑誌やネット記事で配信されてバッシングを受けることがある。またメーカーの関係者からの情報として、ある企業との提携協議が進んでいる、等の記事を新聞等で見ることがあるだろう。

---

[20] 本項の内容については拙著［野崎，調べるチカラ「情報洪水」を泳ぎ切る技術，2018］も合わせて参照いただきたい。

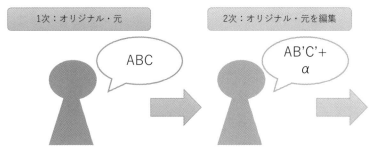

図5　1次情報とn次情報

　しかし、これらはいずれも2次または3次情報であり、1次のオリジナル情報ではない。**図5**には1次情報とn次情報について図示している。特許情報に限らず、検索・調査を実施する際は、調査対象資料が1次情報・1次資料であるのかは確認・認識する必要がある。もちろん2次情報や2次資料を調査することが悪いということではないが、2次情報や2次資料には事実情報以外に第三者の意見や見解が含まれてしまっているので、事実と意見・見解を見極める必要がある点は留意しておくべきである[21]。むろん各国特許庁が発行する公報（日本であれば公開特許公報と特許公報）は、1次情報であり1次資料になる[22]。

---

[21] 2次資料をさらに編集した資料を3次資料と呼ぶケースもある。特に、医療分野では1次情報をベースに特定テーマについて取りまとめられた教科書やガイドラインなどを3次資料として分類している。
[22] ここ20年ほどで特許明細書全文（フルテキスト）を収録したデータベースが主流となっているが、以前はそうではなかった。PATOLISのPATOLIS抄録、旧トムソン（現在クラリベイト・アナリティクス）のDWPI抄録をはじめとした独自抄録、つまり2次資料提供がデータベースベンダーの主流であった。しかし20年ほどで、データベース構築や検索技術およびそれを支えるハードウェア技術の進歩・発展によって、1次資料である特許明細書全文のフルテキスト検索が主流となってきた。

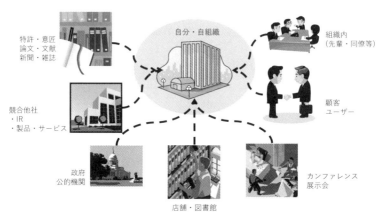

図6　組織を取り巻く各種情報源

　図6には組織を取り巻く各種情報源について示した。インターネットの普及に伴い様々な情報が電子媒体で入手することが可能となったことは読者の方も実感されていると思う。

　知財実務者や研究者・技術者の方であれば、よく触れる情報源としては、特許・意匠情報や文献、新聞・雑誌などであろう。それ以外にも、市場に参入している競合他社をはじめとする様々な企業の有価証券報告書やその他IR情報、製品・サービス情報（パンフレットやカタログなども含む）、政府や公的機関が発表する各種資料がある（例として経済産業省が発表する調査報告書や統計など）。

　上述したのが主にインターネット経由で入手できる情報源であったが、電子媒体では入手できない情報源としては図6の中央および右側に挙げている店舗・図書館、組織内、顧客・ユーザやカンファレンス・展示会などがある。現在はインターネットで様々な情報を入手することができるが、決してインターネット上に世の中のすべての情報が収録されているわけではなく、人から得られる情報、電子化されていない書籍や雑誌等から得られる情報もいまだに存在する点は留意しておくべきである。

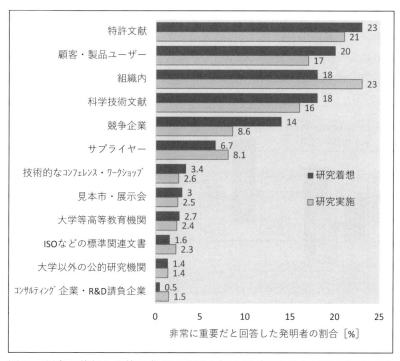

図7　研究の着想と実施に非常に重要な知識源（日米欧3極出願特許、%）
（出所：[長岡貞男 塚田尚稔, 2007]）

図7には経済産業研究所が実施したアンケート結果を示している。このアンケートでは研究の着想と実施に非常に重要な知識源について発明者に質問しており、研究の着想段階では特許文献が23%でトップ、顧客・製品ユーザが20%で2位、組織内と科学技術文献が18%で3位となっている。一方、研究の実施段階では組織内が23%で最も重要な情報源となり、特許文献が21%で続く[23]。研究の着想および実施のいずれの段階においても特許情報が発明者にとって重要な情報源であるということが分かる[24]。

---

[23] 研究実施において組織内ネットワークが重要な役割を果たす例としては[桑嶋, 2006]が参考になる。
[24] 図7は全技術分野についてのアンケート結果である点に注意する必要がある。詳細は原著を参考していただきたい。

2.1.2 特許情報とは

　様々な情報源の中における特許情報の位置づけについて簡単に見てきた。ここまで特許情報という単語を定義せずに使ってきたが、**特許情報＝特許公報＋審査経過情報＋パテントファミリー**と定義する。

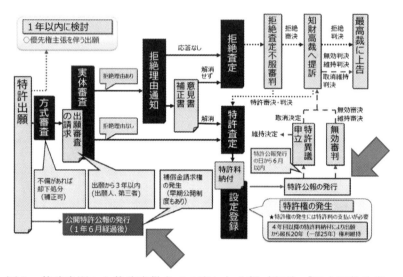

図8　特許出願から特許取得までの流れと公報（出所：[日本国特許庁,知的財産権制度説明会（初心者向け）テキスト]）

　特許情報とは**図8**に示したように、出願日から18カ月後に公開される公開特許公報[25]（公開系公報には公開特許公報以外に、公表特許公報と再公表公報があるが、これらについては後述する）と特許査定後に発行される特許公報がある[26,27]。

---

[25] 最近の公開公報のフロントページには書誌事項と要約・代表図面がある。しかし、平成4年以前の公開公報は現在の公開公報のレイアウトとは異なっており、要約はなく、代表図面もフロントページには掲載されていない。

[26] 著者は"登録公報"や"登録特許を調べる"と言っているが法律的には正しくない。また旧公告制度時代には登録公報は発行されないので公告公報や公告特許と呼んでいた。また公報については特許庁ウェブサイトの「公報に関して＞公報発行案内」に詳しく説明されている（URL：https://www.jpo.go.jp/system/laws/koho/general/kouhou_hakkou_annai.html）

特許公報以外の特許情報としては審査経過情報およびパテントファミリーがある。審査経過情報とは包袋（"ほうたい"と読む、英語ではFile HistoryまたはFile Wrapper）、権利状況（ステータス、生死状況と呼ぶこともある）が含まれる。

包袋とは、出願人が特許庁へ提出した特許出願書類や審査請求書類、特許庁長官・審査官が行う拒絶理由通知書、拒絶理由通知書へ対応する意見書・補正書、そして特許査定など特許出願に関する書類の束のこと言う。

一方、権利状況（ステータス）は対象となる出願が現在どのような段階にあるのか示すものである。たとえば出願されて公開特許公報が発行されたがまだ審査請求はされていないのか（もちろん出願公開前の公報については閲覧することができない）、審査請求されて審査中であるのか、特許査定後に登録公報が発行されたが維持年金未払いで失効しているのか、などである。

パテントファミリーについては2.2.2で後述するが、1つの発明に基づいて複数の国（米国・ドイツなど）や機関（欧州特許庁やユーラシア特許庁など）に対して出願された特許の束を指し、対応特許とも呼ばれる。日本企業のみならず各国企業ともグローバル展開を図る上で、自国だけではなく事業展開する国々でも出願・権利化する必要があり、パテントファミリー・対応特許の把握はますます重要になってくると言える。

このように特許情報調査という場合、単に公開特許公報・登録公報のみが調査対象なのではなく、審査経過情報やファミリー情報なども含めて対象に調査を行うことになる。

2.1.3　特許情報調査の目的と特許情報の持つ二面性

特許情報の特徴について2つの側面から述べる。本項では特許情報の持つ二面性について述べ、他の技術情報源と比べた際の特許公報の持つ特徴は次項で述べる。

---

[27] この2つの公報以外に査定系不服審判、無効審判、訂正審判、取消審判等の審決各種公報があるが、本書では取り扱わない。なお、J-PlatPat 審決検索メニューからは、審決各種文献（査定系不服審判、当事者系審判）、異議決定文献および判決公報を検索することができる。

特許法第1条

> *特許法第1条*
> *この法律は、発明の保護及び利用を図ることにより、発明を奨励し、もつて産業の発達に寄与することを目的とする。*

を見ると、発明の保護を図るとは特許権者の権利を守るということ、発明の利用を図るとはこれまでなされてきた発明、つまり特許公報として発行されている発明を利用して技術開発を行うこと、を述べている。つまり

<u>他社特許の侵害を防止する（＝発明の保護）</u>
既に特許権として成立している他社特許を調べることで侵害を回避
＝特許情報を権利情報として捉えている
<u>研究開発の二重投資を防ぐ（＝発明の利用）</u>
他社が既に出願している特許を調べることで他社と同様の技術開発を回避
＝特許情報を技術情報として捉えている

のように特許情報には"権利情報"としての側面と、"技術情報"としての側面の2つの側面があることが分かる。よって特許情報調査を行う目的としては他社特許の侵害を防止する、研究開発の二重投資を防ぐの2点に集約される[28]。しかし、これら特許情報調査の目的はいずれも"防ぐ"となっており、どちらかといえばディフェンシブ（守り）な考え方に基づいている。つまり研究開発、製品設計・開発、事業化・販売のそれぞれの前段階において可能な限り知財リスクを低減しようという考え方である。しかし、特許情報の持つ技術情報としての側面により着目すると、特許調査を行う積極的な目的が見えてくる。

前述したように特許以外にも学術文献をはじめ、各社の技報・テクニカ

---

[28] もちろんこの2点以外にも特許情報調査の目的はあるが、研究開発費や知財経費の有効活用という観点からの特許調査の必要性については**2.3.1①**で述べる。

ルレポートなど、世の中に技術的資料は多数あるが、特許は

> Patents contain detailed technical information which often cannot be found anywhere else: up to 80% of current technical knowledge can only be found in patent documents. Moreover, this information is rapidly available, as most patent applications are published 18 months after the first filing, irrespective of their country of origin.
> （出所：[European Commission, 2007]）

にも書かれている通り、全世界の80%の技術情報をカバーしており、かつ、特許以外の情報源では見つけることができない。

技術情報としての特許情報が重要である点は理解した上で、それでは特許調査を通じてどのようなことが分かるのか？

- ✓ 自社で注目している技術分野のトレンド・趨勢が分かる
- ✓ どの技術分野が注目されているのかが分かる
    - → ある技術についてどのような課題があるのか分かる
    - → ある課題に対してどのような解決手段が用いられてきたのか把握できる

たとえばドアの開閉機構について研究開発しようとした際、これまで出願公開されているドア開閉機構に関する特許を調べることで、ドア開閉機構ではどのような点が課題となっているのか、またその課題に対して他社がどのような方法で解決を図ってきたのか、が分かる。事前に調べておくことで、他社がこれまで注目していなかった課題を発見したり、他社がこれまで用いなかった方法で課題を解決することができる。

また、出願人・権利者、発明者に着目すると以下のようなことが分かる。

- ✓ ある特定の技術分野におけるリーディングカンパニーが分かる
- ✓ ある特定の技術分野におけるキーパーソンが分かる
- ✓ ある企業の特定技術分野における開発規模（研究開発人員）が分かる

これは技術情報としての利用というより、マーケット情報としての利用に近いだろう。他には

- ✓ 自社で開発した技術のライセンス先を探したい
- ✓ 共同研究先・業務提携先（アライアンス先）を探したい

も特許情報を活用することで明らかにすることができる。

2.1.4 特許情報の特徴

特許情報そのものが持つ二面性については前項で触れた通りだが、特許情報を学術文献などの他の技術情報源と比べた際にも様々な特徴がある。ここでは以下の5点について述べる。

1. 特許情報の入手・収集が容易である
2. 国際的に統一された技術分類分けがなされている
3. 技術分野に偏りがない
4. 書誌的事項の書式が決まっている
5. 公報に開示されている発明の内容が具体的に記載されている

1点目の「特許情報の入手・収集が容易である」は、2000年代に入って特許検索データベースが急速に整備されてきたために、CSVやPDF形式で特許情報を入手することが非常に簡単にできるようになっている[29]。

2点目の技術分類分けについて、詳しくは後述するが、IPC（International Patent Classification：国際特許分類）という国際的に取り決められた技

---

[29] 特許リスト（xlsx・csv）のダウンロードという点だけ取っても、J-PlatPat、Espacenet、ドイツ特許商標庁の DEPATISnet のような各国特許庁データベースだけではなく、Google Patents や Lens.org のような民間の無料データベースからもダウンロードすることができる。もちろん無料データベースの限界もあるので、特許調査・分析を専門に実施するのであれば有料データベースを契約されることをお勧めしたい。

術分類記号が特許公報へ付与されている[30]。日本や米国・欧州ではさらに各国独自の分類を設けており、さらに細分化された技術分類記号を付与している。

3点目の技術分野の偏りがないという点は、2点目の技術分類分けにも関係している。前述した国際特許分類IPCは下記のセクションA～Hまで設定されており、あらゆる技術分野をカバーしている。

- Aセクション　　　生活必需品
- Bセクション　　　処理操作；運輸
- Cセクション　　　化学；冶金
- Dセクション　　　繊維；紙
- Eセクション　　　固定構造物
- Fセクション　　　機械工学；照明；加熱；武器；爆破
- Gセクション　　　物理学
- Hセクション　　　電気

一方、学術文献であれば、ある特定の研究領域・技術領域に焦点を当てた学会が学術文献の発行母体となるため、特定技術分野の文献しか収録されない（著者は大学・大学院時代に日本伝熱学会に学生会員として所属していたが、学会誌「伝熱」にLTEなどの通信プロトコルやiPS細胞やES細胞に関する論文が掲載されることはまずない）。

4点目の書誌的事項の書式が決まっている点であるが、各国とも特許公報のレイアウトに差はあるが、INIDコード（Internationally agreed Numbers for the Identification of Data：書誌的事項の識別記号）と呼ばれる識別記号が付与されている[31]。**図9**に旧ソビエト連邦とタイの特許公

---

[30] 国際的に取り決められた技術分類記号だから信頼性が高いということではない。分類体系自体は国際的に取り決められているが、分類付与精度を決定するのは誰がその分類記号を付与するか、に依存しているからである。新興国の特許公報に付与されているIPCの精度は安定していないため、キーワードだけの検索なども適宜実施して調査結果を補足する必要がある。

[31] INIDコード一覧は　http://www.inpit.go.jp/content/100029977.pdf　で確認できる。

報のフロントページを示した。両国ともレイアウトは異なっているが、(21)や（43）のようにカッコ付数字で書誌的事項を表示している[32]。

図9　各国公報フロントページ（左：旧ソビエト連邦　右：タイ）

最後の5点目の公報の内容が具体的に記載されている点は、第36条第4項第1号に

> 第36条第4項第1号
> 　経済産業省令で定めるところにより、その発明の属する技術の分野における通常の知識を有する者がその実施をすることができる程度に明確かつ十分に記載したものであること。

と定められている。学術文献には講演論文集やポスターセッションのよう

---

[32] 日本には和暦が存在するが、世界には日本以外にも中華民国暦（台湾）やタイ太陽暦、イスラム諸国におけるヒジュラ暦など独自の暦を採用している国がある。たとえばタイでは西暦2019年がタイ太陽暦では2562年になり、公報の出願日や公開日もタイ太陽暦で記載されるため、覚えておくとよい。

に要旨が1～数ページ程度のものもあり、要旨だけを見ても詳細な内容については把握することは困難である。しかし特許公報は特許法の規定に沿って記載された明細書、図面等に基づいているため、発明の内容が具体的に記載されていると期待できる。

2.1.5　公報種別コードとサーチレポート

2.1.2で説明したように公報は主に公開系公報（公開公報、公表公報、再公表公報）と登録系公報（登録特許、旧制度では公告特許）の2種類に分かれている。

公報には種別コードと呼ばれる記号が付与されており、この種別コードでどのような種類の公報なのかを判別することができる。WIPO標準ST.16（特許文献の識別のための標準コード）[33]では下記のように種別コードを定義している。

表3　公報の主な種別コード

グループ	文献	種別コード・公表のレベル
グループ1	特許文献	A：第一公表レベル B：第二公表レベル C：第三公表レベル
グループ2	実用新案文献	U：第一公表レベル Y：第二公表レベル Z：第三公表レベル
グループ3	特殊な類型の特許文献	M：薬剤特許文献（フランスなど） P：植物特許文献（米国など） S：意匠特許文献（米国など）

特許文献の第一公表レベルは、公開制度があるほとんどの国で公開公報になるので、種別コードAが付与されている場合は公開系公報であることが分かる。また種別コードがBまたはCの場合は登録系公報であると判断できる。IP5（日米欧中韓）およびPCT出願（WO特許）の種別コードを以下に示す。

---

[33] http://www.inpit.go.jp/content/100029978.pdf　を参照

表4 現行の日米欧中韓・WO公報の主な種別コード

グループ	種別コード	説明
日本	A	公開特許または公表特許
	A1	再公表公報
	B1	公告特許または登録特許（公開を経ない）
	B2	公告特許または登録特許
	U	公開実用新案または登録実用新案
	U1	公開実用新案全文明細書
	Y	公告実用新案または実用新案登録
米国	A	登録特許（出願公開制度前）
	A1	公開特許
	B1	登録特許（出願公開制度後、公開を経ない）[34]
	B2	登録特許（出願公開制度後）
	E	再発行特許
	S	デザイン特許
欧州（EP）	A1	公開特許（サーチレポート付）
	A2	公開特許（サーチレポートなし）
	A3	サーチレポートのみ
	B1	登録特許
	B2	登録特許（異議申し立てにより補正）
中国（CN）	A	公開特許
	B, C	登録特許　（以前はC、現在はB）
	U, Y	実用新案登録（以前はY、現在はU）
韓国（KR）	A	公開特許
	B, B1	登録特許
	U	公開実用新案
	Y1	実用新案登録
国際出願（WO）	A1	公開特許（サーチレポート付）
	A2	公開特許（サーチレポートなし）
	A3	サーチレポートのみ

　各国の公報について留意点を述べる。

　まず日本の登録特許については、公開特許公報がAで登録特許公報にはB2が付与されるが、出願から公開までの18カ月以内に早期審査等で登録特許が発行される場合がある。そのような登録特許には種別コードB1

---

[34] 米国のB1公報は登録公報のみが原則発行され、公開公報が発行されない点に留意する必要がある。

が付与される。また実用新案については制度改正の影響があり、やや複雑になっている。登録実用新案とは平成6年（1994年）以降に出願され、無審査登録されている実用新案のことで、出願から半年後に公報が発行される（番号は3000001～）。一方、実用新案登録とは平成8年の公告制度廃止後に実体審査の上、登録された実用新案のこと（番号は2500001～）である。なお、再公表公報については**2.2.2**で説明する。なお、公開実用新案には公開実用新案公報（種別コード：U）と公開実用新案全文明細（種別コード：U1）があり、昭和46年から平成4年までの公開実用新公報では実用新案登録請求の範囲、図面の簡単な説明および図面のみの情報しか確認できないため、詳細を確認したい場合は公開実用新案全文明細を確認する必要がある。

次に米国であるが、米国はもともと出願公開制度がなかったため、第一公表レベルの公報が登録特許であった。そのため、種別コードAが登録特許を意味していた。しかし、1999年の法改正により2000年11月29日以降出願された米国出願は出願日（最先の優先日）から18カ月後に公開されるようになり、種別コードとしてA1が付与されている。ただし一定の要件を満たすことで非公開とすることもできる。

EP・WO特許の公開系公報の種別コードは類似しており、

$$A1 = A2 + A3$$

という公式が成り立つ。サーチレポートについては後述するが、A1はサーチレポート付公開特許であるが、A2はサーチレポートがない公開特許であるため、基本的にはA3公報がA2公報が発行された後に発行される（**図10**参照）。

1. Device for crushing roots in a container

Inventor:	Applicant:	CPC:	IPC:	Publication info:	Priority date:
ILERI KADIR [NL] KEMPENAAR GILIANO [NL]	ILERI KADIR [NL]	A01G3/00	A01G3/00	EP2676539 (A2) 2013-12-25 EP2676539 (A3) 2014-04-09	2013-10-08

2. Implantable cardioverter-defibrillator with means for delivering a pulse train or a shock

Inventor:	Applicant:	CPC:	IPC:	Publication info:	Priority date:
DOERR THOMAS [DE]	BIOTRONIK SE & CO KG [DE]	A61N1/3962 A61N1/3981 A61N1/3987	A61N1/39	EP2674194 (A2) 2013-12-18 EP2674194 (A3) 2014-01-08	2013-10-08

3. Soluble coffee product and method of making same

Inventor:	Applicant:	CPC:	IPC:	Publication info:	Priority date:
ROBINSON URANO A [US] DA CRUZ MARIO J [US]	STARBUCKS CORP DBA STARBUCKS COFFEE CO [US]	A23C9/142 A23F5/02 A23F5/14 (+6)	A23F5/40	EP2676549 (A2) 2013-12-25 EP2676549 (A3) 2014-02-26	2008-07-09

4. Uninterrupted transmission during a change in ciphering configuration

Inventor:	Applicant:	CPC:	IPC:	Publication info:	Priority date:
MAHESHWARI SHAILESH [US] CHIKKAPPA KIRAN [US] (+1)	QUALCOMM INC [US]	H04L63/0428 H04L63/068 H04L63/162 (+4)	H04L29/06 H04W12/02 H04W84/04	EP2677717 (A1) 2013-12-25	2006-04-28

図10　EP 公開系公報の種別コード

EP・WO の種別コードで登場したサーチレポートは、EPO（European Patent Office : 欧州特許庁）または WIPO の管轄国際調査機関（日本国特許庁、EPO など）の先行技術調査結果を示す調査報告書であり、次ページに示す**図11**のようなフォーマットになっている（PCT サーチレポートもほぼ同じようなフォーマットであるため、EPO サーチレポートのみ示す）。

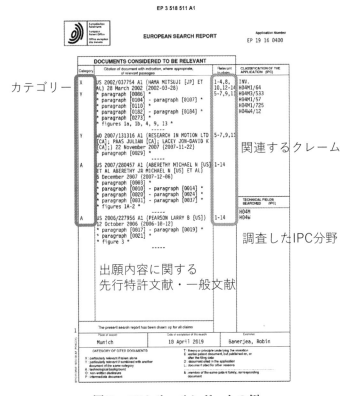

図11　EPO サーチレポートの例

左側の列にはカテゴリX、Y、Aなどが示されており、この意味は

X：関連性が高い文献であり、この文献単独で新規性・進歩性がないと判断できるもの
Y：関連性がある文献であり、他の文献との組合せにより進歩性がないと判断できるもの
A：対象特許に関して技術的背景を述べている文献であり、参考程度のもの

となる。2.3で説明する特許調査の種類の中で、特に無効資料調査を実施

する際、事前にサーチレポートを確認しておく必要がある。なお日本では特許庁審査官または指定登録調査機関が実施した調査結果をまとめた検索報告書が包袋の中に収められており、一部の検索報告書については、J-PlatPat［経過情報］→［審査記録］より確認することができる。検索報告書を含めた包袋の確認方法については4.1で説明する。

2.2 特許情報調査に必要な特許制度の基礎知識[35]

本節では特許情報調査に必要な特許制度の基礎知識について簡単にまとめてある。2.1.3でも述べた通り、特許情報には権利情報としての側面と技術情報としての側面がある。特許情報を権利情報として調査する場合は、特許法についての基礎知識が必要となるが、ここで説明する特許法はあくまでも基本的な内容なものである。特許調査に必要な特許法についてより詳しく知りたい方は［日本国特許庁, 平成30年度知的財産権制度説明会（初心者向け）テキスト, 2019］、［工業所有権法研究グループ, 2016］、［渕, 2014］、［宮川 清水, 2015］、［小川, 金子, 齋藤, 2016］、［岩永, 2017］等の資料・書籍を参照いただきたい。

2.2.1 特許制度

特許情報調査に必要な特許法の知識としては、下記の5点が挙げられる。

① 特許要件（新規性、進歩性、先願主義など）
② 出願公開制度および実体審査・審査請求制度の有無
③ 実用新案制度の有無
④ 特許権の権利状況・存続期間
⑤ 特許情報調査に関する日付

---

[35] 特許調査という観点から見た特許法の参考書・論考としては［情報科学技術協会・OUG特許分科会, 2002］および［鈴木, 特許法を知る, 2004］がある。

以下、個別に見ていく。なお基本的には日本における特許制度をベースに解説しているのでその点留意いただきたい[36]。

① **特許要件（新規性、進歩性、先願主義など）**

特許とは「自然法則を利用した技術的思想の創作のうち高度のもの（特許法第2条第1項）」である発明について、特許法に規定される要件を満たした発明へ付与される権利である[37]。そもそも自然法則を利用していない発明（たとえば数学の公式）や自然法則に反しているような発明（たとえば永久機関）には、特許権は認められない。それ以外の特許要件としては以下のようなものがある。

<u>産業上利用することができる発明（特許法第29条第1項柱書[38]）</u>

> *第29条*
> *産業上利用することができる発明をした者は、次に掲げる発明を除き、その発明について特許を受けることができる。*

産業には製造業以外の鉱業、農業、漁業、運輸業、通信業なども含まれている。産業上利用することができない発明の例としては、"人間を手術、治療又は診断する方法"、"その発明が業として利用できな

---

[36] 日本国特許庁のウェブサイト（[日本国特許庁, 2019]、[日本国特許庁, 世界の産業財産権制度および産業財産権侵害対策概要ミニガイド, 日付不明]、[日本国特許庁, 新興国等知財情報データバンク, 日付不明] など）をはじめとして、最近では国内外特許制度について解説されたウェブサイトやPDFを簡単に見つけることができる。また海外特許弁護士のブログやSNSなどでも最新の情報を入手することができる（参考：https://blog.feedspot.com/intellectual_property_blogs/）。

[37] 実用新案制度は発明ではなく"物品の形状、構造又は組合せに係る"考案を保護するための制度である。物品の形状や構造または組合せが対象になるため、化学や情報通信・ソフトウェア関連は実用新案では出願されにくい。

[38] 柱書は"はしらがき"と読み、「法律で条文の中に「号」と呼ばれる箇条書きで項目を列挙した記述がある場合の、同条項の「号」以外の部分」という意味である（出所：新語時事用語辞典）。

い発明"(例：喫煙方法のように、個人的にのみ利用される発明)や"実際上、明らかに実施できない発明"(例：オゾン層の減少に伴う紫外線の増加を防ぐために、地球表面全体を紫外線吸収プラスチックフイルムで覆う方法)などがある(参考：[日本国特許庁，特許・実用新案審査基準，2019])。

<u>新規性がある発明（特許法第29条第1項各号）</u>

> *第29条*
> *産業上利用することができる発明をした者は、次に掲げる発明を除き、その発明について特許を受けることができる。*
> *一　特許出願前に日本国内又は外国において公然知られた発明*
> *二　特許出願前に日本国内又は外国において公然実施をされた発明*
> *三　特許出願前に日本国内又は外国において、頒布された刊行物に記載された発明又は電気通信回線を通じて公衆に利用可能となつた発明*

　特許になる発明は新規でなければならない。日本だけではなく海外においても既に知られている（公知）、既に実施されている（公用）、そして書籍・文献やインターネット等で既に公開されている（刊行物）のいずれかに該当する場合は、新規性なしと判断され特許権は付与されない。

<u>進歩性がある発明（特許法第29条第2項）</u>

> *第29条*
> *2　特許出願前にその発明の属する技術の分野における通常の知識を有する者が前項各号に掲げる発明に基いて容易に発明をする*

> ことができたときは、その発明については、同項の規定にかかわらず、特許を受けることができない。

　特許になる発明は容易に考え出すことができないものでなければならない。なお、"その発明の属する技術の分野における通常の知識を有する者"は当業者と呼び、その業界において平均的な水準にある技術者・研究者を指す。進歩性がない例は［日本国特許庁, 特許・実用新案審査基準, 2019］を参照されたい[39]。

<u>先願である（特許法第39条、第29条の2）</u>

> 第39条
> 　同一の発明について異なつた日に二以上の特許出願があつたときは、最先の特許出願人のみがその発明について特許を受けることができる。
> 2　同一の発明について同日に二以上の特許出願があつたときは、特許出願人の協議により定めた一の特許出願人のみがその発明について特許を受けることができる。協議が成立せず、又は協議をすることができないときは、いずれも、その発明について特許を受けることができない。
> 3　特許出願に係る発明と実用新案登録出願に係る考案とが同一である場合において、その特許出願及び実用新案登録出願が異なつた日にされたものであるときは、特許出願人は、実用新案登録出願人より先に出願をした場合にのみその発明について特

---

[39] 後述する出願前調査・審査請求前調査（まとめて先行技術調査と呼ぶ）や無効資料調査・有効性調査を実施する場合には、新規性や進歩性の判断が重要になってくる。新規性・進歩性の判断基準の詳細については特許・実用新案審査基準の第Ⅲ部 特許要件　第2章 新規性・進歩性を参照されたい（参照：［日本国特許庁, 特許・実用新案審査基準, 2019］）。

許を受けることができる。
4　特許出願に係る発明と実用新案登録出願に係る考案とが同一である場合（第四十六条の二第一項の規定による実用新案登録に基づく特許出願（第四十四条第二項（第四十六条第五項において準用する場合を含む。）の規定により当該特許出願の時にしたものとみなされるものを含む。）に係る発明とその実用新案登録に係る考案とが同一である場合を除く。）において、その特許出願及び実用新案登録出願が同日にされたものであるときは、出願人の協議により定めた一の出願人のみが特許又は実用新案登録を受けることができる。協議が成立せず、又は協議をすることができないときは、特許出願人は、その発明について特許を受けることができない。
5　特許出願若しくは実用新案登録出願が放棄され、取り下げられ、若しくは却下されたとき、又は特許出願について拒絶をすべき旨の査定若しくは審決が確定したときは、その特許出願又は実用新案登録出願は、第一項から前項までの規定の適用については、初めからなかつたものとみなす。ただし、その特許出願について第二項後段又は前項後段の規定に該当することにより拒絶をすべき旨の査定又は審決が確定したときは、この限りでない。
6　特許庁長官は、第二項又は第四項の場合は、相当の期間を指定して、第二項又は第四項の協議をしてその結果を届け出るべき旨を出願人に命じなければならない。
7　特許庁長官は、前項の規定により指定した期間内に同項の規定による届出がないときは、第二項又は第四項の協議が成立しなかつたものとみなすことができる。

　仮に別々の企業が同じテーマについて研究開発を行っていて、同時期に研究開発成果が出て、同時期に同じ発明を特許出願した場合、先に特許出願した者へ特許を与える。このように最初に特許出願した者

に特許権を与える制度を先願主義と呼ぶ[40]。よって基本的には発明が完成したら可能な限り早く特許出願することが好ましい。なお、先願については特許法第39条の他に、特許法第29条の2に規定されている拡大された先願（拡大先願）も考慮する必要がある。

> 第29条の2
>   特許出願に係る発明が当該特許出願の日前の他の特許出願又は実用新案登録出願であつて当該特許出願後に第六十六条第三項の規定により同項各号に掲げる事項を掲載した特許公報（以下「特許掲載公報」という。）の発行若しくは出願公開又は実用新案法（昭和三十四年法律第百二十三号）第十四条第三項の規定により同項各号に掲げる事項を掲載した実用新案公報（以下「実用新案掲載公報」という。）の発行がされたものの願書に最初に添付した明細書、特許請求の範囲若しくは実用新案登録請求の範囲又は図面（第三十六条の二第二項の外国語書面出願にあつては、同条第一項の外国語書面）に記載された発明又は考案（その発明又は考案をした者が当該特許出願に係る発明の発明者と同一の者である場合におけるその発明又は考案を除く。）と同一であるときは、その発明については、前条第一項の規定にかかわらず、特許を受けることができない。ただし、当該特許出願の時にその出願人と当該他の特許出願又は実用新案登録出願の出願人とが同一の者であるときは、この限りでない。

特許法第29条の2を図式化すると次ページの**図12**のようになる。

---

[40] 一方、最初に発明を完成した者に特許権を与える制度を先発明主義と呼び、米国が採用していた。先発明主義による生じる問題点については、[日本国特許庁, 先願主義と先発明主義, 1999]を参照されたい。またAIA（米国改正特許法）による先願主義の施行日等については日本知的財産協会の資料を参照されたい（URL: http://www.jipa.or.jp/topics/aia_fifth.pdf）。

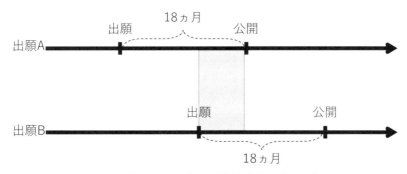

図12　拡大された先願（特許法第29条の2）

　出願Aおよび出願Bの発明の内容が同一だと仮定する。出願Aは出願Bよりも前に出願されているが、出願Aの公開は出願Bの出願よりも後になっている（**図12**で網掛けした部分のタイムラグが生じている）。よって出願Bの出願時点で出願Aは公開されていないので、出願Bの発明者からすれば出願時点では新規性ありと考えて出願するが、出願Aがあるので出願Bに特許権を付与することはできない。このような場合に出願Aを拡大先願と呼ぶ[41,42]。

　なお、第39条は同一出願人も適用され、特許請求の範囲が同一の場合は後願を排除するのに対し、第29条の2は同一出願人は除き、出願公開等された先願の出願当初の明細書、特許請求の範囲、または図面に記載された発明と同一の場合は後願を排除する（出所：［日本国特許庁, 平成30年度知的財産権制度説明会（初心者向け）テキスト, 2019］）。

---

[41] より詳細な内容については［日本国特許庁, 特許・実用新案審査基準, 2019］の第Ⅲ部 特許要件　第3章 拡大先願（特許法第29条の2）を参照されたい。

[42] 工業所有権情報・研修館では知財人材育成事業の一環として検索エキスパート研修を行っており、その研修で使用するテキストを無償公開している。中でも［工業所有権情報・研修館, 検索の考え方と検索報告書の作成［第19版］, 2018］や［工業所有権情報・研修館, 先行技術文献調査実務［第五版］, 2018］は、検索の実務面から必要となる新規性・進歩性の知識やその他発明の認定や引用例の認定、対比など詳細に説明されているので、調査の観点からより詳しい内容について知りたい方は是非とも参照されたい。

② 出願公開制度および実体審査・審査請求制度の有無の有無

日本では特許出願から18カ月後に公開特許公報が発行されるため、出願公開制度の有無についてあまり注意を払うことがないが、海外には出願公開制度を採用していない国も存在する。

また出願公開制度と合わせて確認しておきたいのが、実体審査・審査請求制度の有無である。審査には大別して方式審査（出願書類等の様式・形式的な要件を満たしているか確認）と実体審査（特許出願された発明が新規性・進歩性などの特許を受けるべき要件を満たしているか判断）の2つがあり、このうち実体審査がない場合を無審査主義と呼ぶ。

出願公開制度と実体審査・審査請求制度の有無を整理すると、下記の**表5**のようになる。

表5　出願公開制度と実体審査・審査請求制度の有無

	実体審査・審査請求制度あり	実体審査・審査請求制度なし（＝無審査主義） ＊日本の実用新案 ＊香港、ベルギー、スイス
出願公開制度あり	ⅰ．公開公報・登録公報発行	ⅱ．登録公報のみ発行
出願公開制度なし	ⅲ．登録公報のみ発行	

日本をはじめとするほとんどの国が**表5**のⅰである。米国は少し特殊であり、現在は**表5**のⅰに近いが正確に言えば出願公開制度および実体審査はあるが、審査請求制度はない。審査請求制度が無いということは、すべての出願が審査対象になるということである。2000年11月29日以前の出願は、実体審査はあるが出願公開制度および審査請求制度がないⅲであった。つまり以前は米国へ特許出願すると、公開公報が発行されず、実体審査を経て登録になったもののみが登録公報として発行されていたため、登録にならなかったものの内容については一切公開されていなかった。現在**表5**のⅲのパターンとしてはイスラエル、モンゴル、チリ、エジプトなどがある。

出願公開制度の有無によらず実体審査がない**表5**の ii のパターンは香港[43]、ベルギー、スイスやブルネイなどがある[44]。

特許調査を実施する準備段階において、公開公報を調査するべきか、または、登録公報を調査するべきか検討しなければならない。その際に、この出願公開制度の有無と実体審査・審査請求制度の有無については必要となる[45]。

③ 実用新案制度の有無

本書では特許中心に話を進めているが、機械工学など構造系の特許検索・特許調査を実施する場合は、調査対象国に実用新案制度があるか否かを確認しておく必要がある。日本は何度かの法律改正を経て無審査主義を採用している（権利期間は出願から10年間）。

主要国の実用新案の出願傾向は次ページの**図13**のようになっている。中国における実用新案出願が約170万件で2位のドイツを引き離して圧倒的なトップである[46]。また実用新案の特徴としては内国人（Resident）からの出願がほとんどであり、外国人（Non-Resident）からの出願の比率が小さいということも挙げられる。

---

[43] 香港の特許制度は特殊であり、現在中国の施政下にあるが香港で特許の保護を受けるためには香港特許庁へ出願しなければならない。香港には標準特許（Standard patent）と短期特許（Short-term patent）の2種類がある。詳細については［日本国特許庁，世界の産業財産権制度および産業財産権侵害対策概要ミニガイド，日付不明］を参照。

[44] この項については［日本国特許庁, 2019］の特許制度編を参照して該当する国を特定している。

[45] どのような調査の際にどの公報を読むべきかについては**2.3.1-⑨**で述べる。

[46] 中国実用新案は出願されると無審査で登録となる。そのため、中国特許と中国実用新案を同時に出願し、早期に実用新案権で権利を確保しておき、中国特許権の権利化後に、実用新案権を放棄するケースが散見される（参照：https://www.globalipdb.inpit.go.jp/application/2342/）

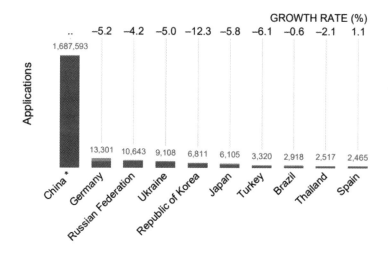

図13　主要国の2017年実用新案出願件数（出所：[WIPO, World Intellectual Property Indicators - 2018, 2018]）

なお、日本も以前は実用新案大国であり、1980年代は実用新案が年間20万件ほど出願されていた。しかし平成6年の法改正を経て出願件数は激減し、現在は年間約6,000件で推移している[47]。

各国に実用新案制度があるか否かを確認する場合は［日本国特許庁, 2019］や［日本国特許庁, 外国特許・商標等情報検索ミニガイド］が有用である。

---

[47] 後述する無効資料調査・公知例調査（Invalidity Search, Prior Art Search）を実施する場合、無効化対象技術が構造などのハードウェアであれば、日本の実用新案も含めて調査を実施することをお勧めする。英語・ドイツ語・フランス語の3か国語に堪能なEPO審査官であっても日本語の特許文献や実用新案文献についてはあまり詳細まで調査することができない。実用新案文献については海外への対応出願もあまりないため、無効資料として有効な先行文献が見つけられる可能性が高い。

④ 特許権の権利状況・存続期間

　特許調査（特に後述する侵害防止調査・FTO）を実施する際に重要となるのが、特許の権利状況（ステータス、生死状況とも言う）である。

　特許出願が特許庁に係属している間、もしくは登録になった後に年金未払いで失効するか、または権利期間が満了するまでの間は「特許は生きている」と言う[48]。審査請求後に審査中の特許出願や、拒絶理由通知へ対応中の特許、また審査請求前の公開段階の特許などは「生きている特許（Live Patent / Alive Patent）」として扱う。

　審査請求がなされなかったみなし取下げ、取下・放棄された特許出願や拒絶査定が確定した特許出願、無効審決が確定した特許、いったん登録になったが維持年金未払いで失効した特許などは「死んだ特許（Dead Patent）」として扱う。

　なお、特許の存続期間は以下の特許法第67条で示す通り20年間であり、医薬品等一部の分野においては最長5年の延長が認められているので25年間となる。

第67条
*　特許権の存続期間は、特許出願の日から20年をもつて終了する。*
2　特許権の存続期間は、その特許発明の実施について安全性の確保等を目的とする法律の規定による許可その他の処分であつて当該処分の目的、手続等からみて当該処分を的確に行うには相当の期間を要するものとして政令で定めるものを受けることが必要であるために、その特許発明の実施をすることができない期間があつたときは、5年を限度として、延長登録の出願により延長することができる。

---

[48] 特許調査を実施するサイドからすると「特許が生きている、死んでいる」という表現はよく使う。

なお、実用新案権は出願日から10年間が存続期間である（実用新案法第15条）が、時期によって権利存続期間が異なるので注意する必要がある。

⑤ **特許情報調査に関する日付**
　特許調査では様々な日付情報を利用するので、ここでよく利用する日付について整理しておく（英語表現も合わせて整理する）。

- 出願日：Filing Date, Filed Date, Application Date
- 国際出願日：International Filing Date（または Filed Date, Application Date）
- 優先日：Priority Date
- 公開日：Publication Date
- 公報発行日：Issue Date[49]
- 登録日：Grant Date, Regstration Date
- 権利消滅日・失効日：Expired Date, Expiry Date, Lapsed Date

　後述する無効資料調査はどの日付を基準日として用いるかが重要となる。出願日または優先日よりも前に"発行"された特許を対象に調査を実施するのか、**2.2.1-①**でも述べた拡大された先願も考慮して無効化対象特許の出願日よりも前に"出願"された特許を対象に調査を実施するのか、調査を実施する前に確認する必要がある。

　なお公報発行日とは、公開公報発行日として用いられる場合もあるが、登録公報発行日として用いられる場合もある。日本においては登録日と登録公報発行日は異なっており、約3～4週間のタイムラグがある[50]。各種条件下における公報発行日については**2.2.3**にて述べる。

---
[49] Issue Date という場合は登録公報発行日の意味合いで使われる場合が多い。
[50] 本書執筆中の2019年10月9日に発行された登録特許の登録日は2019年9月20日であった。詳細は特許庁ウェブサイト「公報に関して：よくあるご質問」参照。

2.2.2　海外出願ルートとパテントファミリー

　日本国特許庁へ特許出願して特許権を取得しても、海外で権利行使することはできない。日本の特許権は日本でしか効力が及ばない（これを"属地主義"と呼ぶ）。たとえば日本企業 A 社が日本国特許庁に特許出願を行う。日本で特許が登録になれば、その特許で日本においては権利行使することができるが、米国では権利行使できない。もしも米国でも権利行使したいのであれば、米国特許商標庁（USPTO）へ出願し権利化しなければならない。

　日本企業が海外へ特許出願する場合は以下の直接出願ルート、パリルートおよび PCT ルートの 3 つの方法がある。

直接出願ルート（優先権主張なし）

　直接出願ルートは、仮に日本企業であったとしても日本特許出願する必要性がなければ、海外特許庁（**図14**では米国特許商標庁、ドイツ特許庁、中国特許庁）[51]へ各国言語で直接出願する方法である。本ルートを取る場合、発行される公報は米国公開特許・ドイツ公開特許・中国公開特許の 3 公報になる（ここでは登録特許は除外して考える）。

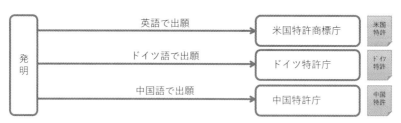

図14　海外出願ルート：直接出願ルート

---

[51] 慣習的に○○特許庁と言ってしまうが、実はドイツ特許庁は Deutsche Patent- und Markenamt（DPMA）なのでドイツ特許商標庁が正しく、中国特許庁は China National Intellectual Property Administration（CNIPA、2018年 9 月に英語表記を State Intellectual Property Office（SIPO）から変更した）なので国家知識产权局（国家知識産権局）が正しい。ただしドイツ特許庁・中国特許庁でも会話は成り立つ。

パリルート

パリルートとはパリ条約[52]に基づく優先権を主張して海外特許庁へそれぞれ出願する方法である。例えば、ある発明を日本国特許庁へ第一国出願したとする。日本国特許庁への出願日から1年以内に優先権主張を行い、各国特許庁へ各国言語で特許出願を行う（優先権主張の基礎となった第一国出願を基礎出願と呼ぶ）。この際、各国特許庁への出願日は日本国特許庁への出願日であるとして審査が実施される。このような場合において米国など各国特許公報には日本特許出願の出願日が優先日として掲載される。

図15のケースではまず日本国特許庁へ特許出願を行い、公開特許公報が発行される18カ月よりも前の12ヵ月以内にパリ優先権を主張して米国・ドイツ・中国特許庁へそれぞれの国の言語で特許出願を行う。原則は、優先日（本例では日本の特許出願日）から18カ月後に日本、米国、ドイツおよび中国公開特許公報の4公報が発行される（ここでも登録特許は除外して考えている。実際は4公報発行のタイミングはずれる）。

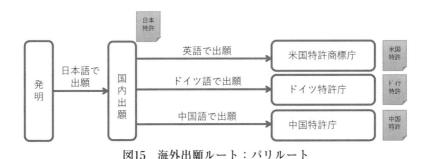

図15　海外出願ルート：パリルート

---

[52] 通称"パリ条約"であるが、実は正式名称は非常に長く「1900年12月14日にブラッセルで,1911年6月2日にワシントンで,1925年11月6日にヘーグで,1934年6月2日にロンドンで,1958年10月31日にリスボンで及び1967年7月14日にストックホルムで改正され,並びに1979年9月28日に修正された工業所有権の保護に関する1883年3月20日のパリ条約」である。

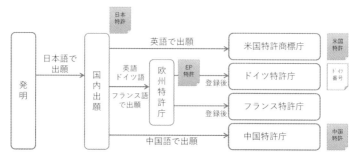

図16 海外出願ルート：パリルート（EPC ルート利用）

図16には広域特許制度である欧州特許条約（EPC）ルート経由でドイツ特許庁・フランス特許庁へ出願するケースを示している[53]。EPC は欧州諸国における特許出願から特許権付与までを EPO（欧州特許庁）で一括して行うことを企図して設立された[54]。日本特許出願後、1 年以内に優先権主張を行い、EPO へ英語・ドイツ語・フランス語のいずれかの言語で出願する。その後 EPO で方式審査・実体審査が行われ、特許権が付与されると所定の手続により有効化（Validation）することで各国特許権と同様の権利を有する。各指定国が翻訳文を要求している場合は、翻訳文を指定された期間内に提出しないと特許権が失効してしまう。

図16のケースではまず日本国特許庁へ特許出願を行い、優先権主張により 1 年以内に米国特許商標庁、EPO、そして中国特許庁へ特許出願を行う。米国へは英語で、EPO へは英語・ドイツ語・フランス語のいずれかで、中国特許庁へは中国語でそれぞれ出願する。

日本の公開特許公報が発行され、あとは米国公開特許、EP 公開特許、中国公開特許が発行される。EPC ルートの場合は、EPO で出願から特許権付与までを一括して行うため、ドイツ特許庁やフランス特許庁から個別

---

[53] 特許調査に必要な欧州特許条約に関する知識としては［日本技術貿易株式会社・IP 総研, 2011］にコンパクトにまとめている。より詳細について学びたい方は欧州特許条約関係の書籍を参照されたい。欧州では欧州単一効特許制度について議論されているが、本書執筆時点で制度開始の見通しはたっていない。

[54] 本書では全く触れないが欧州特許条約の意匠版が登録共同体意匠、商標版が欧州連合商標である。

に公開公報が発行されることはない。EPOで審査を経て登録になった場合、ドイツ特許庁・フランス特許庁へそれぞれ移行する。この際ドイツ特許庁からはEP登録特許がドイツ特許庁で有効化（validation）された旨、ドイツ特許庁内の番号が付与される。一方、フランス特許庁はドイツ特許庁のように独自の番号を付与することはしない。

EP特許の登録後にドイツ、フランス、イギリスを始め各国特許庁に移行されたのか否か、移行されたのであればまだ権利存続中か否か等については**4.4**で詳しく説明する。

PCTルート

PCTルートはPCT（特許協力条約）に基づく国際出願であり、1つの出願で世界中のPCT加盟国[55]へ出願したと同じ効果を与える制度である[56]。日本であれば日本国特許庁がPCT出願の受理官庁となっていて、PCT出願された日（日本国特許庁に出願した日）が国際出願日となる。またこの国際出願日がPCT加盟国における出願日となる。PCT加盟国で権利化手続きを進めたい場合は、国際出願日または優先日から原則として30か月以内に各国翻訳文を提出して、各国への移行手続きを行う必要がある[57]。

図17のように一度日本国特許庁へ国内出願した後、優先権主張を行い1年以内にPCT出願（国際出願）を行うと、WO特許（国際公開特許）が発行される（PCT出願において優先権主張の基礎とされた日本出願は通常みなし取下げとなる[58]）。

---

[55] PCT加盟国：https://www.jpo.go.jp/system/patent/pct/siryo/kokusai2.html
[56] 国際出願というワードはあっても、国際特許というワードは正しくない。PCTはあくまでも1回の特許出願でPCT加盟国へ同時に出願したとみなす制度であり、PCT加盟国での特許権付与を一元的に行うものではない。審査はあくまでも各国特許庁で実施される。よって"国際特許取得"という表現は正しくなく、実際にどこの国で特許権を取得しているのかをしっかりと確認する必要がある。
[57] PCT国際出願制度の詳細について：https://www.jpo.go.jp/system/patent/pct/index.html
[58] PCT出願の基礎となった国内出願がみなし取下げにならないようにする方法については、下記URLを参照（PCT国際出願関係手続Q&A＞3-2. 優先権の基礎である日本の国内出願が、「みなし取下げ」にならないようにするにはどうすればいいのですか。：https://www.jpo.go.jp/system/patent/pct/tetuzuki/pct_tetuduki_qa.html#3-2）

PCT 出願の基礎となる日本特許出願の出願日、つまり優先日、から 30ヵ月以内[59]に各国特許庁(下記では米国特許商標庁、欧州特許庁、中国特許庁)へ移行するのであれば翻訳文を提出する必要がある。前述の通り、PCT 経由で欧州特許庁へ移行した場合、EPO にて審査が行われ、登録後にドイツ特許庁やフランス特許庁へ移行される。

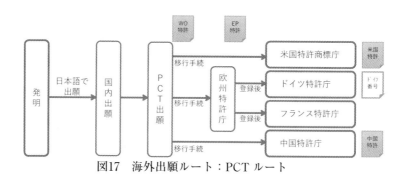

図17　海外出願ルート：PCT ルート

PCT 経由で EPO へ移行する際、PCT 出願の言語が EPO 出願言語(英語・ドイツ語・フランス語)である場合、図18に示したように EP 公開番

図18　Euro-PCT 時における EPO の通知

---

[59] Time Limits for Entering National/Regional Phase under PCT Chapters I and II：https://www.wipo.int/pct/en/texts/time_limits.html

号を付与した旨の通知を発行するため、EP 公開特許公報は存在しない。出願の内容を確認するためには WO 特許公報を参照しなければならない。参考に根拠条文である EPC 第153条（3）を掲載している。

なお、PCT 出願言語が EPO 出願言語ではない場合は、**図18**に示したような通知ではなく、通常の EP 公開特許公報が発行される。

図19は国内出願を経由せずに、直接 PCT ルートで国際出願するケースである。日本国特許庁または国際事務局（IB）を受理官庁として日本語 PCT 出願を行った場合、受理官庁に出願した日から30ヵ月（欧州特許庁は31ヵ月）の PCT 移行期限内に翻訳文を提出して各国移行手続きを行う必要がある。しかし、日本語 PCT 出願を日本国特許庁へ移行する場合、既に出願言語が日本語であるために翻訳文の提出は不要である。

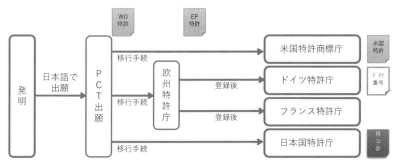

図19　海外出願ルート：PCT ルート（下：ダイレクト PCT 利用）

日本語 PCT 出願が日本国特許庁へ移行された場合、日本国特許庁は再公表公報を発行する。これは法律上の公報には当たらず、日本国特許庁が先行技術調査に必要な技術情報の提供を目的とする行政サービスの一環として DVD-ROM 公報に収録しているものである[60]。なお、公表特許公報は外国語 PCT 出願が日本国特許庁へ移行された場合に、日本語翻訳文が掲載される公報である。

---

[60] 公報に関して：よくあるご質問＞ 2 -1.［特許］公開特許公報、公表特許公報及び再公表特許の違いは何か．：https://www.jpo.go.jp/system/laws/koho/general/koho_faq.html#anchor 2 - 1

パテントファミリー

ここまでパリ条約およびPCT（特許協力条約）に基づく海外出願ルートについて説明してきた。これらルートを用いて、1つの発明に基づいて複数の国（米国・ドイツなど）や機関（欧州特許庁やユーラシア特許庁など）に対して出願された特許群のことをパテントファミリーや対応特許と呼ぶ[61]。

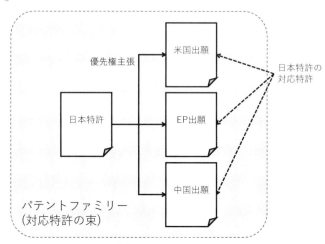

図20　対応特許とパテントファミリー

詳細は4.2で説明するが、欧州特許庁データベースEspacenetを用いるとパテントファミリーを無料で調べることができる。ここではパテントファミリーを調べることでどのような利点があるのか、2点述べる。

1点目は、自社が気にしている問題となる日本特許が海外へも出願され

---

[61] パテントファミリーには主に3種類ある。Espacenetパテントファミリー、Extended（INPADOC）パテントファミリー、最後はDWPIパテントファミリーである。前者2つは優先権によりつながりがある出願をグループ化しているのに対し、最後のDWPIパテントファミリー形成は特殊であり、定義としては"同一発明（same invention）"をグループ化したものである。詳細についてはEPOのウェブサイトを参照（Home > Searching for patents > Essentials > Patent families：https://www.epo.org/searching/essentials/patent-families.html）

ているか否かを確認できる点である[62]。競合他社と日本国内のみならず、海外でも激しい競争を繰り広げている場合、競合他社の特許出願が海外へも出願されていないか絶えずチェックして、競合他社の出願動向把握と自社の出願戦略策定へ生かすことができる。

　2点目は実務的なメリットとなるが、たまたま発見した問題特許が英語やドイツ語や中国語など日本語以外の外国語であった場合、その問題特許の対応特許として日本特許があれば、日本語で概要を確認できる。

　たとえば、海外の企業から警告状が送られてきて、外国語の特許明細書が添付されていたとする。特許の内容を確認するためには外国語の明細書を読まなければならないが、やはり手間がかかる。このようなときにパテントファミリーを調べて、日本特許が対応特許として発行されていないか調べ、対応特許として日本特許公報が発行されていれば、特許の内容を把握する労力は半減する[63]。

---

[62] 競合である欧米企業や中韓台企業の自国出願が日本へ出願されていないか、という逆の視点もあり得る。日本へも特許出願していれば、その特許出願に関連する製品・サービスを日本市場でも展開する可能性は高いと言える。
[63] 日本語対応特許の活用も含めて、海外特許公報の効率的な査読・スクリーニング方法については**8.3**で解説する。

2.2.3 公報発行のタイミング

公報がいつ発行されるのか、特定の国のみであれば把握は容易であるが、2.2.2で述べたような優先権主張を伴っているような場合は複雑になる。まずは日本特許に限って公報発行日について説明する。

日本の公開特許公報は特許法第64条で規定されているように、出願日(国内優先権主張出願の場合は優先日)から18カ月後に発行される。

> (出願公開)
> 第64条
> 　特許庁長官は、特許出願の日から1年6月を経過したときは、特許掲載公報の発行をしたものを除き、その特許出願について出願公開をしなければならない。次条第1項に規定する出願公開の請求があつたときも、同様とする。

第64条には"特許掲載公報の発行をしたものを除き"とあり、公開特許公報が発行される前に登録特許公報が発行された場合、公開特許公報は発行されていなかったが、平成9年に公報発行の基準について見直しが行われ、現在では登録特許公報が発行された後でも公開特許公報は発行される[64]。なお、公表特許公報については第184条の9で下記のように規定されている。著者の調べたところでは翻訳文提出より約6〜7ヵ月程度程度で公表特許公報が発行されている(優先日からは約3年2〜3ヵ月後、また2.2.2で述べた再公表公報も優先日から約3年数ヵ月程度後に発行[65])。

---

[64] 公報に関して:よくあるご質問＞2-4.［特許］公開特許公報及び公表特許公報の発行前に、特許掲載公報が発行された場合、その後、公開特許公報及び公表特許公報は発行されるか。
：https://www.jpo.go.jp/system/laws/koho/general/koho_faq.html#anchor2-4
[65] 近年ダイレクトPCT出願を行う日本企業が増加しているため、再公表公報発行前に日本語PCTを早期に補足するために、日本語PCT出願も収録している商用データベースもある。

> (国内公表等)
> 第184条の9
> 　特許庁長官は、第184条の4第1項又は第4項の規定により翻訳文が提出された外国語特許出願について、特許掲載公報の発行をしたものを除き、国内書面提出期間(同条第1項ただし書の外国語特許出願にあつては、翻訳文提出特例期間。以下この項において同じ。)の経過後(国内書面提出期間内に出願人から出願審査の請求があつた国際特許出願であつて条約第21条に規定する国際公開(以下「国際公開」という。)がされているものについては出願審査の請求の後、第184条の4第4項の規定により明細書等翻訳文が提出された外国語特許出願については当該明細書等翻訳文の提出の後)、遅滞なく、国内公表をしなければならない。

　なお早期公開請求を行った場合、出願と同時に早期公開請求を行うと出願から5ヵ月程度、方式審査後で特許分類の付与が完了している場合は請求から2～3ヵ月程度で公開特許公報が発行される[66]。

　分割出願については特許法第44条に規定されているように、新たな出願はもとの特許出願(原出願)の時にしたものとみなすので、原出願日から18ヵ月後に発行される。

> (特許出願の分割)
> 第44条
> 　特許出願人は、次に掲げる場合に限り、2以上の発明を包含す

---

[66] 公報に関して：よくあるご質問＞2-2.［特許］出願公開の請求(早期公開請求)をした場合、どのくらいの期間で公開特許公報が発行されるか。
：http://www.jpo.go.jp/torikumi/kouhou/kouhou2/koho_faq.htm#anchor 2-2

> る特許出願の一部を1又は2以上の新たな特許出願とすることができる。
> 一　願書に添付した明細書、特許請求の範囲又は図面について補正をすることができる時又は期間内にするとき。
> 二　特許をすべき旨の査定（第163条第3項において準用する第51条の規定による特許をすべき旨の査定及び第160条第1項に規定する審査に付された特許出願についての特許をすべき旨の査定を除く。）の謄本の送達があつた日から30日以内にするとき。
> 三　拒絶をすべき旨の最初の査定の謄本の送達があつた日から3月以内にするとき。
> 2　前項の場合は、新たな特許出願は、もとの特許出願の時にしたものとみなす。ただし、新たな特許出願が第29条の2に規定する他の特許出願又は実用新案法第3条の2に規定する特許出願に該当する場合におけるこれらの規定の適用及び第30条第3項の規定の適用については、この限りでない。

登録特許公報の発行については特許法第66条で規定されている。2.2.1-⑤で述べたように登録日と登録公報発行日は異なり通常3～4週間のタイムラグがある。また、第66条で規定されているように公開特許公報発行前に登録特許公報が発行された場合は、登録特許公報に【要約】が掲載される。逆に【要約】が掲載されている登録特許公報は早期権利化された出願であると判断できる。

> （特許権の設定の登録）
> 第66条
> 　　特許権は、設定の登録により発生する。
> 2　第107条第1項の規定による第1年から第3年までの各年分の特許料の納付又はその納付の免除若しくは猶予があつたときは、

2.2 特許情報調査に必要な特許制度の基礎知識

> 特許権の設定の登録をする。
> 3　前項の登録があつたときは、次に掲げる事項を特許公報に掲載しなければならない。ただし、第5号に掲げる事項については、その特許出願について出願公開がされているときは、この限りでない。
> 一　特許権者の氏名又は名称及び住所又は居所
> 二　特許出願の番号及び年月日
> 三　発明者の氏名及び住所又は居所
> 四　願書に添付した明細書及び特許請求の範囲に記載した事項並びに図面の内容
> 五　願書に添付した要約書に記載した事項
> 六　特許番号及び設定の登録の年月日
> 七　前各号に掲げるもののほか、必要な事項

　次に2.2.2で述べたような優先権主張を伴う海外出願時における海外対応特許公報の発行について見てみる。原則としては優先日より18カ月後に公報が発行される。例として下記のパテントファミリーを示す。

表6　パテントファミリーの公報発行日①

公報番号	公報発行日	出願番号	出願日
CN103531574 A	2014/01/22	CN201310280985	2013/07/05
DE102013213205 A 1	2014/01/09	DE201310213205	2013/07/05
JP20140173 A 2	*2014/01/30*	*JP20120152579*	*2012/07/06*
KR20140005813 A	2014/01/15	KR20130078596	2013/07/04
US2014008781 A 1	2014/01/09	US20130934858	2013/07/03

　本パテントファミリーは日本特許を基礎として、中国、ドイツ、韓国、米国に対応特許がある。日本特許の出願日である2012年7月6日が優先日であり、パリ優先権主張期間内である2013年7月6日前に各国へ出願を行っている。日本公開特許公報の発行日は、日本基礎出願日2012年7月6

日の約18カ月後である2014年1月30日に発行されており、海外の対応特許も優先日である2012年7月6日から18カ月後である2014年1月に公報が発行されていることが分かる。

次に分割出願が含まれるパテントファミリーを見てみる。

表7　パテントファミリーの公報発行日②

公報番号	公報発行日	出願番号	出願日
CN102568796A	2012/07/11	CN201110435893	2011/12/22
EP2469545A 2	2012/06/27	EP20110194499	2011/12/20
JP2012134424A 2	*2012/07/12*	*JP20100287471*	*2010/12/24*
JP2015026867A 2	2015/02/05	JP20140222743	2014/10/31
KR20120073121A	2012/07/04	KR20110139859	2011/12/22
KR20140130646A	2014/11/11	KR20140128522	2014/09/25
US2012161911A 1	2012/06/28	US20110328215	2011/12/16

このパテントファミリーはJP2012134424A 2を基礎として中国、EP、韓国、米国へ出願を展開している。これら対応特許の発行日は基礎出願とほぼ同期の2012年6月～7月となっている。その後、JP2012134424A 2の分割出願であるJP2015026867A 2が2014年10月31日に、KR20120073121Aの分割出願であるKR20140130646Aが2014年9月25日にそれぞれ出願されている。分割出願であるJP2015026867A 2、KR20140130646Aの両方とも出願日の3～4か月後には公開特許公報が発行されていることが分かる。分割出願の場合は、原出願日から18カ月後に公開特許公報が発行されるが、本パテントファミリーの場合、日本は2010年12月24日、韓国は2011年12月22日がそれぞれ原出願日となっているので、分割出願後に速やかに公開特許公報を発行していると考えられる。

2.3　特許調査の種類

本節では特許調査の種類について、目的・フェーズ別と検索対象別の2つの側面から説明する。

2.3.1 目的・フェーズ別の種類

図21に知財活動・研究開発活動と特許調査の関係を示す。

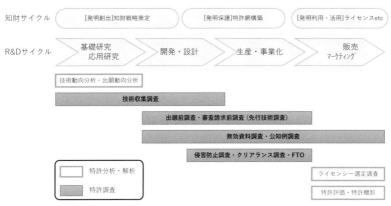

図21 知財活動・研究開発活動と特許調査

図の一番上は知財活動サイクルであり、発明の創出⇒発明の保護⇒発明の利用・活用の3つのフェーズから構成されている。この知財活動サイクルに対して、研究開発活動も基礎研究・応用研究⇒開発・設計⇒生産・事業化⇒販売・マーケティングのサイクルで対応している[67]。これら知財活動・研究開発活動に連動して下記のような特許分析・解析や特許調査が実施される。

- ✓ 特許分析・解析
  - ➔ 技術動向分析・出願動向分析
  - ➔ ライセンシー選定調査
  - ➔ 特許評価・特許棚卸

---

[67] このような研究から販売までの直線的な研究開発フローをリニアモデルと呼んでいる。しかしこのリニアモデルは各社が基礎研究を行う中央研究所を持っていた時代の研究開発の考え方を色濃く反映したものであり、現在はノンリニアモデル（コンカレントモデル）やターゲットドリブン・モデルといったモデルが提唱されている。しかし、ここではリニアモデルが特許調査の種類の説明に適しているのでリニアモデルを採用している。

- ✓ 特許調査
  - → 技術収集調査
  - → 出願前調査・審査請求前調査
  - → 無効資料調査・公知例調査
  - → 侵害防止調査・クリアランス調査・FTO

① **出願前調査・審査請求前調査**

　特許出願前の段階、つまり研究者・技術者が発明を着想した段階でアイデアシートなどをまとめ、そのアイデアについて既に類似した発明が出願されていないかを確認するための調査である[68]。

　1件の国内特許出願には数十万円（外国特許出願の場合はさらに翻訳代や現地代理人費用等が加わる）の費用がかかる一方、過去に類似した先行文献があった場合、権利化を図れないため出願費用が無駄になってしまう可能性がある。また仮に先行して出願された発明の中に類似した発明があったとしても、その出願に記載された内容を、自社の発明を改良するためのアイデアを得るための資料として活用することも可能である。

---

[68] 出願前に行う場合は出願前調査（Pre-filing search）、審査請求前に実施する場合は審査請求前調査と呼ぶ。また海外特許出願前に実施するのであれば海外特許出願前調査となる。一般的には先行技術調査（Prior art search）と呼ばれることが多い。

2.3 特許調査の種類

【2009年に拒絶査定された特許出願の拒絶理由で引用された公開特許公報の分布】

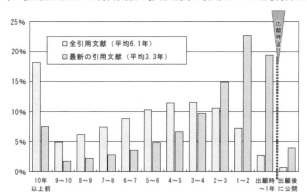

(備考)・2009年に拒絶査定となった案件を対象に引用された国内特許公開公報を分析。
・出願後に公開とは、特許法第29条の2や第39条の拒絶理由に引用されたもの。
(資料)特許庁作成

図22　2009年に拒絶されていされた特許出願の理由で引用された公開特許(公開された発明)公報の分布(出所:[日本国特許庁,特許行政年次報告書2011年版,2011])

　　日本国特許庁の特許行政年次報告書に興味深いデータがある。図22によれば、2009年に拒絶査定された特許出願の拒絶理由で引用された公開特許(公開された発明)公報[69]のうち、最新の引用文献は出願よりも平均3.3年前に既に公開されているものであることが分かる。さらに拒絶引例の全引用文献は出願よりも平均6.1年前に既に公開されているという驚くべき結果が示されている。

---

[69] 拒絶理由通知で審査官が引用する文献が複数件ある場合、その複数件ある引例の中で最新の文献のことを上記グラフでは"最新の引用文献"と呼んでいる。

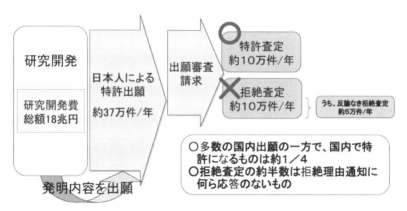

図23 日本人の日本国特許庁への特許出願が最終処分されるまでの過程 2005年度（出所：[日本国特許庁, 特許行政年次報告書2007年版, 2007]）

　また2005年の古いデータであるが興味深いデータもう1つがある。本統計によれば、2005年には約37万件の特許出願がなされ、そのうち約20万件が審査請求された。しかし、審査の結果、特許が付与されたのは約10万件であり、残る10万件は拒絶査定により権利化されなかった。さらにこの拒絶査定された10万件のうち半分の5万件は反論しないまま拒絶査定が確定したもの（戻し拒絶）であった。この戻し拒絶査定は2009年に10.5万件に達したが、直近は7万件程度まで減少してきている。権利化できなかった特許出願には当然知財関連経費（出願費用・出願審査の請求費用等）だけではなく研究開発費もかかっている。

　これらの費用が全て無駄になっているとは言えないが、事前に研究開発テーマの選定・特許出願前の先行技術調査を行っておけば、研究開発費・知財経費をより有効活用できると言える。

② 無効資料調査・公知例調査

　自社製品・サービスが他人の特許権等（特許権、実用新案権、意匠権）を侵害することになる場合や、自社の現在・将来の事業活動に支障となり得る他社の特許権が存在する場合、その登録特許を無効化す

るための先行資料を探し出すための調査が無効資料調査（Invalidity Search）または公知例調査（Prior Art Search）である[70]。無効資料調査・公知例調査では特許文献だけではなく特許以外の文献（学術論文、カタログ、雑誌など）[71]も含めて幅広く調査を行うのが一般的である。

以前に、パナソニック（当時、松下電器産業）とジャストシステムが争ったアイコン訴訟の知的財産高等裁判所判決（平成17年（ネ）10040号）の中を読むと、松下電器産業の特許に無効理由（進歩性欠如）があると認定した資料は以下の一般文献である。

- ヴィッキー・スピルマン＝ユージン・ジェイ・ウォング著、「HPニューウェーブ環境ヘルプ・ファシリティ」、1989年8月発行
- フレッド・ストーダー著、「ハイパープログラマーのためのハイパーツール」、マックチューター、1988年7月号
- デニー・スレシンジャー著、「ヘルプ・ドキュメンテーション・システムの概説」、マックチューター、1987年11月号
- ナショナル・インストルメンツ社、「ラブビュー〜マッキントッシュのための科学ソフトウェア〜」、1986年発行
- マイケル・ボーズ＝グレッグ・ウィリアムズ著、「ラブビュー：実験仮想器具エンジニアリング・ワークベンチ」、バイト・マガジン、1986年9月号

---

[70] 他社特許が登録の場合がほとんどであるが、中には公開段階から無効資料調査を行い、権利化を阻止するケースもある（情報提供を目的とした調査なので、情報提供調査と呼ぶ場合もある）。また2015年4月から復活した異議申立を目的とした調査を異議資料調査と呼ぶ。

[71] 以前は特許以外の文献のことを"非特許文献（non-patent literature）"と呼んでいた。現在でも非特許文献という言い方は一般的であるが、特許文献以外には学術論文、カタログ、雑誌だけに限らず、ニュース情報、企業情報、マーケット情報、財務情報などなど多岐にわたるのに、それを"非特許"とまとめてしまうところが、特許情報中心主義的であると感じたため、著者は"非特許文献"という言葉は極力使わないようにしている。

無効資料調査を行うケースとしては、以下のような場合が考えられる。

- ✓ 他社から特許権侵害で訴えられた
- ✓ 他社から警告状が来た
- ✓ あるテーマで特許調査を実施したら自社事業の障害となる他社登録特許が発見された
- ✓ 定期的にウォッチング調査を行っていたら、他社から将来的に自社事業にとって障害となる特許（公開段階）が発見された

なお、自社保有特許を対象に無効資料調査を行うケースもある。そのような場合は自社保有特許の有効性を確認するための調査なので、有効性調査（Validity Search）と呼んでいる。有効性調査を実施するようなケースとしては以下のような場合が考えられる。

- ✓ 他社を特許権侵害で訴える場合
- ✓ 他社に警告状を送付する
- ✓ パテントプールへ自社特許群を拠出
- ✓ 自社特許群・パテントポートフォリオ売却時のデューデリジェンス

調査対象技術にも拠るが、一般的に調査対象件数は300〜1,000件程度である[72]（もちろん是が非でも先行文献を見つけなければならない場合は、数千件・数万件の公報を読むこともある）。

③ 侵害防止調査・クリアランス調査・FTO

新製品や新サービスを市場へ投入する際に、第三者の特許権等（特

---

[72] 費用・時間の面で余裕があれば、もっと調査対象件数を増やすこともできる。著者が最も読みこんだ無効資料調査案件では2万件強を読みこんだ。費用も高額であったが、結果的に非常に関連性の高い先行文献を抽出することができてクライアントに喜んでいただけたのを覚えている。

許権、実用新案権、意匠権）を侵害しないか確認するために実施するのが侵害防止調査、クリアランス調査（Clearance Search, Infringement Search）、抵触調査および他社権利調査である。最近はFTO（Freedom to Operate Search）と呼ぶ場合もある。

新製品・新サービスを投入する国々において調査を実施する必要があり、権利として有効に存在している特許権、実用新案権、意匠権や、今後登録になる可能性のある特許出願を対象に調査を実施することが一般的であるが、自由実施できる公知技術調査も兼ねて既に権利消滅済みの死んでいる特許を含めて調査を行うこともある。他社特許を侵害してしまうと差し止めや損害賠償等、自社事業の遂行に重大な支障が出てしまうため、検索式・母集団設定時のキーワードや特許分類の選定には十分注意する必要がある。調査対象技術にも拠るが、一般的に調査対象件数は500〜2,000件程[73]である。また抽出した他社特許と自社製品の関係（自社製品が他社特許を抵触しているか否か）についてはクレームチャート[74]としてまとめる。

仮に調査の結果、自社の事業を実施する上で障害となる問題特許が発見された場合は、その問題特許を無効化するための無効資料調査を実施するか、無効化が難しい場合は自社製品・サービスがその問題特許の権利範囲に含まれないように自社製品・サービスの仕様変更を検討するか、当該要注意特許の権利者である他社とライセンス交渉を検討する必要がある。

④ 技術収集調査

技術収集調査（Collection Search）とは「ある特定の主題・テーマに沿った特許・実用新案」を収集する調査である。

研究開発を行う際に、特許や学術文献・雑誌など先行技術文献を網羅的に収集して、他社が既に実施している範囲と自社の開発領域の違

---

[73] 医薬品やバイオ・化学分野の場合、5,000〜数万件程度の件数を読み込むこともある。
[74] クレームチャートをまとめる際の留意点については［梶田邦之, 2019］を参照。

いを明確にする必要がある。仮に他社が自社と同様の技術領域について特許出願を行っているのであれば、その特許網に対抗するような特許出願戦略を練る必要がある。また、他社が取り組んでいる課題や採用している方式を把握し、その課題の先回り、方式を克服するような研究開発を進めることで、より効率的な研究開発・特許出願を行うことができる。

技術収集調査では、これから研究開発を行う場合に、ある特定の主題やテーマに沿った特許・実用新案を収集する。特に特許分類（IPC・FI・FタームやCPC）などでは抽出ができないような主題・テーマについて、公報を1件1件読んで観点・分類項目を付与していく（公報を読まずにキーワードや特許分類をベースに機械的に層別化する方法もある）。

⑤ 技術動向調査・出願動向調査

研究開発戦略立案や研究テーマを決める上で、特定の技術分野の動向について俯瞰的に分析するのが技術動向調査・出願動向調査（Patent Landscape、Patent Mapping、Technology Trend Analysis）である。特定の特定技術の動向といった場合、

- ✓ その特定技術は今後伸びるか？
- ✓ その特定技術の今後の方向性は？
- ✓ その特定技術に注力している国・地域はどこか？
- ✓ その特定技術に注力している企業・研究機関はどこか？

のような項目について調査し、パテントマップやチャートなどを用いて調査結果をビジュアル的に取りまとめる。技術動向調査を行う目的として、以下のようなケースが考えられる。

- ✓ 研究開発計画・R&D戦略立案
    - ➔ 研究開発戦略立案
    - ➔ 研究開発テーマの絞込み

- ✓ 特許網・パテントポートフォリオ構築
  - ➔ 他社の特許網・パテントポートフォリオの把握
  - ➔ 自社特許網・パテントポートフォリオの構築
- ✓ 棚卸・M&A
  - ➔ 自社保有技術の棚卸
  - ➔ 自社保有特許を売却したい場合、売却先として考えられる企業の洗い出し
  - ➔ 自社保有特許保管のための他社特許網の洗い出し

　分析対象テーマにも拠るが、一般的に分析対象件数は1,000件程度から場合によっては数万件と膨大になる。そのため、いわゆる特許分析ツールやパテントマップ作成ツールを利用するケースもある[75]。日本国特許庁が毎年実施している特許出願技術動向調査等報告はこの技術動向調査の一例である。

⑥ 権利状況調査・法的状況調査

　権利状況調査・法的状況調査（Legal status search）とは、ある特許の権利状況（権利の生死状況、登録査定後の特許維持年金支払い状況など）を調べる調査である。他社から特許侵害の警告状を受け取った場合、真っ先にやるべきはこの権利状況調査である。訴えの根拠となっている特許が既に権利的に死んでいる（年金未払いなど）場合もありうるためである。日本における権利状況調査は、

- ✓ 特許庁の特許原簿を確認する
- ✓ J-PlatPat［経過情報］で確認する

の2通りの方法がある。日米欧の権利状況調査の詳細については**第4章**で説明している。

---

[75] MS Excel を用いたパテントマップ作成方法については拙著［野崎, 特許情報分析とパテントマップ作成入門　改訂版, 2016］を参照。

⑦ パテントファミリー調査・対応特許調査

パテントファミリー調査・対応特許調査（Patent Family Search）とは、ある特許出願のパテントファミリー・対応特許群を明らかにする調査である。本調査を行う理由は以下のようなものが挙げられる。

- ✓ 特定特許の海外出願状況の把握
- ✓ 特定企業の海外出願状況の把握
- ✓ 非日本語特許・非英語特許の技術内容把握

1つ目の「特定特許の海外出願状況の把握」とは、特許調査を実施して重要特許や問題特許を抽出した後に、その特許が外国にも出願されていないか確認することを意味する。自社が日本国内だけではなく、米国、ヨーロッパ、中国、韓国や東南アジアでも事業展開を考えている場合、競合他社の問題特許（日本特許）が見つかったとする。この問題特許に事業展開を検討している国・地域の対応特許が見つかり、さらに登録まで至っていると自社の事業展開を再考しなければいけない可能性もある。

2つ目の「特定企業の海外出願状況の把握」とは、ある企業を対象に日本特許を収集した後に、その日本特許のパテントファミリーを調べることで、その対象企業がどれくらいの割合で、どのような国々に特許出願しているのか確認することを意味する。これは対象企業の外国特許出願戦略を明らかにするための調査になる。

3つ目の「非日本語特許・非英語特許の技術内容把握」が最も身近なパテントファミリー調査になる。たとえば中国特許調査を実施して、自社にとって将来的に懸念材料になるかもしれない中国特許をピックアップしたとする。しかし中国語の公報をそのまま読める日本人はそれほど多くないだろう。このような場合、この中国特許のパテントファミリーを検索して対応日本特許や対応米国特許（または英語の対応特許）がないか調べる。これによって、どのような技術内容に関する特許なのか把握することが可能となる（機械翻訳などを利用した海外特許公報の効率的な査読方法については**8.3**参照）。

⑧ ウォッチング・SDI

　ウォッチング（Patent Watching）・SDIとは、ある特定の検索条件（特許分類・キーワード・出願人・発明者・権利状況など）でヒットする特許を定期的に回覧・配信してチェックする調査である。SDIはSelected Dissemination Informationの略で、選択的（Selected）・配信（Dissemination）・情報（Information）で、選択的に情報を配信することを意味する。ウォッチング・SDIは大きく技術ウォッチング、名義ウォッチング、権利状況ウォッチングの3種類に分かれる。

　自社が研究開発しているテーマに関連する情報を定期的に収集したいのであれば、技術ウォッチング・SDIを実施する。また、競合他社の動きや業界のキーパーソンの動きが気になるのであれば、出願人名や発明者名を検索キーとしてウォッチングを実施する。最後の権利状況ウォッチングは、競合他社の気になる特許の審査状況や権利状況プロセスを逐一確認していくウォッチングである。このウォッチングでは対象となる特許番号（出願番号・公開番号など）を入力して、審査の過程で何らかのアクションが起こった時点でアラートが生成されるのが一般的である。

⑨ 主要な調査種類別留意事項

　表8に主な調査別の留意事項についてまとめてある。

第 2 章 特許情報調査のための基礎知識

表 8 主な調査種類別留意事項

	出願前調査 審査請求前調査 (先行技術調査)	無効資料調査 有効性調査	侵害防止調査 クリアランス調査 FTO	技術収集調査	動向分析
調査実施時期	出願前 審査請求前 海外出願前	障害特許発見 警告状受領 訴訟	新規製品・サービス上市前	R&D 初期段階(仕様確定前)	戦略計画立案
調査対象資料	主に特許	特許 学術文献等	特許 * 特に生きている(登録/審査中/審査前)特許対象	主に特許	特許 学術文献 ビジネス・市場情報など
調査対象国	全世界 (通常、日本)	全世界 (まずは日本、英語圏)	製品・サービス実施または実施予定国	全世界 * 対象技術水準が進んでいる国・地域	* 対象技術水準が進んでいる国・地域
調査対象期間	特に限定なし	対象となる無効化特許の出願日/優先日以前公開	直近20年(権利期間) * 医薬品の場合は期間延長を考慮して最長25年間設定する場合もある	特に限定なし (通常20年程度)	特に限定なし (通常20年程度) * 息が長い技術の場合は長めに設定
成果物 フォーマット (第8章)	対比表(クレームチャート) リスト形式	対比表(クレームチャート) リスト形式	対比表(クレームチャート) リスト形式	リスト形式 要約シート	分析報告書 (パテントマップ)
参考資料	● [工業所有権情報・研修館 検索の考え方と検索報告書の作成 [第19版], 2018] ● [二階堂, 2016] ● [二神, 2015] ● [小島, 浩, 2017] ● [東 尼崎, できるサーチャーになるための特許調査の知識と活用ノウハウ, 2015]	● [六車, 概念検索を利用した無効資料調査, 2012] ● [尼崎, ほか, 2018] ● [太田, 2015] ● [高橋政治, 2019] ● [静野, 2019] ● [梶田邦之, 2019]	● [日本知的財産協会 情報検索委員会第1小委員会, 2015] ● [酒井, 知財部員のための侵害予防調査─検索着手前に考慮すべき点と検索式作成のテクニックー, 2015] ● [静野, 2015] ● [東 尼崎, できるサーチャーになるための特許調査の知識と活用ノウハウ, 2015] ● [梶田邦之, 2019]	● [野崎, IPランドスケープの底流─情報分析が組織に定着させるために, 2019] ● [野崎, 特許情報分析とパテントマップ作成入門 改訂版, 2016] ● [乾, 2018] ● [小林 誠, 2017] ● [技術情報協会, 2019] ● [日本知的財産協会 知的財産情報検索委員会第3小委員会, 2014]

2.3.2 検索対象別の種類

2.3.1では目的別・ステージ別による特許調査の種類および各調査の種類ごとに留意すべき事項についてまとめた。もう1つ検索対象別で分けた特許調査の種類を**表9**に示す。

検索対象には**表9**に記載されている通り、番号（出願番号・公開番号・登録番号など）、名義（出願人・発明者）および特定テーマの3種類がある。

表9　検索対象別の特許調査の種類

検索対象	内容	検索のポイント
番号	出願番号・公開番号・登録番号などの番号データをもとに、公報・包袋取り寄せ、権利状況やパテントファミリーを調べる	コツを覚える＝経験型調査 ・DBと番号フォーマット ・出願人名のルール
出願人・権利者発明者（名義）	特定の企業名（出願人・権利者）や発明者名をもとに、その企業や発明者が出願している特許を調べる	
特定テーマ	特定の技術内容や課題をもとに、その技術内容や課題に関連した特許情報を集める／探す	型を覚える＝頭脳型調査 ・キーワードの選択 ・特許分類の選択 ・検索式の構築

コンサルティングファームのコンサルタントであるマイスターは、その著書の中で業務は"効率型"、"経験型"、"頭脳型"の3つに分かれると述べている（出所：[マイスター，デービッド，2002]）。番号検索や出願人検索はデータベースの利用方法およびデータベースごとの番号フォーマットを覚えるべき調査であり、経験型調査であると言える（もちろんある程度まとまった件数の番号検索を効率的に行いたい場合は経験型調査であり、かつ効率型調査であるともいえる）。一方、特定テーマ（技術内容または課題）を対象に行う調査は頭脳型調査であり、それが先行技術調査や無効資料調査であろうが、動向分析であろうが1件1件ユニークな内容について型[76]を覚えて対応すべき調査である。

番号検索については**第4章**で、出願人・発明者の名義検索については**第5章**でそれぞれ事例を用いて詳しく説明している。また特定テーマによる検索については**第6章**以降で解説している。なお**第6章**で説明する関連性マトリックス・特許検索マトリックスは日本語特許検索に限らず、海外特許検索においても有効である。

2.4 検索キー：キーワードと特許分類

技術内容や課題などの特定テーマに基づいて特許調査を行う場合、検索式を作成する必要がある。主な検索式の部品（＝検索キー）としてはキーワードと特許分類がある。特許公報には公報に記載されている発明の内容に基づいて特許分類が付与されているので、キーワードのみで検索するではなく、特許分類も有効に活用することが望ましい。

2.4.1 検索式の構成要素

具体的な特許検索式の構築方法については**第6章・第7章**で説明するが、ここで検索式の構成について簡単に説明する。

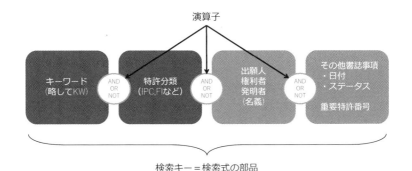

図24　検索式の構成

---

[76] 著者個人としては"守破離"だと考えている。"守"は本書で紹介する関連性マトリックス・特許検索マトリックスおよび基本3パターンになる。ただし、いつまでも"守"では発展がないので、基本の型を押さえたら各自"破"のフェーズへ移行しなければならない。本書がまずは"守"を固めるための一歩になれば幸いである。

検索式は**図24**に示すように、検索式を構成する部品（＝検索キー）であるキーワード（KW）や特許分類を AND・OR・NOT といった演算子を用いて組み合わせたものである。その他の検索キーとしては、出願人・権利者や発明者、日付（出願日、優先日など）や権利状況・ステータスなどがある。またあらかじめ重要特許番号が分かっている場合は、番号検索で集合を形成して検索式に加えることもある[77]。

本節では主たる検索キーであるキーワードと特許分類について、その種類や特性を説明する。

2.4.2　キーワードの種類

キーワードには大別すると以下の3種類がある。

1．特許公報に記載されているキーワード
2．特許庁審査官が利用しているキーワード
3．特定データベースで利用されているキーワード

特許検索では1つ目の「特許公報に記載されているキーワード」を用いるのが一般的であるが、参考のために2つ目・3つ目のキーワードについても説明する。

①　特許庁審査官が利用しているキーワード

「特許庁審査官が利用しているキーワード」とは、日本国特許庁の審査官フリーワードのことである[78]。文献に対して、審査官が付与可

---

[77] 検索式作成前に重要特許番号について把握している場合、①重要特許が検索式に含まれるようにキーワード・特許分類を選定するか、②既に重要特許番号は分かっているので番号検索で集合を形成し最後に OR 演算で加えるか、のいずれかの対応方法があるが、要望として多いのは①である。事前に把握している重要特許番号が数件程度であれば、母集団に含まれるように検索式を設定するのは容易であるが、重要特許番号が数十件以上となるとなかなか厳しいものがある。
[78] 審査官フリーワード以外に、しおりフリーワードがある。審査官が公報をスクリーニングしている際に目印として一時的に「しおり」キーワードを付与することができる（出所：［工業所有権情報・研修館, 特許文献検索実務（理論と演習）［第四版］, 2018］）。

能な検索キーであり[79]、Fタームのテーマコードとセットでのみ利用可能である（以下の例ではテーマコードだけではなくAB10、DA20も付与されている）。

引用調査データ記事	引用調査データ 特許査定(特許査定時の参考文献)起案日(2013/04/08) 引用文献番号(特開2003-265979号公報) 引用文献番号(特開2002-159958号公報) 引用文献番号(特開平09-010617号公報) 引用文献番号(実開平06-007886号公報)
審査官フリーワード記事	4D004 Ａ Ｂ １ ０ 異物 4D004 Ｄ Ａ ２ ０ 水位
発明等の名称(漢字)記事	生ごみ破砕分別装置及び生ごみ破砕分別装置の管理方法
請求項の数記事	出願時(10) 登録査定時(10)
審査請求記事	審査請求数(1)
出願細項目記事	(3226) 査定種別(登録査定) 最終処分(登録) 最終処分日(2013/05/24) 通常審査
更新日付	(2014/12/25)

図25　審査官フリーワードの例

審査官フリーワードについてはJ-PlatPat特許・実用新案検索メニューから検索することができる。上記の「4D004　AB10　異物」の例であれば、検索項目から［審査官フリーワード＋全文］を選択し、ブランクに　4D004異物　と入力する。

図26　審査官フリーワードによる検索例

---

[79] 現在は工業所有権協力センター（IPCC）がFI・Fターム付与する際にも審査官フリーワードを付与している（出所：［工業所有権情報・研修館, 特許文献検索実務（理論と演習）［第四版］, 2018]）。

審査官フリーワードについては全出願に等しく付与されているわけではないので、著者は実務では用いていない[80]。

② 特定データベースで利用されているキーワード

「特定データベースで利用されているキーワード」とは、以前に株式会社パトリスがデータベースPATOLISで作成・付与していたPATOLIS抄録やパトリスフリーワード[81]や、PatentSQUAREの特徴語[82]、Derwent InnovationのDWPI抄録（新規性、用途、優位性など）である。データベースベンダーが出願書類に基づいて独自にインデキシング・作成しているキーワード・テキストデータである。

③ 特許公報に記載されているキーワード

特許公報に記載されているキーワードを用いて特許検索式を構築することが一般的である。特許公報に記載されているキーワード範囲およびその特徴は以下の**表10**のようになっている。

表10　キーワード範囲とその特徴

キーワード範囲	キーワードの特徴
発明の名称 Title	✓ 技術分野を表すキーワード ✓ ただし「印刷装置」や「車両」のように、非常に一般化された【発明の名称】も散見されるため、詳細な技術的特徴での絞込みには不向き
要約・抄録 Abstract	✓ 発明のポイント・特徴を簡潔にまとめており、技術分野＋技術的特徴についてのキーワードを含む

---

[80] 審査官フリーワードを技術動向把握にする活用例としては［日本知的財産協会情報検索委員会第2小委員会, 2019］を参照。

[81] 株式会社新川情報（旧株式会社パトリス）が2014年3月31日に解散したため、パトリスフリーワードは更新されていない。しかし、2014年7月にNRIサイバーパテント株式会社がPATOLIS抄録およびフリーキーワードの著作権を譲り受けているため、CyberPatent Deskを通じて利用可能である。

[82] PatentSQUARE 特徴語
: https://www.panasonic.com/jp/business/its/patentsquare/function_6.html#content12

		✓ 【要約】のテキスト量は多くないため、要約に含まれるキーワードだけでの検索ではモレが生じる ✓ なお、【要約】の【課題】には"コスト"や"高効率"などの課題・目的語（≠技術用語）が含まれるので、課題・目的語で検索する際は【要約】は重要
特許請求の範囲 Claim		✓ 発明のポイント・特徴について述べられている ✓ 【発明の名称】や【要約】と比べると抽象的なキーワードで表現されている
発明の詳細な説明 Description		✓ 発明のポイントだけではなく、発明の背景や従来技術についてのキーワードも含まれているため、網羅性を高めるためには良いが、ノイズが大量にヒットしてしまう恐れがある ✓ 【要約】の【課題】と同様、【発明が解決すべき課題】などには課題・目的語が含まれているので、課題・目的語で検索する際は【実施例】も重要 ✓ また、スマートグリッドやIoT、Bluetoothなどの固有名詞も含まれる（例：Bluetoothは【特許請求の範囲】では近距離無線通信）

　日本特許は【発明の詳細な説明】が細分化されており、有料データベースでは【発明が解決しようとする課題】、【課題を解決するための手段】、【発明の効果】、【発明を実施するための形態】、【産業上の利用可能性】などのパートごとに検索を行うこともできる。しかし、海外特許では日本特許のようにDescriptionが細分化されていなため、**表10**に示したキーワード範囲を選択して検索式を組み立てる。

　キーワード範囲を選択する上でポイントとなるのは、キーワードが技術的な用語か、課題・目的や作用・効果的な用語なのかを区別することである。

表11 キーワードの種類・範囲とヒット件数[83]

キーワード範囲	ハイブリッド車	コスト
発明の名称	6,688件	921件
要約	6,902件	506,946件
特許請求の範囲	8,347件	13,511件
全文	47,847件	3,564,869件

　表11に技術的な用語として「ハイブリッド車」、課題・目的的な用語として「コスト」を用いて、各キーワード範囲で検索した際にどのようなヒット件数の差になるのか示した。
　「ハイブリッド車」のような技術的な用語は、基本的には要約および特許請求の範囲を用いれば良いが、「コスト」のような課題・目的的な用語については要約だけで不十分だと判断した場合は全文までキーワード範囲を拡張した方が良い。もちろん、特許分類とキーワードを AND 演算する場合のキーワード範囲については別途検討が必要であり、この点については**6.8**で説明する。
　2018年3月のリニューアル後、J-PlatPatでは近傍検索ができるようになったが、近傍検索については**3.3.2-②**で説明している。さらに近傍検索を行う際の文字数の設定については**コラム　近傍検索の文字数設定**で取り上げているので参照されたい。

2.4.3　特許分類の種類
特許分類には大別すると以下の3種類がある。

1．国際的に利用されている特許分類
2．特定の国で利用されている特許分類
3．特定データベースで利用されている特許分類

---

[83] J-PlatPat 特許・実用新案検索メニュー、種別：国内文献、検索日：2019年10月14日。

1つ目の国際的に利用されている特許分類はIPC（International Patent Classifiction：国際特許分類）でアイピーシーと読む。2つ目の特定の国で利用されている特許分類には日本のみで利用されているFI（ファイル・インデックス、通常エフアイと読む）やFターム、米国・欧州で利用されているCPC（欧米協同特許分類）が代表的なものである[84]。最後の特定のデータベースで利用されている特許分類はDWPIやThomson Innovationで利用できるダウエントクラスやマニュアルコードがある。以下では1および2について説明する。

2.4.4　国際特許分類

国際特許分類（IPC）とは、国際特許分類に関するストラスブール協定（1971年3月24日：日本では1976年に批准）[85,86]に基づいて作成された世界共通の特許分類である。

IPCは、全技術分野を以下の8つのセクションに分けている。

Aセクション	生活必需品
Bセクション	処理操作；運輸
Cセクション	化学；冶金
Dセクション	繊維；紙
Eセクション	固定構造物
Fセクション	機械工学；照明；加熱；武器；爆破
Gセクション	物理学
Hセクション	電気

---

[84] 日本・米国・欧州・中国・韓国の5大特許庁（IP5）によるIPC改正・分類調和の取り組みの詳細については［工業所有権情報・研修館, 国際特許分類、FI、Fタームの概要とそれらを用いた先行技術調査, 2018］やJapio YEAR BOOKの「特許分類に関する最新動向」などを参照されたい。

[85] 国際特許分類に関するストラスブール協定については以下で全文を日本語で確認できる。https://www.jpo.go.jp/shiryou/s_sonota/fips/strasbourg/sa/mokuji.htm

[86] 日本ではかつて日本特許分類（Japanese Patent Classification、略称JPC）が利用されていた。IPC同様、技術内容を主に用途別に分類したもので、1～136類まで分類されていた（参照：［為永, 1980］）。

さらにこのセクションを以下のようにクラス（メインクラスとも言う）、サブクラス、メイングループ、サブグループに階層的に展開している。下位のサブグループの方に行けば行くほど技術的には細かく特定されているので、下記表に示す通り、J-PlatPatの特許・実用新案検索メニュー（公報種別：国内文献）でのヒット件数は少なくなる。

表12　IPCの階層構造とヒット件数の関係

階層	IPCの例	IPC説明	ヒット件数 （2019.10.12時点）
セクション	E	固定構造物	1,053,835
クラス	E02	水工；基礎；土砂の移送	204,067
サブクラス	E02D	基礎、根切り；築堤	106,489
メイングループ	E02D29/00[87]	地下または水中の構造物	21,911
サブグループ	E02D29/14	・・マンホールまたは類似物の蓋；蓋の枠	3,625

上記の例で示したIPC・E02D29/14の説明にあるドットの数が階層構造を示しており、このドットの数で階層構造の深さが分かる。E02D29/14であれば、

E02D29/00　　地下または水中の構造物；擁壁［6］
E02D29/12　　・マンホールの立孔；その他の検査室または通路室；そのため付帯設備［6］
E02D29/14　　・・マンホールまたは類似物の蓋；蓋の枠［6］

のように、E02D29/14はE02D29/12の下位分類であり、E02D29/12はE02D29/00の下位分類であることが分かる（E02D29/14"マンホールまたは類似物の蓋"からみて、E02D29/12"マンホールの立孔；その他の検査室または通路室；そのため付帯設備"は上位概念であり、E02D29/12から

---

[87] 現在のJ-PlatPatではE02D29/00で検索するとE02D29/00〜E02D29/16のすべてのサブグループを含めて検索を行う。

みて E02D29/00 "地下または水中の構造物"はさらに上位概念を示している）。また IPC 説明文に含まれているカッコ内の文章は関連する特許分類などの参考情報を示しており、［6］のような四角カッコはその IPC が第何版に改訂されたかを示している。IPC は導入以降、適宜改訂されている。2006年より前は5年に一度改訂されており、

- 第1版　1968年9月〜1974年6月
- 第2版　1974年7月〜1979年12月
- 第3版　1980年1月〜1984年12月
- 第4版　1985年1月〜1989年12月
- 第5版　1990年1月〜1994年12月
- 第6版　1995年1月〜1999年12月
- 第7版　2000年1月〜2005年12月

のように改訂されている。2006年1月からは第8版が採用されており、5年に1回の改訂ではなく随時改訂されている[88]。改訂状況については J-PlatPat 特許・実用新案分類照会（PMGS）上段の IPC 改正表をチェックすると良い。

2.4.5　日本独自の特許分類

国際特許分類は日本をはじめ国際的に利用されている特許分類ではあるが、日本のように特許出願件数が多い国の特許を検索する場合は、日本独自の特許分類である FI および F タームを利用すると効率的に特許を調査することができる[89]。なお**6.6**において FI および F タームの探し方につい

---

[88] 最近は G16 に新たなサブクラスが新設されている。2019年1月には G16B（バイオインフォマティクス）、G16C（計算化学：ケモインフォマティクス）が新たに設けられた。2020年1月には G16Y（IoT（Internet of Things）関連技術）が新たに追加される（参考：https://www.jpo.go.jp/system/patent/gaiyo/bunrui/ipc/ipc_iot_kanren.html）。

[89] ［工業所有権情報・研修館, 国際特許分類、FI、F タームの概要とそれらを用いた先行技術調査, 2018］参照

① FI：ファイル・インデックス

IPC では分類の分解能が粗いため、日本国特許庁が IPC をベースにさらに細分化ものが FI である。IPC 第 8 版を細分化したものであるが、一部の分類は IPC 第 4 版や IPC 第 7 版をベースにしているものもある[90]。FI は下記のように IPC の末尾に分冊識別記号（アルファベット 1 文字）や展開記号（3 桁の数字）が追加されたものである。後述する CPC（欧米協同特許分類）と構成が似ている。

表 13　FI の例とヒット件数の関係①

FI の例	FI 説明	ヒット件数[91] (2019.10.12時点)
E02D29/14	・・・マンホールまたは類似物の覆い；覆いの枠	3,571
E02D29/14@A	・・・・施錠部	810
E02D29/14@B	・・・・開閉部、例．蝶番、取手	770
E02D29/14@C	・・・・パッキングを有するもの	315
E02D29/14@D	・・・・蓋と蓋枠との接合面が傾斜しているもの〔C優先〕	172
E02D29/14@E	・・・・蓋自体の構造、例．積層蓋、滑止蓋	932
E02D29/14@Z	・・・・その他のもの	839

E02D29/14 は下位の E02D29/14@A～E02D29/14@Z のそれぞれ分冊識別記号まで細分化された FI を包含している（分冊識別記号だけではなく展開記号を含む FI もある）[92]。E02D29/14 はドットが 3 つあ

---

[90] FI および後述する F タームは人が目視で特許公報の内容を確認して付与している。この FI・F ターム付与は IPCC（一般財団法人工業所有権協力センター）が行っている。
[91] J-PlatPat 特許・実用新案検索メニューで種別は国内文献、期間限定なし。
[92] E02D29/14 の下位分類を含めずに E02D29/14 のみで検索したい場合は、E02D29/14@¥ のように末尾に @¥ をつける。

るが、E02D29/14@A～E02D29/14@Z も E02D29/14と同じくドットが3つであり、同じ階層のFIであることが分かる。特許・実用新案分類照会（PMGS）における階層構造の見方については後述する。

なおJ-PlatPatの特許・実用新案分類照会（PMGS）でE02D29/00を確認すると**図27**のような画面になる。上は一覧表示で、下がFIハンドブック表示である。

図27　特許・実用新案分類照会（PMGS）における一覧表示（上）・FIハンドブック（下）

FI ハンドブック表示では FI 説明に加えて、補足説明や関連分野が示されているので FI を網羅的に調べたい場合は FI ハンドブックで調べると良い。

またドットについて FI ハンドブックでは数字で示されており、たとえば E02D29/02 は 1 なので、E02D29/00 よりも 1 つ下の階層であることが分かる。E02D29/02,303 は 3 であるが、これは E02D29/02,302 と同階層（つまり E02D29/02,301 から見ると 1 つ下の階層、E02D29/02 から見ると 2 つ下の階層）であることを示している。なお、FI 一覧表示の場合は、数字ではなく・（ドット）で階層構造が示されており、ドット数が同じ分類は同じ階層であることを表している。

② **F ターム**[93]

F ターム（File Forming Term）は技術的観点から項目分けされている IPC や FI とは異なり、**図28**のように複数の観点（発明の目的、用途、材料、制御、制御量など）から細分類した特許分類であり[94]、F タームは特許庁審査官の先行技術調査を効率的に行うために開発された。

---

[93] F タームには Fm テーマ、Fs テーマ、FI テーマの 3 種類がある。詳細については［工業所有権情報・研修館, 先行技術文献調査実務［第五版］, 2018］の p68〜69を参照されたい。

[94] 著者はいつも豆腐の切り方で FI と F タームの細分化の方法を説明している。IPC は豆腐（特許文献の束）を長辺方向から何回か切ったもの、FI は IPC を細分化したものなので、さらに長辺方向から切り込みをいれたもの（IPC よりも豆腐の一片が細かくなる）、F タームは IPC・FI とは異なる観点で細分化したものなので、豆腐をさらに短辺方向および側面から何回か切ったもの（いわゆる賽の目切り）である。

第2章　特許情報調査のための基礎知識

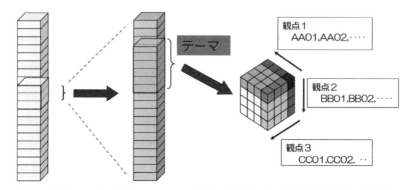

図28　IPC、FIおよびFタームの関係（出所：［工業所有権情報・研修館，国際特許分類、FI、Fタームの概要とそれらを用いた先行技術調査，2018］）

　IPCやFIには発明の目的や用途といった分類項目はないが、Fタームには**図28**のように課題・目的や種類・形態などの項目が準備されている[95,96]。

---

[95] テーマコード（ここでは5H601）の行にある解説というリンクをクリックするとFターム解説が表示される。Fターム解説にはテーマ技術の概要、Fタームの詳細な説明、Fターム解説文献の対象および注意点などが記載されているので、Fターム選定時はFターム解説も見るように習慣づけておくと良い。
[96] 2019年5月のJ-PlatPatリニューアルによりPMGS（旧パテントマップガイダンス）のインターフェースが大幅に代わり、従来のFターム表示を行うためには［リスト印刷］というボタンをクリックする必要がある。

2.4 検索キー:キーワードと特許分類

図29 Fタームの例(5H601:上 リスト表示、下:リスト印刷)

　Fタームは**表14**のようにテーマコード5桁、観点2桁、数字2桁にて構成される。

表14　Fタームの例

Fタームの意味	テーマコード	観点	数字
5H601AA05 回転電機の鉄心で、小型化を目的としたもの	5H601 回転電機の鉄心	AA 目的・効果	05 ・小型化
5B057AA18 繊維・アパレル用途の画像処理	5B057 画像処理	AA 用途	18 ・繊維,アパレル
5K067KK13 移動無線通信システムであって、構成要素としてCPUを持つもの	5K067 移動無線通信システム	KK 構成要素	13 ・CPU
4G140DB01 水素、水、水素化物に関するプロセス・装置で、触媒の再生又は活性化に関するもの	4G140 水素、水、水素化物	DB プロセス・装置上の特徴	01 ・触媒の再生又は活性化に関するもの

　また、一部のFタームについては、付加コードと呼ばれる1文字の記号が設定されているものもある。付加コードは、Fタームの後ろに．を付加する。たとえばテーマコード3G091"排気の後処理"の観点GB"触媒又は吸着装置の成分又は材質"には以下のような付加コードが設定されている。

W：触媒成分
X：触媒担体
Y：吸着装置の成分又は材質
Z：触媒又は吸着装置のその他のもの（ケース、保持材、蓄熱材、整流板）

　付加コードが付与されているFターム検索を行う際は、3G091GB07.Wのように入力する[97]。

---

[97] 付加コードが付与されているFタームを検索する場合、末尾に．をつけて検索しないと漏れてしまう可能性が高い。たとえば特許・実用新案検索、種別：国内文献でFタームで検索すると3G091GB07.Wは4,442件、3G091GB07.Xは58件、3G091GB07.Yは68件、3G091GB07.Zは24件となる。末尾に付加コードおよびドットをつけず3G091GB07で検索すると7件になってしまうが、末尾にドットをつけて3G091GB07．で検索すると4,547件となり、付加コードW、X、Y、Zと付加コードなしの総和となる。

③ ファセット・広域ファセット

　ファセットとは、FI の全範囲または所定の範囲にわたって、FI とは異なる観点から展開されている記号であり、ファセットには3文字の英字が使用される。ファセットの先頭の英字は、通常該当するセクション記号（A～H）と同一だが、複数の分野にまたがる広域ファセットでは先頭の英字として Z が用いられる。

ファセットの例：C02F
　　CCK　　油性物質　［適用範囲（C02F1/00－1/58;1/66－11/20）］
　　CCL　　・鉱油　［適用範囲（C02F1/00－1/58;1/66－11/20）］
　　CCM　　・動植物油脂　［適用範囲（C02F1/00－1/58;1/66－11/20）］
　　CCN　　・発泡性物質　［適用範囲（C02F1/00－1/58;1/66－11/20）］
　　CCP　　・界面活性剤　［適用範囲（C02F1/00－1/58;1/66－11/20）］

広域ファセットの例
　　ZAA　　超伝導に関するもの［適用範囲 全範囲］
　　ZAB　　環境保全関連技術に関するもの［適用範囲 全範囲］
　　ZBP　　・生分解性ポリマー［適用範囲 全範囲］
　　ZCC　　コンビナトリケミストリー関連技術［適用範囲 全範囲］
　　ZEC　　電子商取引関連技術に関するもの［適用範囲 全範囲］
　　ZHV　　ハイブリット自動車［適用範囲 全範囲］
　　ZIT　　Internet of Things［IoT］［適用範囲 全範囲］[98]
　　ZMD　　特許査定された出願が、用法又は用量の点で新規性が認められる医薬発明に該当する請求項に係る発明を含むもの［適用範囲 全範囲］
　　ZNA　　核酸／アミノ酸配列に関するもの［適用範囲 全範囲］
　　ZNM　　ナノテクノロジー応用技術［適用範囲 全範囲］

---

[98] 日本国特許庁では世界に先駆けて、2016年11月から IoT（Internet of Things）関連技術に広域ファセット分類記号 ZIT を付与してきた（上記では省略しているが、ZIT の下位は細分化されている）。この ZIT に関しては［日本知的財産協会 情報検索委員会第1小委員会, 2019］で研究されているので、興味がある方は参照されたい。

ZTD	生体分子の立体構造〔適用範囲 A01N、A61K、C07B、C07C、C07D、C07F、C07H、C07J、C07K、C08B、C12N、G01N、G06F〕
ZYW	車両のヨー方向運動制御〔ヨーレート、スリップ角、ステア特性等〕〔適用範囲 B60G、B60K、B60L、B60T、B62D、F02D、F16D、F16H〕
ZYY	・手段が特定されない又は複数の手段で実地可能な車両の挙動制御〔適用範囲 B60G、B60K、B60L、B60T、B62D、F02D、F16D、F16H〕

複数のセクションを横断的な検索を行う際は広域ファセットを、同一セクション内で複数のメイングループにまたがるような検索を行う際はファセットをFIやFタームと併用すると良い。

④ FI・Fタームの更新

技術の進歩に伴いFIやFタームは更新される。新規に追加される分類もあれば、新たな分類へ改編されるものや、廃止される分類がある。このようなFI・Fタームの更新情報については、**図30**のように特許・実用新案分類照会 (PMGS) 上部にある「FI改正情報」、「テーマ改廃情報」から確認できる。

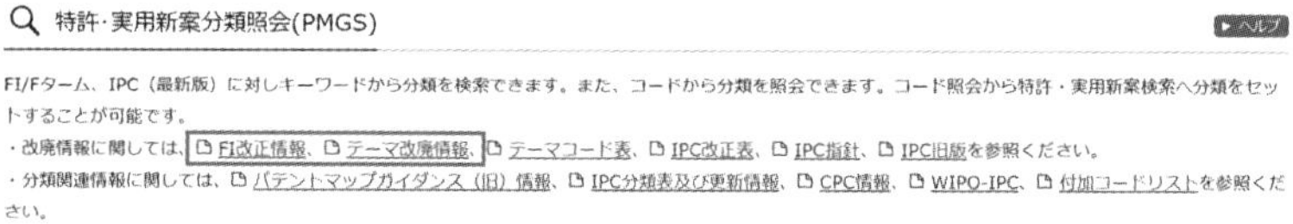

図30 FI・Fターム更新情報の確認

2.4.6 欧米協同特許分類（CPC）[99, 100]

　日本以外の独自特許分類の主なものとして、米国特許分類、欧州特許分類、そして欧米協同特許分類の3種類がある。この3つの特許分類のうち、現状有効な特許分類は欧米協同特許分類ではある。

　欧米協同特許分類（欧米共通特許分類という言い方もある）は欧州特許庁（EPO）と米国特許商標庁（USPTO）が2013年1月1日より運用している特許分類である。**図31**に示す通り、EPO、USPTOやドイツ・イギリス・フランスなどの欧州主要国をはじめとして29の国・地域の特許庁がCPCを採用している。

図31　各国特許庁のCPC採用状況（出所：[Nelson, Pierre, Dimple, 2019]）

---

[99] 欧米協同特許分類CPC以外の特許分類としては米国特許分類、欧州特許分類、ドイツ特許分類DEKLA（Patent-Feinklassifikation）、英国特許分類（UK classification key）がある。米国特許分類、欧州特許分類は欧米協同特許分類CPCが英国特許分類は2007年7月1日をもって付与を停止している。

[100] CPCについてはCPCのウェブサイト（https://www.cooperativepatentclassification.org/）の他、拙稿（[野崎, CPCについて, 2013]）を含めて、[酒井, 欧州と米国の新しい特許分類CPC, 2013]、[酒井, CPC（共通特許分類）の始動と特許情報検索への影響, 2013]、[日本パテントデータサービス株式会社・国際部]、[六車, 新特許分類・CPCの使いこなし, 2013]、[太田 良, CPC（Cooperative Patent Classification）について, 2013]など様々な論考が出ているので参照されたい。

EPO・USPTO以外の5大特許庁である日本・中国・韓国特許庁のCPCへの対応としては、中国特許庁および韓国特許庁はCPCを既に導入・付与を行っている。一方、日本国特許庁については現時点でCPCを採用する方向性は打ち出していない[101]。CPC付与対象外である日本も含めた主要国・地域の最新のCPC付与率（2018年12月21日現在）を**表15**に示す。

表15　CPCの付与状況（出所：[USPTO, EPO, 2019]）

国・地域	国コード	総件数	CPC付与件数	CPC付与率
EPO	EP	3,409,336	3,407,096	99.9%
米国	US	12,841,140	12,415,932	99.9%
WIPO	WO	3,438,359	3,422,226	99.5%
フランス	FR	2,443,601	2,424,117	99.2%
ドイツ	DE	5,678,483	4,876,569	85.9%
イギリス	GB	2,396,871	2,141,007	89.3%
中国	CN	17,286,037	5,473,797	31.7%
韓国	KR	3,705,485	2,482,712	67.0%
日本	JP	18,179,959	4,848,814	26.7%

　CPC付与対象国（米国やEP特許など）のパテントファミリーを持つ日本特許は、当然そのパテントファミリーにCPCが付与されている。しかしそのようなファミリーは日本特許のうち26.7%程度であり、日本特許検索に利用できる特許分類ではない。また中国や韓国もCPCを採用しているが、まだCPC付与率は低い状態であるため、検索式に利用する特許分類はCPCだけではなくIPCも併用することが好ましい。

　次にCPCの構成や特徴について見ていく。CPC分類は**図32**に示すように、日本独自特許分類であるFIと似た構成を取っており、ECLA（欧州特

---

[101] 本書では触れないがCHC（共通ハイブリッド分類）プロジェクトやGCI（Global Classification Initiative）などの特許分類ハーモナイズの動きについては、[小原, 2011]、[太田 良, CHCプロジェクトの現状およびその行く末について, 2013]、[太田 良, 特許分類に関する国際的な動向, 2013]、[太田 良, 特許分類に関する国際的な動向　五庁共通ハイブリッド分類プロジェクトをはじめとして, 2013]、[井海田, 特許分類に関する国際的な動向の続きと特許庁の取り組み, 2014]などの日本国特許庁特許分類担当者が執筆した記事を参照されたい。

許分類）をベースに構築されている。CPC のほとんどは欧州特許分類である ECLA または ICO 由来のものであり、USPC 由来の CPC はほとんどない[102]。

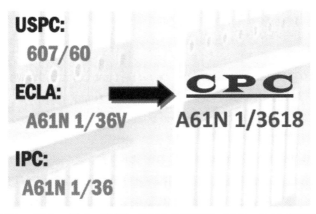

図32　CPC の構成（出所：[EPO/USPTO, CPC trifold, 2011]）

CPC の特徴点を以下3つ述べる。

1．FI と同様、IPC を細分化かつ適宜改廃
2．CPC2000シリーズ
3．分野横断的な Y セクション

まず**図32**を見て分かるように CPC は IPC をベースにした特許分類であり、IPC をさらに細分化したものである。また FI と同様、適宜改廃が実施されており、この改廃情報は CPC のウェブサイトで確認できる[103]。

次に2つ目の特徴である CPC2000シリーズであるが、B60K7/00（ホイールインモータに関する特許分類）を例にとって説明する。**図33**に

---

[102] USPC の名残があるのは CPC の特徴的な分類である Y セクションの Y10 (ECHNICAL SUBJECTS COVERED BY FORMER USPC) のみである。
[103] http://www.cooperativepatentclassification.org/CPCRevisions/NoticeOfChanges.html

B60K7/00のCPC、IPCおよびFIを比較している。IPCおよびFIにサブグループはなく、B60K7/00のみしか用意されていない。一方、CPCには細分化された複数のサブグループが用意されている。CPCにはB60K7/から始まっている分類と、B60K2007/から始まっている網掛けされている分類がある。このB60K2007から始まっている分類がCPC2000シリーズと呼ばれるものである。

　　B60K2007/0069・the motor axle being perpendicular to the wheel axle
　　B60K2007/0076・・the motor axle being horizontal
　　B60K2007/0084・・the motor axle being vertical

　上述の通り、CPCは欧州特許庁が利用していたECLAとICO（In Conputer Only）をベースとしている特許分類であり、CPCのほとんどはECLA由来であるが、一部CPCはICO由来である。ECLAが発明の主題に対して付与されていたのに対し、ICOは発明の付加情報へ付与されていた。この付加情報に関する部分がCPC2000シリーズとなって受け継がれている[104,105]。

---

[104] 著者はCPC2000シリーズはFタームのようなものだと思っている。CPC2000シリーズではB60K2007の例でも示した通り、Fタームのような細かな観点（IPC・FIでは細分化しないような観点）で分類が設けられている。

[105] CPCにはCPC2000シリーズ以外にC-Sets（コンビネーションセット）と呼ばれる項目がある。C08K、C08L、C09D、C09Jのような有機化学・高分子分野を中心に材料と用途の組み合わせを行うことができる。C-Setsの対象領域については以下URLを参照
：https://www.cooperativepatentclassification.org/publications/CombiSetsListofFields.pdf

2.4 検索キー：キーワードと特許分類

図33 CPC・CPC2000シリーズとIPC・FI

3つ目の特徴であるYセクションは、IPC・FIなどでは設定されていないセクションである。YセクションはA～Hセクションをまたがるような分野横断的な分類であり、新しい先端技術の分類分けを目的とした特許分類である。Yセクションには、

Y02 TECHNOLOGIES OR APPLICATIONS FOR MITIGATION OR ADAPTATION AGAINST CLIMATE CHANGE
天候変更の影響を緩和または適応するための技術または機器

Y04　INFORMATION OR COMMUNICATION TECHNOLOGIES HAVING AN IMPACT ON OTHER TECHNOLOGY AREAS
　　　他の技術分野に影響を与える情報または通信技術
Y10　TECHNICAL SUBJECTS COVERED BY FORMER USPC
　　　以前のUSPCのクロスセクションアートコレクション［XRACs］およびダイジェストに包含されていた技術的主題

の3つのクラスが設定されている[106]。Y10は定義から分かる通り、USPC由来の特許分類である。Y02やY04は主に環境対策技術を念頭に置いた特許分類である。サブクラス、サブグループの一例を挙げると、

Y02E60/00	Enabling technologies or technologies with a potential or indirect contribution to GHG emissions mitigation ＧＨＧ放出緩和を可能にする技術または潜在的または間接的に貢献する技術
Y02E60/50	・Fuel cells ・燃料電池
Y02E60/52	・・characterised by type or design ・・型式または設計により特徴付けられるもの
Y02E60/521	・・・Proton Exchange Membrane Fuel Cells［PEMFC］ ・・・固体高分子形燃料電池［PEMFC］
Y02E60/522	・・・・Direct Alcohol Fuel Cells［DAFC］ ・・・・直接アルコール燃料電池［DAFC］
Y02E60/523	・・・・・Direct Methanol Fuel Cells［DMFC］ ・・・・・直接メタノール燃料電池［DMFC］
Y02E60/525	・・・Solid Oxide Fuel Cells［SOFC］ ・・・固体酸化物燃料電池［MCFC］
Y02E60/526	・・・Molten Carbobate Fuel Cells［MCFC］

---
[106] CPC・Yセクションの日本語訳については［日本国特許庁，国内外の分類の対応関係参照ツール，日付不明］より転載している。

	・・・溶解した炭素アルカリ溶液燃料電池［MCFC］
Y02E60/527	・・・Bio Fuel Cells
	・・・バイオ燃料電池
Y02E60/528	・・・Regenerative or indirect fuel cells, e.g. redox flow type batteries
	・・・再生または間接燃料電池、例. レドックスフロー形式の電池

のように燃料電池がタイプごとに分類展開されている。IPCやFIではここまで詳細には分類分けされていない[107]。

　表15で示したように、米国特許やEP特許、欧州の主要国については遡及分も含めてCPCが既に付与されているため、欧米特許を効率的かつ効果的に調査するためにはCPCの理解・利用が欠かせない。CPCの探し方については**コラム　英語キーワード・CPCを探す**で説明する。

---

[107] たとえばY02E60/523（DMFC）に該当するFタームは5H027AA08（・液体（メタノール，ヒドラジン）燃料電池）がある。CPCのYセクションや前述したCPC2000シリーズはFタームのように技術的観点とは異なる観点で分類項目が設定されている。当然のことながらFタームはEP特許や米国特許に付与されていないため、網羅的に検索するためにはCPCのYセクションやCPC2000シリーズを有効に活用することが必要である。

コラム　米国特許分類（USPC・USC）と欧州特許分類（ECLA）

　USPTOおよびEPOは2013年1月1日よりCPC（欧米協同特許分類）の運用を始めている。USPTOがそれまで利用していた米国特許分類（US Patent Classificaiton）は2014年12月31日をもって実質的に廃止されているが[108]、無効資料調査のように過去に遡って調査を行う際に、米国特許分類を利用するケースがあるかもしれないので、本コラムにおいて簡単に説明しておきたい。

　米国特許分類は「701/2」のように、先頭の数字とスラッシュ以降の数字から構成されている。先頭の数字をクラスと呼び、スラッシュ以降の数字をサブクラスと呼ぶ。クラスとサブクラスから発明の内容を特定できるようになっている。各クラスにはタイトル説明文、クラス・スケジュール（サブクラスの一覧表）および各サブクラスの定義が含まれている。サブクラスはクラスをより細分化したものであり、サブクラスは番号、タイトル、階層構造を示すドット、定義文などから成り立っている。以下で実際の米国特許分類について示す[109]。

```
Class Schedule
Class 701 DATA PROCESSING: VEHICLES, NAVIGATION, AND
         RELATIVE LOCATION
  1  VEHICLE CONTROL, GUIDANCE, OPERATION, OR
     INDICATION
  2  . Remote control system
  3  . Aeronautical vehicle
  4  .. Altitude or attitude control or indication
  5  ... Rate of change (e.g., ascent, decent)
```

---

[108] 米国デザイン（意匠）特許には引き続き米国特許分類が設けられている（先頭にDが付いている）。
[109] 詳細は以下URLを参照：http://www.uspto.gov/web/patents/classification/uspc701/sched701.htm

6	. . . . Angle of attack
7	. . . Air speed or velocity measurement
8	. . . Threshold or reference value
9	. . . . Warning signal or alarm
10	. . . Compensation for environmental conditions

このUSPC一覧表をクラス・スケジュールと呼ぶ。クラス・スケジュールとは、ある特定のクラス内におけるサブクラスの相互関係・階層関係を示す一覧表のことである。上の701の例だと

1	VEHICLE CONTROL, GUIDANCE, OPERATION, OR INDICATION
2	. Remote control system
3	. Aeronautical vehicle
4	. . Altitude or attitude control or indication
5	. . . Rate of change (e.g., ascent, decent)
6	. . . . Angle of attack
7	. . . Air speed or velocity measurement
8	. . . Threshold or reference value
9	. . . . Warning signal or alarm
10	. . . Compensation for environmental conditions

は1～10がサブクラスである。なおサブクラス2の場合は、701/2が米国特許分類となる。これは「Remote control system」という分類であり、分類のタイトルの前にドットが1つあるので、701/1の1つ下の階層の分類となる。

　なお、分類のタイトルをクリックすると階層構造がより明確に表示される。たとえば2のタイトルである「Remote control system」の上にマウスを合わせてクリックしてみると以下の画面がポップアップして階層構造を把握することができる。

> CLASS 701, DATA PROCESSING: VEHICLES, NAVIGATION, AND RELATIVE LOCATION
> 1　VEHICLE CONTROL, GUIDANCE, OPERATION, OR INDICATION:
> 2　. Remote control system:

　一方、CPC(欧米協同特許分類)のベースとなった欧州特許分類(ECLA)は、欧州特許庁(EPO)が利用していた独自分類であり、日本のFIと同様にIPCをさらに細分化した特許分類であった。読み方は「イークラ」または「エクラ」である[110]。なおECLAに似た分類としてICO(In Computer Only、アイコと読む)があったが、ICOはEPO内部用の分類で発明の付加情報へ付与されていた。

　ECLAおよびICOがベースとなって2013年1月よりCPC(欧米協同特許分類)がスタートした。なお、ECLAの詳細については[武藤,村野,鈴木,欧州特許分類の理論と活用　国際調和に向かって世界をリードする検索ツール,2010]や[日本技術貿易株式会社・IP総研,2011]に詳しいので参照していただきたい。

---

[110] 10年ほど前だったと記憶しているが、お客様よりお電話で「野崎さん、欧州特許分類の正式な読み方ってエクラ、イークラ、どっち?」と聞かれたのをいまだによく記憶している。ECLA廃止前はエクラと読んでいる方が多かったような気がするのだが、個人的にはあまりどちらでも会話として通じればどちらでも良いのではないかと思っていた。

第 3 章
特許情報調査に用いるデータベース・ツール

第3章 特許情報調査に用いるデータベース・ツール

本章では特許情報調査に用いるデータベース・ツールについて紹介する。なお、本章では特許分析ツールやパテントマップツールについては取り上げていない。

3.1 特許検索データベースの種類

現在様々な特許検索データベースが利用できる環境にある。データベースの種類については様々な切り口で整理することができるが、まず主な収録国と無料/有料のマトリックスで整理する。

表16 データベースの種類（収録国、無料・有料）

	無料	有料
日本中心	J-PlatPat PatentField astamuse	Shareresearch / SRPARTNER PatentSQUARE CyberPatent Desk JP-NET HYPAT-i CKS-Web
グローバル	USPTO PatFT/AppFT Espacenet WIPO Patentscope ASEAN Patentscope DEPATIS KIPRIS Google Patents Lens.org DesignView（意匠） TMView（商標）	Derwent Innovation Minesoft Patbase Questel Orbit TotalPatent One WIPS ULTRA Patent incoPat PatSnap

日本中心の無料データベースとしては J-PlatPat のほかに PatentField[111] や astamuse（アスタミューゼ）がある。有料のデータベースとしては日

立の Shareresearch / SRPARTNER やパナソニックの PatentSQUARE などがある。各社とも日本語インターフェースをベースとして海外特許情報の収録にも注力しており、それが各社データベースの差別化要因の1つとなっている。

グローバルな無料データベースは主に各国特許庁から提供されているデータベースを掲載している。USPTO の PatFT/AppFT や Espacenet は有名だが、そのほかにドイツ特許庁が提供している DEPATIS も自国ドイツ（旧東ドイツ・旧西ドイツ含む）以外に、米国・EP・日本・中国・韓国の5大特許庁、イギリス・フランスといった主要欧州国も収録している[112]。また WIPO は Patentscope を提供しているが、PCT 出願以外の National Collections も非常に充実している[113]。特許庁以外から提供されている無料データベースとしては Google Patents と Lens.org がコンテンツ面、機能面で非常に優れている。

有料のデータベースとしてはパテントファミリーベースのデータベースが主流であり、DWPI ファミリーと INPADOC ファミリーの双方を収録しているのが Derwent Innovation で、その他の Patbase、Orbit などは主に INPADOC ファミリーを基礎としてファミリーを構成している。日本を始めとした主要国データの収録では差別化ができないため、各データベースともオリジナル言語（英語以外の日本語・中国語など）の収録や、オリジナル言語での検索機能[114]、東南アジアなどの特許情報があまり整備されていない国々の収録範囲拡大などで差別化を図っている。

---

[111] PatentField のウェブサイトによれば（2019年10月14日時点）、フリープランは近日廃止予定とのことなので、本書刊行時には無料で利用できない可能性が高い点はご留意いただきたい。
[112] DEPATIS の収録範囲を参照
：https://depatisnet.dpma.de/DepatisNet/depatisnet?action=datenbestand
[113] WIPO Patentscope の収録範囲を参照
：https://patentscope.wipo.int/search/en/help/data_coverage.jsf
[114] 海外中心のデータベースにおける検索言語は英語になるが、英語とオリジナル言語を組み合わせたハイブリッド検索が提唱されている（[伊藤 徹., 特許情報における原語検索の必要性と自動翻訳によるサポート, 2010] や [田畑, 石田, 水町, 英語・原語によるハイブリット検索: ―PatBase, QPAT (Orbit.com), Discover による英語・原語ハイブリット検索の検討―, 2011]）。

次節で述べるデータベースを選択する上で、知っておくべきデータベースの種類としてはデータベースのレコード収録単位による違いである。**表17**にレコード収録単位によるデータベースの種類ごとのDB例、メリット・デメリットを示す。

表17　データベースの種類（レコード収録単位）

	公報単位	出願単位	ファミリー単位
DB例	USPTO PatFT/AppFT DEPATISnet	J-PlatPat WIPO Patentscope	Espacenet Derwent Innovation Patbase
メリット	公開または登録に限定するため、所望の特許をピンポイントで抽出できる可能性が高い（ノイズ混入の可能性が低くなる）。	公開から登録になった際の特許分類の変更や特許請求の範囲の文言の変更にも対応でき、EPのみの検索が公報単位よりも網羅的に検索が可能となる。	パテントファミリーに含まれる対応特許の特許分類・キーワードまで含めて検索できるため、網羅性が高くなり、モレ防止につながる。また機械翻訳英語ベースでの検索が可能でモレ防止が期待できる。
デメリット	公開または登録のいずれかの情報だけで検索するので、特許分類変更、特許請求の範囲の文言変更などに対応できない。	グローバルに検索したい場合は、各国公報の特許分類のばらつきや審査過程におけるクレームの文言のバリエーションに対応できない。	パテントファミリーの中でも拡張パテントファミリーの場合、関連性の低い公報が大量にヒットしてしまう可能性がある。

　特定の国のみを検索する場合、出願単位データベースを利用するのが一般的である。日本特許検索を行う場合、J-PlatPatを利用している方は多いと思うが、J-PlatPatは出願単位データベースである（以前のIPDL時代は公報単位であった）。一方、特定の国・地域に限定せずにグローバルに検索を実施する場合、ファミリー単位のデータベースを利用するケースが多いと思う。また、公報単位データベースも存在するが、著者としては公報単位データベースを積極的に利用することはない。
　表17で示したレコード収録単位によるデータベースの種類を踏まえた

3.1 特許検索データベースの種類

上で、レコード収録単位によるヒットの違いについて**表18**で示したあるパテントファミリーを例に考えてみる。

表18 あるパテントファミリーの例

種別	公報番号	IPC	キーワード
公開	EP　EPXXXXXXX	C01B31/04	Li-ion battery electrode
登録	**EP　EPXXXXXXX**	**H01M10/05**	**Li-ion battery electrode**
公開	ドイツ　DEXXXXXXXX	H01M10/05	Li-Ionen-Batterieelektrode
公開	日本　JP2017XXXXXX	H01M4/62	リチウムイオン電池用電極
公開	国際　WO2017/XXXXXXX	H01M10/00	Li-ion battery electrode

　いま、EP登録特許を検索でヒットさせたいとする。仮にEP特許を収録している公報単位データベース（公開）を用いてIPC＝C01B31/04で検索すると、データベースにはEP公開しか収録されていないのでEP公開特許はヒットするが、EP登録特許はヒットしない。次にEP特許を収録している公報単位データベース（登録）でIPC＝C01B31/04で検索すると、EP登録特許はヒットしない。EP登録特許に付与されているIPCはH01M10/05であり、C01B31/04ではないためである。次にEP特許を収録している出願単位データベースでIPC＝C01B31/04を検索するとEP登録特許はヒットする。C01B31/04でヒットするのはEP公開特許であるが、出願単位であるためEP登録特許とEP公開特許がセットで収録されているためである。最後にファミリー単位データベースでIPC＝H01M4/62で検索するとどうなるか。この場合もEP登録特許はヒットする。H01M4/62でヒットするのは日本公開特許だが、日本公開特許とEP登録特許は同一ファミリーであるため、結果的にヒットする。

　このようにレコード収録単位の違いによって、欲しい特許がヒットするか否か異なってくるため、データベースを選択する上で検討すべき項目である。

3.2　特許検索データベースの選択

データベースを選択する際の基準として以下の前節で説明したレコード収録単位以外に5つを挙げる。これらは主に無料データベースというよりも有料データベースを選択する際の基準である。

1．レコード収録単位（前節）
2．収録コンテンツ
3．検索機能
4．公報閲覧機能
5．出力機能・ダウンロード機能
6．サポート体制

2点目の「収録コンテンツ」は調査対象国が収録されているか否か、その国の収録範囲が十分であるか、また**2.4**で述べた特許分類のうちどの特許分類が収録されているか、そして後述するがデータベースに収録されている出願人・権利者の名義統制が行われているかといったポイントが重要である。国として収録されていたとしても収録範囲が非常に限定的だったりする場合があるので注意が必要である[115]。出願人・権利者の名義統制（名寄せとも言う）であるが、**5.1**で説明するように、データベースに収録されている出願人・権利者名義は原則として公報発行時のものであると考えた方が良い（たとえば、松下電器産業とパナソニックは同じ企業であっても社名変更が行われているのでそれぞれの会社名で検索する必要がある）。しかし、出願人・権利者名義をデータベース側で統制しているものもある。名義統制されていないデータベースであれば、出願人・権利者名義を旧社名やM&Aなども考慮して網羅的に抽出しないと検索モレしてしまう可

---

[115]　海外データベースの場合、収録開始日と最新収録日しか掲載されておらず、収録開始日～最新収録日の間はしっかりと収録されているのかを思いきや実はそうではなく、全出願の数％しか収録されていない年などがある場合がある。収録開始日と最新収録日の情報だけではなく実際に検索してみて、しっかりと件数がヒットするか否かを確認する必要がある。

能性がある点に注意する必要がある。

3点目の「検索機能」について、各データベースとも基本的な検索機能については備えているため付加的な検索機能、概念検索や引用・被引用検索の有無になる（［日本国特許庁，平成28年度 高度な特許情報サービスの普及活用に関する調査，2018］では民間事業者が提供する特許情報サービスの機能として、概念検索、ファミリー情報、引用・被引用情報、スコア情報、SDI機能などを挙げている）。

4点目の「公報閲覧機能」はキーワードハイライト機能や、要約・クレームや図面等の表示項目の設定の柔軟性である。キーワードハイライト機能により特定のキーワードへ網掛けを施すことで公報の閲覧を効率化することができ、表示項目の設定をある程度柔軟にできることで、たとえば図面中心で対応可能な調査であれば図面中心のレイアウトにすることで効率的に調査を行うことができる。

無料データベースで5点目の「出力機能・ダウンロード機能」を備えているものはあまり多くない[116]。MS Excelファイルでダウンロードできる項目の充実度（単に書誌事項のみではなく、審査経過に関する情報やパテントファミリー情報など）や、Word・PDF形式などで出力可能な公報情報（1件1葉や1頁に3件の抄録を収めた3件抄録）のバリエーションが重要である。

最後の「サポート体制」は、データベース講習会や電話・メール等による質問への対応体制である。J-PlatPatについてはINPIT（工業所有権情報・研修館）の方で定期的に説明会を開催していると同時に、9時〜21時までヘルプデスクが開いておりJ-PlatPatの不明な点について質問することができる。有料データベース導入後は知財部門だけではなく企業全体で利用するケースが多いと思うので、データベースベンダーのサポート体制はデータベース選択時の最後の重要な要素となる。

ここでは触れてはいないが、もちろん操作性や価格・コストパフォーマンスも重要なデータベース選択時の要素になる。

---

[116] ドイツ特許庁データベースのDEPATISは1,000件までXLSまたはCSV形式でリストをダウンロードできる稀有な無料データベースである。Espacenetもリストをダウンロードできるが最大50件までである。J-PlatPatの検索結果一覧をリスト化する方法については**8.2.3**で説明する。

3.3 特許検索データベースの検索メニューと演算子

特許検索データベースには様々な検索メニューがあるが、ここで代表的な検索メニューを整理する。また検索式を構築する際に用いる AND、OR や NOT といった基本的な演算子と有料データベース等で利用可能な演算子についても説明する。

3.3.1 検索メニュー

データベースによって検索メニューの呼称が異なる。ここでは著者の方で整理しているが、利用されているデータベースの呼称と異なっている可能性もあるのでその点はご了承いただきたい。

① 番号検索

番号検索（Number Search）は出願番号、公開番号、登録番号から特許を検索するためのメニューである。詳細は**4.1**で述べるが、同じ公報番号であっても各データベースによって入力方法が異なる。番号検索のコツはデータベースごとに異なる番号フォーマット・ルールを覚えることにある。

図34　番号検索メニューの例（J-PlatPat）

3.3 特許検索データベースの検索メニューと演算子

② **構造化検索・メニュー検索**

構造化検索・メニュー検索（Field Combination Search、Menu Search）は図35のように検索項目が複数行にわたっており、それぞれの行を AND 演算または OR 演算する検索メニューである。図35には WIPO Patentscope を示しているが、J-PlatPat であれば特許・実用新案検索の選択入力が、USPTO の PatFT/AppFT であれば Quick Search、Espacenet であれば Advanced Search がこの構造化検索に該当する。

図35　構造化検索メニューの例（WIPO Patentscope）

③ **コマンド検索**

コマンド検索（Command Search ／ Advanced Search ／ Expert Search）とは検索項目コマンドを用いて、自ら検索式を構築するタイプの検索メニューである。図36に示した USPTO の PatFT/AppFT の他、WIPO Patentscope の Advanced Search、J-PlatPat 特許・実用新案検索の論理式入力がこのコマンド検索にあたる。

図36 エキスパート検索メニューの例（USPTO　PatFT）

USPTOのPatFTでは、左側にある"Query"部分に、

AN/TOYOTA AND CPCL/H01M$ AND SPEC/LITHIUM

のように検索式を入力する。ここでAN/は権利者名、CPCL/は現行の欧米協同特許分類CPC、SPEC/は実施例中のキーワードを示している。

④　**概念検索**

　概念検索（Concept Search：他に自然語検索、類似文書検索、連想検索、セマンティックサーチのような言い方がある）は、指定した任意の質問文（自然文）に基づいて検索エンジンの方で類似した特許公報を検索するメニューである。

　質問文のほかに特定の公開番号や登録番号を入力して類似特許公報を検索することができるデータベースもある。概念検索は近年の各社商用特許データベースには搭載されており、各社とも異なるアルゴリズムを搭載している。そのため同じ質問文を入力しても、返ってくる回答（類似特許）は異なる。

　以下はPatentSQUARE[117]概念検索に文章で「冷蔵庫に貯蔵されている食材によって献立やレシピを考えてくれる」という文章を入力した例である。

3.3 特許検索データベースの検索メニューと演算子

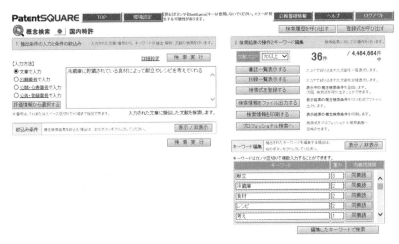

図37　概念検索メニューの例（PatentSQUARE）

　右側の文献スコアで関連性の高いものに絞り込んだり、キーワードの重みを変更して重要度の高いキーワードを任意に調整することができる。なお、この検索の結果もっとも類似度が高い先行文献として以下の特許がヒットする（要約や請求項1には言及がないが、請求項8でレシピサービスについての開示がある）。

特開2005-202696
【発明の名称】冷蔵庫在庫食品管理システム、冷蔵庫及びレシピサーバ
【出願人・権利者】松下電器産業株式会社
【課題】宅外の携帯端末装置に対して、食品の在庫情報だけでなく、料理情報を検索して通知すること。
【解決手段】本発明の冷蔵庫在庫食品管理システム100は、食品在庫料理情報管理装置106を有する冷蔵庫101と、在庫情報の取得を

---

[117]　パナソニック ソリューションテクノロジー：https://www.panasonic.com/jp/business/its/patentsquare.html

> 要求する在庫情報取得要求を送信する携帯端末装置105と、を具備する。食品在庫料理情報管理装置106は、冷蔵庫101に収容され又は取り出される食品の名称及び数量の食品情報を取得して冷蔵庫101に収容される前記食品の在庫情報を管理し、携帯端末装置105から前記在庫情報取得要求を受けた時に当該携帯端末装置105に対して当該在庫情報取得要求に係る前記在庫情報に基づいた調理可能な料理情報を検索し携帯端末装置105に送信する。

概念検索については［六車，技術者のためのアイデア発想支援，2013］のような成書も出ている他、各種活用方法について論考が発表されているので参照されたい[118]。

⑤ ステータス検索・経過情報検索

ステータス検索（Status Search）とは検索対象特許が現在どのような状況（権利存続中、審査中、公開段階、みなし取り下げ等）にあるのか、またこれまでどのような経過を経ているのか調べるためのメニューである。またPCT出願（WO特許）やEP特許やユーラシア特許のような広域官庁における移行状況の確認も含まれる。

ステータスのみを調べるメニューが用意されているものもあれば、包袋書類も含めて詳細に閲覧可能なメニューが用意されているものもある。J-PlatPatでは特許・実用新案番号照会／OPDまたは特許・実用新案検索メニューでヒットした特許の文献表示画面にある［経過情報］からステータス・権利状況や包袋情報を確認することができ

---

[118] 元日立製作所の六車氏が概念検索に関する論考を積極的に発表している（［六車，概念検索における質問文の長さに関する考察－どの程度の長さが質問文に最適か?，2010］、［六車，概念検索を利用した無効資料調査，2012］、［六車，特許情報を概念検索で利用するアイデア発想支援，2011］、［六車，概念検索の活用促進 7 つの関門，2014］、［六車，概念検索の使いこなしに関する論文，2015］、［六車，概念検索の実際の使用例，2017］、［間瀬，2012］、［八木，間瀬，岩山，2009］、［高橋，2004］、［本間，2011］）。六車氏のウェブサイトにて概念検索関連の論考が整理されている（http://www.patentcity.jp/patentcity/gainen.htm）。

る[119]。日本の［経過情報］に該当するのは、USPTO では Public PAIR、EPO では European Patent Register である。**第4章**においてデータベースの利用方法の詳細について説明している。

⑥ 引用・被引用検索

引用・被引用検索（Citation Search）について説明する前に、まず引用特許（Cited patents、または後方引用 Backward ciations、引例というケースもある）・被引用特許（Citing patents、または前方引用 Forward citation)とは何かについて説明する。**図38**はデータベース PatentSQUARE で作成した引用・被引用特許ツリーである。中心にある特開2006-342342は左側に位置している CNA 001450052を始めとした特許を"引用している"ので、左側の特許は「特開2006-342342の引用特許」と呼ぶ。右側に位置している特開2009-140832を始めとした特許は特開2006-342342を引用している、つまり特開2006-342342は"引用されている"ので、右側の特許は「特開2006-342342の被引用特許」と呼ぶ。データベースによってはグローバルでの引用・被引用特許をツリー構造で表示するものもあるが、以下の図で登場する引用・被引用特許は日本の審査経過情報に現れたものに限定される。

---

[119] 照会できる経過情報は1990年1月以降に出願された案件であるが、1989年以前に出願された案件であっても、1998年4月以降に何らかのデータ更新がある場合は照会可能。

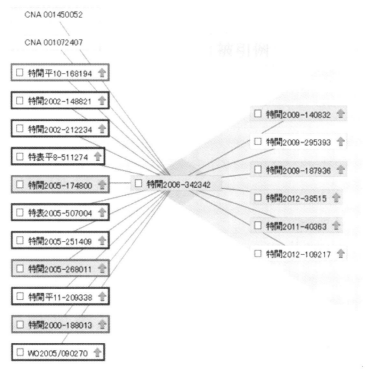

図38 引用・被引用特許ツリー（PatentSQUARE）

　引用文献・被引用文献は発明者引用と審査官引用の２つに大別される。米国特許については公報フロントページで＊が付与されている文献が審査官引用（審査官が先行技術調査を行って抽出した先行文献）、＊が付与されていない文献がIDS（Information Disclosure Statement：情報開示陳述書）で提出された文献である[120]。例として特開2006-342342の被引用特許であるUS8440365[121]のフロントページを**図39**に示す。(56) References Citedの部分に米国特許文献（U.S. PATENT DOCUMENTS）と海外特許文献（FOREIGN PATENT DOCUMENTS）、その他文献（OTHER PUBLICATIONS）がそれぞれ掲載されており、四角で囲った「＊ cited by examiner」とあるように＊は審査官引用であることを示している。米

3.3 特許検索データベースの検索メニューと演算子

(12) **United States Patent** (10) Patent No.: **US 8,440,365 B2**
Hoshikawa et al. (45) Date of Patent: **May 14, 2013**

(54) ELECTROLYTE, PRODUCTION PROCESS THEREFOR, ELECTROLYTE MEMBRANE, PRODUCTION PROCESS THEREFOR, CATALYST LAYER AND FUEL CELL

(75) Inventors: **Naohiro Hoshikawa**, Nisshin (JP); **Naoki Hasegawa**, Kasugai (JP); **Yoichi Hosokawa**, Nisshin (JP); **Masaya Kawasumi**, Anjyo (JP); **Akihiro Shinohara**, Aichi-gun (JP); **Hiromitsu Tanaka**, Aichi-gun (JP); **Masayoshi Takami**, Hamamatsu (JP); **Toshihiko Yoshida**, Fujimi (JP)

(73) Assignees: **Kabushiki Kaisha Toyota Chuo Kenkyusho**, Aichi (JP); **Toyota Jidosha Kabushiki Kaisha**, Toyota (JP)

(*) Notice: Subject to any disclaimer, the term of this patent is extended or adjusted under 35 U.S.C. 154(b) by 1169 days.

(21) Appl. No.: 12/318,411

(22) Filed: **Dec. 29, 2008**

(56) **References Cited**

U.S. PATENT DOCUMENTS

2006/0160960 A1*	7/2006	Chang et al.	525/344
2007/0021569 A1*	1/2007	Willis et al.	525/314
2007/0105008 A1*	5/2007	Gu et al.	429/44
2008/0063922 A1*	3/2008	Jang et al.	429/42
2009/0061277 A1*	3/2009	Sayre et al.	429/33
2011/0053043 A1*	3/2011	Balsara et al.	429/493

FOREIGN PATENT DOCUMENTS

JP	A-11-329062	11/1999
JP	A-2004-190003	7/2004
JP	A-2004-331972	11/2004
JP	A-2005-126684	5/2005
JP	A-2005-268011	9/2005
JP	A-2006-512428	4/2006
JP	A-2006-210326	8/2006
JP	A-2006-252813	9/2006
JP	A-2006-342342	12/2006

OTHER PUBLICATIONS

Japanese Office Action dated Sep. 25, 2012 from Japanese Patent Application No. 2008-328792 (with English-language translation).

* cited by examiner

Primary Examiner — Patrick Ryan
Assistant Examiner — Lucas J O Donnell
(74) *Attorney, Agent, or Firm* — Oliff & Berridge, PLC

図39 米国特許公報フロントページの審査官引用・発明者引用文献

国特許文献（U.S. PATENT DOCUMENTS）と海外特許文献（FOREIGN PATENT DOCUMENTS）を見ると、米国特許文献（U.S. PATENT DOCUMENTS）に掲載されている文献には全て*が付与されているので審査官引用、海外特許文献（FOREIGN PATENT DOCUMENTS）には*が付与されていないので全てIDSにより提出された先行文献であることが分かる。また、海外特許文献（FOREIGN PATENT DOCUMENTS）の一番下のJP A-2006-342342は特開2006-342342であり、たしかにUS8440365に被引用されていることが分かる[122]。

有料データベースには引用特許・被引用検索機能を有しているものが多いが、無料データベースで引用特許・被引用検索ができるものは限られ、各個別特許の引用特許・被引用特許を確認することができるGoogle Patentsか、引用特許件数で検索することができるLens.org程度である。

最後に引用・被引用検索を利用するメリットを3つまとめておく[123]。

1つ目のメリットとして、引用特許をたどっていくことで特定技術の基本となる特許を探し出すことができる点である。技術動向を探る

---

[120] 米国にはIDS制度があり、出願人は当該出願に関して知っている情報を米国特許商標庁に開示しなければならない。そのため米国の引用・被引用関係の情報は非常に充実している。一方、日本の特許法でも第36条第4項第2号において「その発明に関連する文献公知発明（第29条第1項第3号に掲げる発明をいう。以下この号において同じ。）のうち、特許を受けようとする者が特許出願の時に知っているものがあるときは、その文献公知発明が記載された刊行物の名称その他のその文献公知発明に関する情報の所在を記載したものであること。」と規定されたので、実施例中に発明者が知っている先行文献情報を記載するようになったが、まだまだ米国に比べると引用・被引用情報が充実しているとは言えないというのが著者の私見である。

[121] US8440365が特開2006-342342の被引用特許であることは別の有料データベースによって特定したが、最近ではGoogle PatentsのCited Byからも見つけることができる。

[122] US8440365は特開2006-342342を引用しており、特開2006-342342はUS8440365に引用されている。引用・被引用関係は混乱することが多いので図示するなどして整理することをおススメする。

[123] 一般的には被引用回数が多い特許は基本特許・重要特許であると言われている。株式会社パテント・リザルトのパテントスコアやPatentSight社のPatent Asset IndexTMなどの価値評価指標には被引用回数が利用されている。

場合にも活用でき、また無効資料調査等で公知文献を探す場合にも利用できる[124]（[上森まり子, 1995]、[鈴木仁一郎, 1996]、[六車, 引用特許分析の有効性とその活用例, 2006]、[六車, 発明者引用特許の抽出とその分析, 2007]）。

2つ目のメリットとしては1つ目のメリットとは逆で、ある特定の特許についての波及効果を調べることができる点が挙げられる。ある特定の特許の被引用特許を特定すると、その特許がどのような企業に引用されているかが分かるので、特許群のライセンス先や売却先候補の探索に利用することができる。もちろん被引用特許から自社製品・サービスを保護している特許群に抵触している可能性のある潜在的な侵害者を発見することにも適用可能である。

3つ目のメリットとしては、1件の特許をキーとして類似特許を収集する際に、引用特許・被引用特許のキーワードや付与されている特許分類を参照することで検索式の構築を省力化することができる点である。**第6章**で解説するが、検索式構築のプロセスにおいても引用特許・被引用特許検索が利用できるのであれば、ぜひ利用していただきたい。

⑦ 構造式検索[125]

構造式検索（Chemical Structure Search）とは、化合物の構造が索引されているデータベースを用いて、構造式を描画して検索する機能である。主にSTNのCA、CAplus、REGISTERYファイルなどに搭載されている機能である（詳細は化学情報教会（JAICI）が提供されている技術資料[126]を参照されたい）。

今までは構造式検索は有料データベースでしかできなかったが、2016年10月よりWIPO Patentscopeでも化学構造式検索機能が利用で

---

[124] あるクライアントが「引用特許を芋づる式に調べていく」という表現を使われていたが非常に言い得て妙な表現であると思った。なお、無効資料調査を実施する際に、引用特許のさらに引用特許（2次引用）、場合によってはさらにその引用特許（3次引用）まで簡単に遡及して調べることできる。
[125] 化学分野の特許調査の詳細については［北川, 2015］を参照されたい。
[126] 化学情報教会（JAICI）技術資料：https://www.jaici.or.jp/stn/stn_doc.html

きるようになった。化合物名や INN（国際一般名称）、InChI、SMILES による検索の他、以下のように構造式を作図して検索したり、構造式ファイルをアップロードして検索するメニューなどが提供されている。なお WIPO Patentscope Chemical compounds search は無料で利用可能であるがユーザー登録が必要となる。

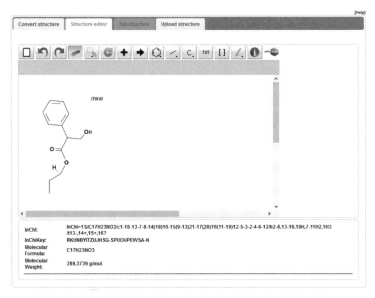

図40　WIPO Patentscope Chemical compounds search

⑧　画像検索[127]

画像検索（Image Search、Visual Search）とは、特許明細書中の図面データをもとに類似画像を検索する機能である。以前リコーの特許検索データベース RIPWAY に搭載されていたが既にサービスを停止しており、現時点で日本の商用特許検索データベースで画像検索機能を搭載したデータベースはない。

なお特許ではないが、海外では中国知識産権出版社（IPPH）の

---

[127] 詳細については［伊東, 2009］や［秋良 岩山, 2013］などを参照。

Design Scope[128]や、シンガポール籍のPatSnap[129]などが意匠検索に類似画像検索機能を有している。

3.3.2 演算子

演算子とは、キーワードや特許分類等の各種検索キー（検索式で用いる部品）を組み合わせるための道具である。ここではAND、OR、NOTといった基本的な演算子の他に近接演算子やトランケーションについて説明する。トランケーションについては日本語特許を検索する際はあまり意識することはないが、英語特許を検索する際に有効に使わないと検索モレが生じてしまう。

① 基本的な演算子：AND・OR・NOT

特許検索で利用する基本的な演算子としてはAND、OR、NOTがある。図41に3つの基本的な演算子について示す。

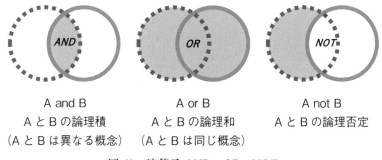

A and B　　　　A or B　　　　A not B
AとBの論理積　AとBの論理和　AとBの論理否定
（AとBは異なる概念）（AとBは同じ概念）

図41　演算子 AND・OR・NOT

AND・OR演算子を利用する際の留意点としては、AND演算子を用いる場合は異なる概念同士の演算に、OR演算子を用いる場合は同

---

[128] http://www.japio.or.jp/00yearbook/files/2018introduction/01_13.pdf
[129] https://help.patsnap.com/hc/en-us/articles/115000937409-What-is-Image-Discovery-Search-How-Can-I-Search-for-Design-Patents-Within-PatSnap-

じ概念同士の演算になるという点である。例を挙げると、

　　ハイブリッド車　AND　エアコン
　　プリンター　　　AND　リモートコントロール

などはそれぞれ異なる概念同士なので AND 演算子で組み合わせることは問題ない。上の例であれば AND 演算子を用いることで、ハイブリッド車用のエアコンという概念になり、下の例でいえば、リモートコントロールされるプリンタ（プリンタの状況を遠隔監視するなど）という概念になる。一方、

　　ハイブリッド車　OR　エアコン
　　プリンター　　　OR　リモートコントロール

は明らかに OR 演算子の使い方が誤っている。OR 演算子を利用するのであれば

　　ハイブリッド車　OR　ハイブリッド自動車
　　エアコン　OR　空気調和　OR　空調　OR　冷房　OR　暖房
　　プリンター　OR　印刷機　OR　印刷装置　OR　画像形成装置
　　リモートコントロール　OR　遠隔操作　OR　遠隔制御

のように同じ概念のキーワードや特許分類同士の演算に用いなければならない。NOT 演算子の場合、

　　ハイブリッド車　NOT　エアコン
　　プリンター　　　NOT　リモートコントロール

エアコンを含まないハイブリッド車の集合[130]、リモートコントロールではないプリンターそれぞれの集合が得られる。ただし、NOT 演算子を用いると本来欲しかった情報が NOT 演算で一緒に除外されてし

まう恐れがあるので、利用には十分注意を有する。各データベースに異なるが、AND・OR・NOT演算子をそれぞれ下記のような記号で代替する。

AND　＊（アスタリスク）　　例：ハイブリッド車＊エアコン
OR　　＋　　　　　　　　　例：エアコン＋空気調和
NOT　　＃　　　　　　　　　例：プリンター＃リモートコントロール

② **近接演算子**

近接演算子（隣接演算子と言うこともある）とは検索キーワード同士のキーワード間の語数を指定して検索できる機能である。たとえばハイブリッド車を検索する場合、

　ハイブリッド〇〇〇〇車
　ハイブリッド〇〇自動車
　ハイブリッド電気自動車

のようなバリエーションが考えられる。ハイブリッド〇〇〇〇車は、ハイブリッドと車の間には4文字のスペースがあるが、ハイブリッド電気自動車のハイブリッドと車の間には電気自動の4文字が入っている。このような場合に、

　ハイブリッド　ADJ4　車

のように検索すると、ハイブリッド車、ハイブリッド自動車、ハイブリッド電気自動車の全てを抽出することができる[131]。ADJ4というのは1つの例であり、ADJが近接演算子、4というのがハイブリッド

---

[130] エアコンを搭載していないハイブリッド車は現実的には考えられないので、エアコンというキーワードを含んでいないハイブリッド車の特許集合が得られるという表現が正確である。

と車の間に何文字まで含まれるかを示す数字である。近接演算の演算子についてはデータベースごとによって異なるのでデータベースのヘルプやマニュアル・ガイドブックを確認していただきたい。近接演算子には

- キーワードAとキーワードBが順同（A→Bの順番でキーワードが登場）
- キーワードAとキーワードBが順不同（A→BまたはB→Aのいずれか）

のように順同、順不同のものを区別するものもある。また、

- キーワードAとキーワードBが同一センテンス内
- キーワードAとキーワードBが同一パラグラフ内

のようにキーワードAとキーワードBの間の文字数を指定しないで、キーワードAとキーワードBが含まれる範囲（1センテンス以内または1パラグラフ以内）を指定できるものもある。

　有料データベースには昔から近傍検索機能があったが、無料データベースではなかなかその機能がなかった。2018年3月のJ-PlatPat機能改善により無料データベースでも近接演算が利用できるようになった。以下はJ-PlatPatの近傍検索設定画面である。

---

[131] もちろんハイブリッド車　OR　ハイブリッド自動車　OR　ハイブリッド電気自動車のようにすべてのキーワードをOR演算する方法もあるが、仮にハイブリッド乗用車やハイブリッド電気車のような表現があった場合は検索から漏れてしまう。

3.3 特許検索データベースの検索メニューと演算子

図42　J-PlatPat の近傍検索入力支援画面

　これにより　ハイブリッド,4C,車　という近傍検索コマンドが生成される。なお、J-PlatPat の近傍検索では、複数キーワード同士の近傍検索はできないため、例えば

　　ハイブリッド　ADJ4　（車　OR　移動体　OR　モビリティ）

のような検索を行う場合（キーワード範囲を要約　/AB　とする）、

　　[ハイブリッド,4C,車/AB+ハイブリッド,4C,移動体/AB+ハイブリッド,4C,モビリティ/AB]

のように論理式入力画面で自ら調整する必要がある。

③　トランケーション

　トランケーション（truncation）そのものを英和辞書で検索すると、意味としては「先を切る、切り捨て」などの訳語が示されている。特許検索におけるトランケーションとは

前方一致	例：ハイブリッド*	ハイブリッド車、ハイブリッド回路
後方一致	例：*車	自動車、乗用車、商用車、軍用車
中間一致	例：*神経*	中枢神経系、視神経障害、非神経痛

のように前方一致検索、後方一致検索、中間一致検索を示す（*は例として用いたトランケーション用の記号であり、データベースごとによってトランケーションに利用できる記号は異なる）。

J-PlatPat を始めとした日本語データベースではあまりトランケーションを意識せずに検索している。これは入力されたキーワードが基本的には中間一致で検索されているからである。しかし、たとえばdetect であれば以下のようなバリエーションがあるが、

 detect
 detects
 detected
 detecting
 detector

英語では語幹（stem）が変化せずに語尾が変化するので

 detect* = detect, detects, detected, detecting, detector, detectors

のように、語幹の後方に後方一致の記号（ここでは*）を付与すれば上記のバリエーションを detect* のみで網羅することができる。

3.3 特許検索データベースの検索メニューと演算子

図43 英語検索における語尾変化とトランケーション

参考にUSPTOのPatFTで上記のような条件で検索した場合のヒット件数の違いについて示しておく。

USPTOのPatFTでは＄を語尾につけることで前方一致検索となる。**図43**を見れば分かるように、語尾変化について全て検討してOR演算を取るよりも、むしろ正しくトランケーションを利用することで検索モレを防ぐことが重要であると理解いただけるであろう。

コラム　海外特許検索データベース情報源

　本コラムでは主に無料で利用できる海外特許検索データベースの日本語ガイドブック・マニュアル等の情報源について整理する。

利用目的に応じた海外特許情報サービスのアクセス方法について

https://www.jpo.go.jp/resources/report/sonota/service/h28-access.html

＊欧州、米国、中国、韓国、ドイツ、インドネシア、ベトナム、マレーシアにおける特許・意匠・商標の企業動向調査、技術動向調査、出願前調査、侵害防止調査、権利状況調査、無効資料調査についての手引書

外国特許・商標等情報検索ミニガイド

https://www.jpo.go.jp/system/laws/gaikoku/iprsupport/miniguide.html#patent_and_trademarks

コラム　海外特許検索データベース情報源

外国特許・商標等情報検索ミニガイド

国名	特許	作成日	商標	作成日
アメリカ合衆国	検索ガイド (PDF)	2012年1月15日	検索ガイド (PDF)	2012年1月15日
イギリス	検索ガイド (PDF)	2013年2月15日	検索ガイド (PDF)	2013年2月15日
イタリア	検索ガイド (PDF)	2013年12月13日	検索ガイド (PDF)	2013年12月13日
ドイツ	検索ガイド (PDF)	2013年2月15日	検索ガイド (PDF)	2013年2月15日
フランス	検索ガイド (PDF)	2013年12月13日	検索ガイド (PDF)	2013年12月13日
インド	検索ガイド (PDF)	2013年2月15日	検索ガイド (PDF)	2013年2月15日

＊主要国から新興国までの特許・商標・意匠検索ミニガイド（ただし作成日が若干古い点に注意）

新興国等知財情報データバンク

https://www.globalipdb.inpit.go.jp/

＊中国、台湾、韓国、東南アジア諸国の特許・意匠・商標の調べ方など

JETRO公報検索マニュアル

ASEAN6カ国の産業財産権データベースから得られる統計情報に関する調査

https://www.jetro.go.jp/world/asia/asean/ip/#tabnav_1

ASEANにおける横断検索可能な産業財産権データベースの調査報告

https://www.jetro.go.jp/world/asia/asean/ip/#tabnav_1
＊ASEAN 6 カ国（インドネシア、シンガポール、タイ、フィリピン、ベトナム、マレーシア）に関する特許検索データベース情報

アジア特許情報研究会（知財部調査室を統合）
https://sapi.kaisei1992.com/
＊新興国を中心とした情報

第4章
番号からの特許情報調査

第4章　番号からの特許情報調査

　商品パッケージやウェブサイトに掲載されているプレスリリースの末尾に"特許出願中"や"特許取得"の表示や、論文等の引用文献リストに特許番号が記載されているケースを目にしたことはないだろうか。また競合他社やNPE（Non-Practicing Entity）から警告状を受け取り、警告状に記載されている特許番号についてその内容や権利状況およびパテントファミリーを調べなければいけないケースもあるだろう。

　各種番号（出願番号、公開番号、公告番号、登録番号など）からの調査は特許調査の基本であるが、覚えておかなければならないルールがいくつかある。2.3.2でも述べた通り番号検索はコツを覚える経験型調査である。本章では番号検索の例として以下の特開2006-334885を用いて話を進めていく。以下は特開2006-334885の概要である。

【発明の名称】液体収納容器、該容器を備える液体供給システム、および前記容器用回路基板
【出願人】キヤノン株式会社
【出願番号】特願2005-161316
【出願日】2005.6.1
【公開番号】特開2006-334885
【公開日】2006.12.14
【国際特許分類】
B41J　2/175　（2006.01）
【FI】
B41J　3/04　　102 Z
【要約】
【課題】複数のインクタンクの搭載位置に対してアンテナにて信号を供給する装置に装着される液体収納容器であっても、液体収納容器の発光手段の発光制御によりインクタンクなど液体収納容器の搭載位置の特定を可能とする。
【解決手段】液体収納容器は、アンテナ102と、インクの色情報等インクタンクの個体情報を保持するメモリー

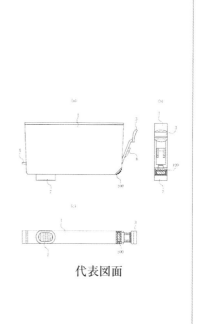

代表図面

> アレイ103B と、LED 等の発光部101 と、前記個体情報に応じて前記発光部101の点灯・消灯を制御する制御部である制御回路103A とを備えることによりインクタンクが正しい位置に装着されたか否かの検知が可能となる。

4.1 J-PlatPat での調査

まずは特開2006-334885について J-PlatPat で公報の内容確認、PDF 公報の入手、経過情報（権利状況）を確認する。最初に J-PlatPat 特許・実用新案番号照会／OPD に行き、番号種別は"公開番号・公表番号（A）"であることを確認して、番号の部分に公開番号である2006-334885（H18-334885でも可）と入力する。

図44　J-PlatPat 特許・実用新案番号検索／OPD

その結果、特開2006-334885がヒットした。**図45**の検索結果一覧には出願番号、公開番号の他、登録番号も表示されているので特開2006-334885は登録になっていることが分かる。

図45　J-PlatPat 特許・実用新案番号照会／OPD　検索結果一覧

登録になっていることが分かったので、次に登録特許のクレームについて確認する。検索結果一覧の登録番号のリンクをクリックすると、登録特許公報が表示される（文献表示画面の表示形式にはテキスト表示とPDF表示の2通りがある。テキスト表示を選択するとhtml公報が表示され、PDF表示を選択するとPDF公報が表示される）。デフォルトでは書誌のみが表示されている。請求の範囲や詳細な説明、図面は［開く　＋］ボタンをクリックすることで展開して閲覧することができる。

4.1 J-PlatPat での調査

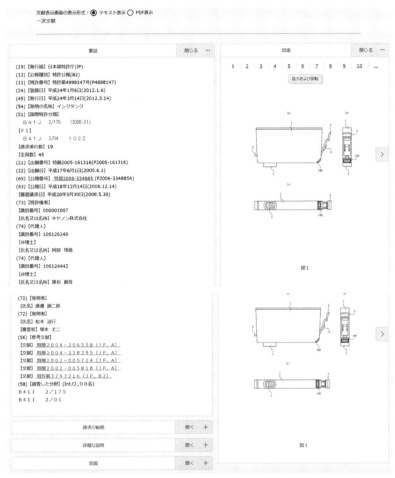

図46　J-PlatPat 特許・実用新案番号照会／OPD　文献表示画面

次に特許の PDF 公報を入手する。その場合は、**図47**に示すようにページ右上にある［文献単位 PDF］をクリックする。

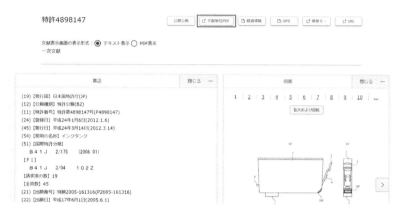

図47　J-PlatPat 特許・実用新案番号照会／OPD　文献表示画面から PDF ダウンロード

すると**図48**のような認証画面ウィンドウがポップアップする。4桁の認証用番号を入力して、［ＯＫ］ボタンをクリックすると PDF 公報が表示されるので、ダウンロードボタンで各自のローカル PC にダウンロードする。

図48　J-PlatPat　文献単位 PDF 表示／ダウンロード

4.1 J-PlatPat での調査

次に特許の経過情報（権利状況）を確認する。経過情報を確認するためには、ページ上にある［経過情報］ボタンをクリックする。

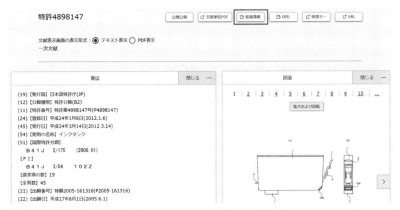

図49　J-PlatPat 特許・実用新案番号照会／OPD　文献表示画面から経過情報

すると、経過情報ウィンドウがポップアップして、まずは［経過記録］が表示される。本特許は既に年金不納による抹消になっている。また本特許は分割出願も行っていることから、タブが［経過記録］、［出願情報］、［登録情報］、［分割出願情報］の4つに分かれている。未登録の案件の場合は［経過記録］、［出願情報］の2つのタブになっていることが多い。

第4章　番号からの特許情報調査

図50　J-PlatPat　経過情報照会−経過記録（カテゴリ別表示）

　最初に表示される［経過記録］からは、本案件の審査経過と登録記録が確認できる。デフォルトではカテゴリ別表示となっているが、ラジオボタンで時系列表示にすると以下のように審査経過を時系列で確認することができる。また、審査記録のリンクをクリックするとそれぞれの審査書類を確認することができる[132]。

---

[132]　照会できる経過情報は1990年1月以降に出願された案件であるが、1989年以前に出願された案件であっても、1998年4月以降に何らかのデータ更新がある場合は照会可能である。

4.1 J-PlatPat での調査

図51　J-PlatPat　経過情報照会 - 経過記録（時系列表示）

［経過記録］から年金不納による抹消になっていることは分かるが、権利消滅日（権利存続中の場合は権利期間満了日[133]）については［登録情報］のタブのところで確認できる。以下より、本特許は2017年1月6日に消滅したことが分かる。

図52　J-PlatPat　経過情報照会 - 登録情報

---

[133] ここでいう存続期間満了日とは出願日から20年後のことを指しており、問題なく維持年金を支払い続けた際の最長権利期間満了日のことを意味している。

第4章　番号からの特許情報調査

　2つ目のタブである［出願情報］にはFI、Fタームなどの特許分類データや引用調査データ記事、審査官フリーワード記事が掲載されている。

図53　J-PlatPat　経過情報照会−出願情報

　なお経過情報照会の右上にある［OPD］ボタンをクリックすると、世界各国の特許庁が保有する出願・審査関連情報、ドシエ情報を紹介することができる。

4.1 J-PlatPat での調査

図54　J-PlatPat　経過情報照会から OPD（ワン・ポータル・ドシエ）へ

　OPD（ワン・ポータル・ドシエ）からは、本出願のパテントファミリーを確認することができると同時に、各国特許庁が保有する書類情報（出願書類、発送書類、開示書類、受理書類、ノート / サーチ、一次審査（ファーストアクション）、中間処理、最終処分、引用情報、分類情報、審査官向け書類、先行技術文献など）を閲覧・ダウンロードすることができる。

　なお各国の［分類・引用情報］ボタンを押すと、その出願のみの特許分類・引用情報が表示されるが、［全ての分類・引用情報を表示］ボタンを押すと、全てのファミリーを対象とした「分類・引用情報」画面が表示される。また［ファミリー一覧 CSV 出力］ボタンを押すと、ファミリーの一覧情報が CSV 出力される。

図55　J-PlatPat　OPD（ワン・ポータル・ドシエ）照会画面

以上が、J-PlatPatでの公報番号（今回は最初は公開番号で検索）ベースでの公報の内容の確認、PDF公報のダウンロード、権利状況の確認の一連の流れとなる。J-PlatPatでは一度に複数のPDF公報を一括してダウンロードしたり、権利状況情報をCSV等でダウンロードすることはできないため[134]、そのような場合は商用特許データベースを契約する必要がある。

4.2　パテントファミリー調査

　パテントファミリーについては2.2.2にて説明しているので、パテントファミリーの意味を確認したい場合は参照されたい。J-PlatPatのOPD（ワン・ポータル・ドシエ）からもパテントファミリーの確認はできるが、本節ではEspacenetを用いて特開2006-334885のパテントファミリーを調べる方法を説明する（本節ではClassic Espacenetを用いた）。

　Espacenetへ公報番号を入力する際に、ほとんどの国の公報番号については他のデータベースと大きく変わったルールを採用していないのだが、日本の公報番号については非常に変わったルールを採用している。最初にそのルールについて説明する。

　表19にEspacenetの日本公報番号入力形式を示した。2000年以降の公報番号入力形式についてはそれほど難しくはないが、1999年以前（平成11年以前）の和暦時代の公報番号入力形式に少々クセがあるため下記の**表19**を参照して慣れていただきたい。

JP	H05	1234	A
日本	年	通し番号	種別コード（公開特許）

---

[134]　2019年5月のJ-PlatPatのリニューアルで特許・実用新案検索メニューにおいて特許リストのCSV出力機能が追加されたが、検索結果が100件以下の場合に限られ、また事前申請登録が必要となるため利便性が高いものではない。むしろ**8.2.3**で説明する方法でJ-PlatPatの検索結果一覧をリスト化した方が、1回につき最大3,000件まで対応できるので良いだろう。

表19 Espacenetの日本公報番号入力形式

番号	Espacenet 形式	備考
特開昭60-123456	JPS60123456A	Aを末尾につけないと他の種別がヒット
特開昭60-001234	JPS601234A	ハイフン後のゼロを取って左詰め 種別コードを末尾につけないと他の種別がヒットしてしまう
実開昭60-001234	JPS601234U	
特公昭60-001234	JPS601234B2	
実公昭60-001234	JPS601234Y2	
特開平05-123456	JPH05123456A	
特開平05-001234	JPH051234A	同上
実開平05-001234	JPH051234U	
特公平05-001234	JPH051234B2	
実公平05-001234	JPH051234Y2	
特開平10-123456	JPH10123456A	
特開平10-001234	JPH101234A	同上
特開2000-123455	JP2000123456A	
特開2000-001234	JP2000001234A	ゼロを取って左詰めする必要なし
特許第2500001号	JP2500001B2	
実登2500001	JP2500001Y2	実用新案登録
実登3000001	JP3000001U	登録実用新案

　パテントファミリーを調べる対象の特開2006-334885は、上記公報番号入力形式に変換すると、JP2006334885Aとなる（入力する際は種別コードのAを省略しても問題ない）。公報番号入力形式について理解したところで、実際にEspacenetを使って特開2006-334885のパテントファミリーを調べていく。Espacenetの高度な検索（Advanced Search）へ行き、公報番号（Publication Number）のところへJP2006334885Aを入力し、ページ下部の検索（Search）ボタンを押す[135]。

---

[135] Smart SearchでJP2006334885Aを入力して検索しても同じ結果が得られる。ただし、種別コードを省略してJP2006334885で検索すると、JP2006334885Aの他にJP200814375Aがヒットする。これはJP200814375Aの出願番号がJP20060334885であるためである。

第4章 番号からの特許情報調査

図56 Espacenet – 高度の検索（Advanced Search）画面での番号入力

JP2006334885A の検索結果一覧が表示される。JP2006334885A の詳細を確認する為に、ハイパーリンクになっているタイトル "LIQUID CONTAINER, LIQUID SUPPLYING SYSTEM EQUIPPED WITH THE CONTAINER, AND CIRCUIT BOARD FOR THE CONTAINER" をクリックする。

図57 Espacenet – JP2006334885A の番号検索結果

140

JP2006334885Aの書誌事項ページが表示される。このページでは発明の名称だけではなく、出願人・権利者、発明者、IPCおよびCPC、出願番号、優先権番号および要約などを確認できる。また左側のメニューより実施例、オリジナル文献等を確認することもできる。

ここでは左側のメニューから［INPADOC patent family］を選択する。

図58　Espacenet - JP2006334885Aの書誌データ

すると、**図59**のようにJP2006334885Aのパテントファミリーとして27出願が表示された。矢印で示したようにExportのCSVまたはXLSをクリックするとリストデータをダウンロードできる。なお、左側のメニューから原文献（Original Document）をクリックするとPDF公報をダウンロードすることができる[136]。

---

[136] 本ファミリーには日米欧中韓以外にも様々な国の対応特許が含まれている。J-PlatPatのOPD（ワン・ポータル・ドシエ）でもエジプト（EG）やイスラエル（IL）などに対応特許があることは確認できるが、PDF公報や出願書類や審査情報などは入手することができない。しかし、Espacenetを用いればオーストラリア（AU）、ブラジル（BR）、カナダ（CA）、イスラエル（IL）、ノルウェー（NO）、ニュージーランド（NZ）、ロシア（RU）、台湾（TW）などのPDF公報は入手することができる。

第4章　番号からの特許情報調査

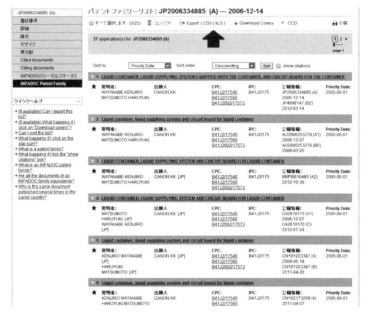

図59　Espacenet – JP2006334885A のパテントファミリーリスト

　CSV でダウンロードすると図60のようなリストがダウンロードできる。リストダウンロード時の注意すべきポイントは、一覧表示されている25件にダウンロード件数が制限される点である[137]。

---

[137] Export の隣にコンパクト（Compact）というリンクがあるので、これをクリックすると1ページ当たりの表示件数が25件から50件になる。本件の場合であれば27出願なので、50件表示に切り替えれば27出願全てを一括でダウンロードすることができる。

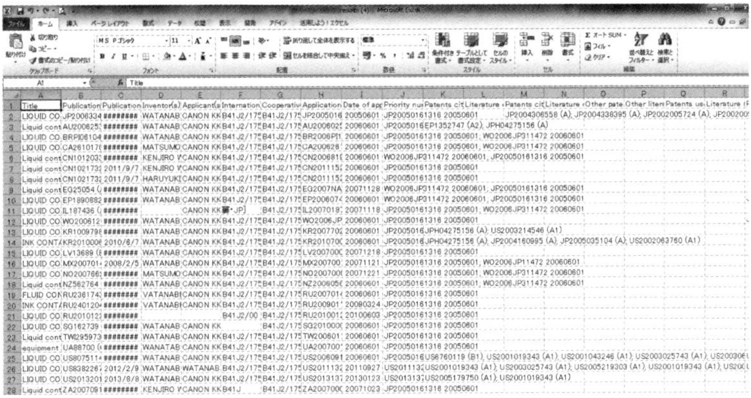

	A	B	C	D	E	F	G	H	I	J	K	L	M	N	O	P	Q	R
1	Title	Publication	Publication	Inventor(s)	Applicant(s	Internation	Cooperativ	Application	Date of apr	Priority nu	Patents cit	Literature	Patents cit	Literature	Other pate	Other liter	Patents us	Literature (P
2	LIQUID CO	JP2006334	########	WATANAB	CANON KK	B41J2/175	B41J2/175	JP2005016	20050601	JP20050161316 20050601			JP2004306558 (A); JP2004338395 (A); JP2002005724 (A); JP200200					
3	Liquid cont	AU200625	########	WATANAB	CANON KK	B41J2/175	B41J2/175	AU200602	20060601	JP2005016	EP1352747 (A2); JPH04275156 (A)							
4	LIQUID CO	BRPI06104	########	WATANAB	CANON KK	B41J2/175	B41J2/175	BR2006PI1	20060601	JP20050161316 20050601; WO2006JP311472 20060601								
5	LIQUID CO	CA261017	########	MATSUMO	CANON KK	B41J2/175	B41J2/175	CA200628	20060601	JP20050161316 20050601; WO2006JP311472 20060601								
6	Liquid cont	CN101203	########	KENJIRO V	CANON KK	B41J2/175	B41J2/175	CN200681	20060601	WO2006JP311472 20060601; JP20050161316 20050601								
7	Liquid cont	CN102173	2011/9/7	KENJIRO V	CANON KK	B41J2/175	B41J2/175	CN201115	20060601	JP20050161316 20050601								
8	Liquid cont	CN102173	2011/9/7	HARUYUKI	CANON KK	B41J2/175	B41J2/175	CN201115	20060601	JP20050161316 20050601								
9	Liquid cont	EG25054 (	########	WATANAB	CANON KK	B41J2/175	B41J2/175	EG2007NA	20071128	WO2006JP311472 20060601; JP20050161316 20050601								
10	LIQUID CO	EP1890882	########	WATANAB	CANON KK	B41J2/175	B41J2/175	EP200607	20060601	WO2006JP311472 20060601; JP20050161316 20050601								
11	LIQUID CO	IL187436 (	########		CANON KK	翼・JP]	B41J2/175	IL2007018	20071118	JP20050161316 20050601; WO2006JP311472 20060601								
12	LIQUID CO	WO200612	########	WATANAB	CANON KK	B41J2/175	B41J2/175	WO2006JP	20060601	JP20050161316 20050601								
13	LIQUID CO	KR1009798	########	WATANAB	CANON KK	B41J2/175	B41J2/175	KR200770	20060601	JP2005016	JPH04275156 (A); US2003214546 (A1)							
14	INK CONTA	KR201000	2010/6/7	WATANAB	CANON KK	B41J2/175	B41J2/175	KR201070	20060601	JP2005016	JPH04275156 (A); JP2004160995 (A); JP2005035104 (A); US2002063760 (A1)							
15	LIQUID CO	LV13689 (	########	WATANAB	CANON KK	B41J2/175	B41J2/175	LV200700	20071218	JP20050161316 20050601								
16	LIQUID CO	MX200701	2008/2/5	WATANAB	CANON KK	B41J2/175	B41J2/175	MX200700	20071121	JP20050161316 20050601; WO2006JP11472 20060601								
17	LIQUID CO	NO200766	########	MATSUMO	CANON KK	B41J2/175	B41J2/175	NO200700	20071221	JP20050161316 20050601; WO2006JP311472 20060601								
18	Liquid cont	NZ562764	########	WATANAB	CANON KK	B41J2/175	B41J2/175	NZ200605	20060601	JP20050161316 20050601; WO2006JP311472 20060601								
19	FLUID CON	RU236174	########	VATANABI	CANON KK	B41J2/175	B41J2/175	RU200701	20060601	JP20050161316 20050601								
20	INK CONTA	RU240120	########	VATANABI	CANON KK	B41J2/175	B41J2/175	RU200901	20090324	JP20050161316 20050601								
21	LIQUID CO	RU201012	########			B41J2/00	B41J2/175	RU201001	20100603	JP20050161316 20050601								
22	LIQUID CO	SG162739	########	WATANAB	CANON KK		B41J2/175	SG201000	20060601	JP20050161316 20050601								
23	Liquid cont	TWI295973	########	WATANAB	CANON KK	B41J2/175	B41J2/175	TW200601	20060601	JP20050161316 20050601								
24	equipment	UA88700 (	########	WANATAB	CANON KK	B41J2/175	B41J2/175	UA200700	20060601	JP20050161316 20050601								
25	LIQUID CO	US807511	########	WATANAB	CANON KK	B41J2/175	B41J2/175	US200609	20060601	JP2005016	US6760119 (B1); US2001019343 (A1); US2001043246 (A1); US2003025743 (A1); US200306							
26	LIQUID CO	US838226	2012/2/9	WATANAB	WATANAB	B41J2/175	B41J2/175	US201113	20110927	US201113	US2001019343 (A1); US2003025743 (A1); US2005219303 (A1); US2001019343 (A1); US200							
27	LIQUID CO	US2013201	2013/8/8	WATANAB	CANON KK	B41J2/175	B41J2/175	US201313	20130123	US201313	US2005179750 (A1); US2001019343 (A1)							
28	Liquid cont	ZA2007091	########	KENJIRO V	CANON KK	B41J	B41J2/175	ZA200700	20071023	JP20050161316 20050601								

図60　Espacenet – JP2006334885A のパテントファミリーCSV リスト

パテントファミリー調査の結果、特開2006-334885は米国や欧州特許庁へも出願を展開していることが分かった。**4.2**および**4.3**で特開2006-334885の対応特許である

US2009051745A1／US8075114B2

EP1890882A1／EP1890882B1

WO2006129882A1

の3件をもとにGoogle Patents、USPTO Public PAIR、USPTO Assignment DatabaseおよびEspacenet、European Patent Register、WIPO Patentscopeの利用方法について説明していく。

4.3　米国特許の番号調査（権利状況・移転状況の確認）[138]

米国特許を調べる際はUSPTOのデータベースよりも、Google Patents

[138] 本書初版ではUSPTO PatFT/AppFTを用いた米国特許検索について説明していたが、著者が実務上USPTO PatFT/AppFTを全く利用しなくなったため、Google Patentsを用いた調査方法に変更した。

を用いた方が便利である。Google Patentsは米国特許だけではなく、日本特許やEP特許、中国特許、韓国特許、PCT出願（WO特許）をはじめ様々な国の特許を収録していると同時に、各国特許庁・引用文献・被引用文献等へのリンクが整備されており非常に利便性が高い。

特開2006-334885の対応特許であるUS2009051745A1／US8075114B2を調べるのであれば、US2009051745A1またはUS8075114B2のいずれかをGoogle Patentsトップページのボックスに入力する（種別コードは省略可）。すると、図61のように該当する公報番号および発明の名称が表示される。

図61　Google Patents　トップページ

検索ボタンまたは表示された公報番号および発明の名称をクリックすると、US2009051745A1の公報表示画面に移る。

4.3 米国特許の番号調査（権利状況・移転状況の確認）

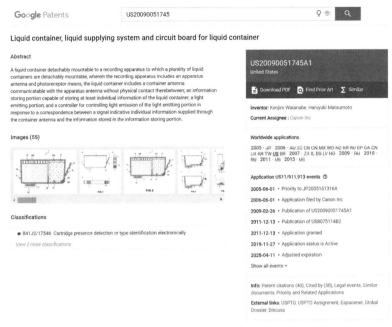

図62　Google Patents　公報表示画面（US2009051745A1）

ページ上部から発明の名称（タイトル）、要約、図面、特許分類（CPC：Googleが機械学習を用いて独自に付与）が並んでおり、右側には以下のような書誌データが掲載されている。

表20　Google Patents 公報表示画面に掲載される書誌データ

公報番号	公報番号
Download PDF	PDF公報をダウンロード（ただしすべての公報がダウンロードできるわけではない）
Find Prior Art	表示特許の先行文献調査を自動的に実施
Similar	表示特許の類似特許を自動的に抽出
Inventor	発明者
Current Assignee	最新の権利者

Worldwide applications	パテントファミリー（国コード上に横線が掛かっている場合、その国の対応特許は消滅済み）
Application USxx/xxx,xxx events	表示特許の出願経過情報
Info	関連情報（引用特許、被引用特許、法的イベント、類似特許、優先権・関連出願）
External links	外部リンク（USPTO PatFT/AppFT、USPTO Assignment、Espacenet、Global Dossier など）

　Google Patents には自動的に先行文献調査（Find Prior Art）および類似特許抽出（Similar）を行う機能があるが、この利用方法については**第6章・第7章**で説明する。

　Worldwide applications の国コードや、Application US11/911,913 events 内の

- ✓ 2005-06-01　　　　Priority to JP2005161316A
- ✓ 2011-12-13　　　　Publication of US8075114B2

をクリックすると、それぞれの対応特許や本特許の基礎出願である日本特許や米国登録特許を見ることができる。また2006-06-01：Application filed by Canon Inc をクリックすると、キヤノン出願の特許を全件確認できる。

　Google Patents で権利状況を確認するためには Application US11/911,913 events を確認する。本特許は2028年4月11日に権利満了予定（Adjusted expiration）で、2019年10月12日現在は権利存続中（Application status is Active）である。ただし、Google Patents の権利状況は1次情報ではないため、USPTO Public PAIR[139] を用いて確認する。

　トップページで reCAPTCHA（人間とボットを区別する Google の API）で、私はロボットではありませんにチェックを付けたら、**図63**の番

---

[139] Google 検索で　Public PAIR　で検索すれば USPTO Public PAIR トップページが先頭にヒットする（URL：https://portal.uspto.gov/pair/PublicPair）

4.3 米国特許の番号調査（権利状況・移転状況の確認）

号入力画面が表示される。

図63 USPTO Public PAIR 番号入力画面

今回は登録番号である US8075114B2 で調べるので、ラジオボタンを Patent Number にチェック、Enter Number に8075114と入力し、[SEARCH] ボタンを押すと以下の結果が表示される。

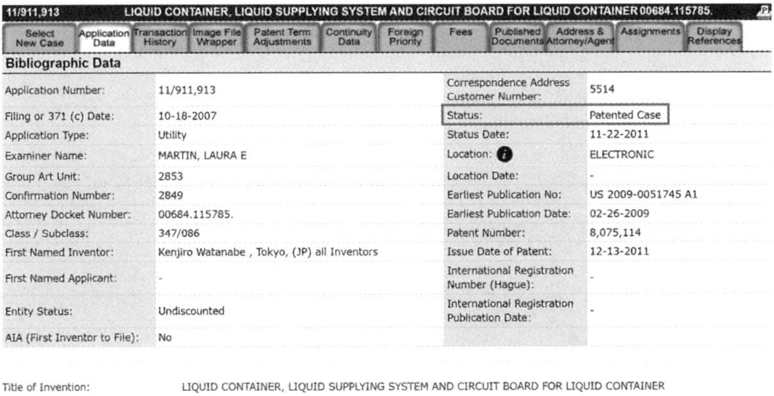

図64 USPTO Public PAIR の結果表示画面

147

このページのStatus（権利状況）がPatented Caseなので、本米国登録特許は権利存続中であることが分かる。次にUS8075114B2の包袋のチェックと経過情報をチェックする。複数あるタブの中でImage File Wrapperより包袋をPDFでダウンロードすることができる[140]。

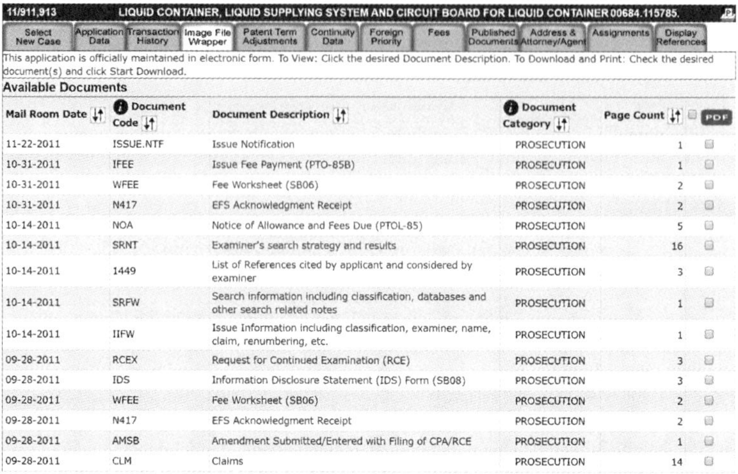
11/911,913　LIQUID CONTAINER, LIQUID SUPPLYING SYSTEM AND CIRCUIT BOARD FOR LIQUID CONTAINER 00684.115785.

Select New Case | Application Data | Transaction History | Image File Wrapper | Patent Term Adjustments | Continuity Data | Foreign Priority | Fees | Published Documents | Address & Attorney/Agent | Assignments | Display References

This application is officially maintained in electronic form. To View: Click the desired Document Description. To Download and Print: Check the desired document(s) and click Start Download.

Available Documents

Mail Room Date	Document Code	Document Description	Document Category	Page Count	PDF
11-22-2011	ISSUE.NTF	Issue Notification	PROSECUTION	1	
10-31-2011	IFEE	Issue Fee Payment (PTO-85B)	PROSECUTION	1	
10-31-2011	WFEE	Fee Worksheet (SB06)	PROSECUTION	2	
10-31-2011	N417	EFS Acknowledgment Receipt	PROSECUTION	2	
10-14-2011	NOA	Notice of Allowance and Fees Due (PTOL-85)	PROSECUTION	5	
10-14-2011	SRNT	Examiner's search strategy and results	PROSECUTION	16	
10-14-2011	1449	List of References cited by applicant and considered by examiner	PROSECUTION	3	
10-14-2011	SRFW	Search information including classification, databases and other search related notes	PROSECUTION	1	
10-14-2011	IIFW	Issue Information including classification, examiner, name, claim, renumbering, etc.	PROSECUTION	1	
09-28-2011	RCEX	Request for Continued Examination (RCE)	PROSECUTION	3	
09-28-2011	IDS	Information Disclosure Statement (IDS) Form (SB08)	PROSECUTION	3	
09-28-2011	WFEE	Fee Worksheet (SB06)	PROSECUTION	2	
09-28-2011	N417	EFS Acknowledgment Receipt	PROSECUTION	2	
09-28-2011	AMSB	Amendment Submitted/Entered with Filing of CPA/RCE	PROSECUTION	1	
09-28-2011	CLM	Claims	PROSECUTION	14	

図65　USPTO　Public PAIRの包袋ダウンロード画面

包袋は書類の種類別にダウンロードすることができる。所望の書類（たとえばIDS関連の書類であれば「Information Disclosure Statement (IDS) Form (SB08)」）のチェックボックスにチェックしてPDFボタンをクリックすると、包袋PDFファイルをダウンロードできる。

次に米国特許の年金支払い状況を確認する。USPTOのPatent Maintenance Fees > View and Pay Feesへ行く[141]。

[140] すべての米国特許についてImage File Wrapperのタブが表示されるわけではない。Image File Wrapperが表示されない場合は別途業者を通じて包袋を入手する必要がある。

[141] Public PAIRの画面左側のメニュー内に“Fees”があり、これをクリックすると“How to Pay Fees”と“Pay Online (RAM)”の2つのサブメニューが表示される。以前は“Pay Online (RAM)”をクリックすると年金支払い状況のページへジャンプしていたが、本書執筆時点ではリンクが正常に作動していない。

4.3 米国特許の番号調査（権利状況・移転状況の確認）

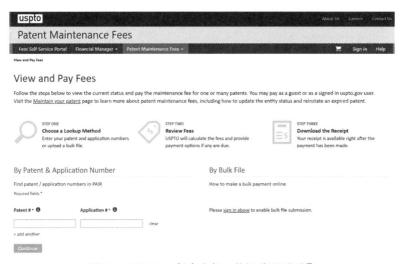

図66　USPTO　年金支払い状況確認画面①

次に**図66**の画面に遷移したら画面左側にある登録番号（8075114）と出願番号（11/911,913）を入力して、[Contitnue] ボタンをクリックする。

第4章　番号からの特許情報調査

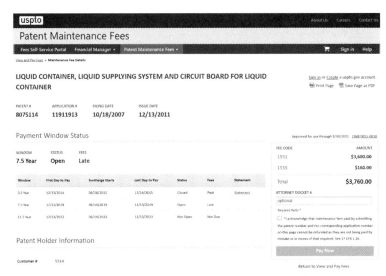

図67　USPTO　年金支払い状況確認画面②

　本特許は既に1回維持年金の支払いが終わっており、現在の納付期限は2018年12月13日～2019年12月13日であることが分かる（Surcharge Startsは追加料金の支払いが必要な開始日）。
　本項の最後に米国特許の権利譲渡関係の確認方法について説明する。Google Patentsの右側メニューのExternal linksからUSPTO Assignmentsをクリックする。

4.3 米国特許の番号調査（権利状況・移転状況の確認）

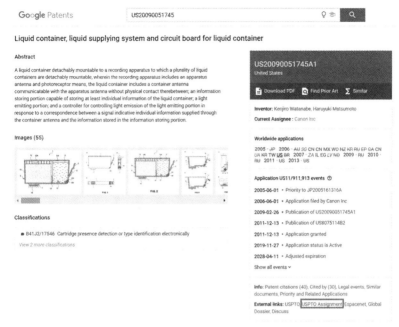

図68 Google Patents から USPTO Assignment（権利譲渡確認画面）へ

すると下のような本特許の Assignment（権利譲渡）確認画面へ遷移する。

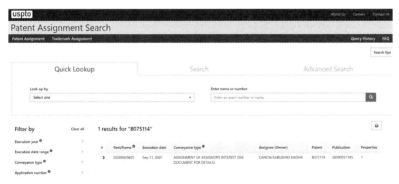

図69 USPTO Assignment による検索結果画面①

Reel/frame 番号020069/0605のリンクをクリックすると**図70**のような結果が表示される。Assignee とは譲受人、Assignor は譲渡人を意味しているので、この特許は発明者2名からキヤノン株式会社へ譲渡されたことが分かる[142]。

図70　USPTO Assignment による検索結果画面②

Assignment Search を用いると個別案件の権利譲渡関係だけではなく、ある企業から別の企業へのまとまった権利譲渡も調べることができる。この検索事例については**5.3**で述べる。

4.4　EP特許の番号調査（EP登録特許の移行状況の確認）

2.2.2の海外出願ルートで述べた通り、EP特許の場合は登録後に各国特許庁で有効化（validation）する必要がある。ここでは特開2006-334885の対応特許であるEP1890882A1／EP1890882B1を用いて、それぞれの移行状況調査方法について説明していく。

---

[142] 米国では改正特許法（通称 AIA：America Invents Act）前は企業が出願人となることはできなかった。そのため米国では Applicant（出願人）という検索項目はなく、Assignee（権利者）という検索項目で企業名義の検索を行っていた。現在は USPTO の AppFT データベースでも AANM という出願人名の検索フィールドが設定されている。

4.4 EP特許の番号調査（EP登録特許の移行状況の確認）

　まずEspacenetを用いてEP1890882A1を検索する。検索方法は4.2で説明した方法と同一である。EP1890882A1の書誌データを図71に示す。

　EP1890882A1の移行状況の確認方法は2つあり、1つは左側メニューのINPADOCリーガルステータス、もう1つが上のメニュー内のRegisterである。Registerとは正式にはEuropean Patent Registerであり、J-PlatPatの経過情報照会やUSPTOのPublic PAIRに相当するサービスである。

図71　Espacenet　EP1890882の書誌データ

　まずINPADOCリーガルステータスをクリックすると、図72のようにEP1890882の審査請求（REQUEST FOR EXAMINATION FILED）、指定国（DESIGNATED CONTRACTING STATES）などの法的イベントから始まり、ページを進めていくと登録（EUROPEAN PATENT GRANTED）になり、その後アイルランドで有効化（Validation）（EUROPEAN PATENTS GRANTED DESIGNATING IRELAND）などの状況が分かる。

第4章 番号からの特許情報調査

図72 Espacenet EP1890882のINPADOCリーガルステータス

しかし、INPADOCリーガルステータスは法的イベントが時系列に表示されているだけで、整理されていないためEP各国での権利状況を一覧するには難がある。そのためEuropean Patent Registerでの移行状況の確認方法を次に説明する。

4.4 EP特許の番号調査(EP登録特許の移行状況の確認)

図73 European Patent Register EP1890882の概要

　EP1890882A1の書誌データ画面からRegisterをクリックすると図73のようなページへ遷移する[143]。トップページではEP1890882の概要が掲載されており、一番上にはStatus(EP特許の権利状況)が表示される。次に左側のメニューから[Legal status]をクリックすると図74のように、指定国の中でどこが権利存続中であり(ブランクのところが権利存続中)、どこの国が既に権利が失効しているのかが一目で確認できる。

---

[143] EP Patent Registerのトップページ(https://register.epo.org/)から番号検索することも可能である。

図74　European Patent Register　EP1890882の Legal status

　European Patent Register では、さらに包袋（審査書類）をダウンロードすることもできる。左側のメニューから All documents をクリックすると、以下のような画面に遷移する。必要な書類のチェックボックスにチェックをつけて、上のメニューの Selected documents をクリックすれば PDF が、Zip 化して一括で全書類をダウンロードしたい場合は Zip Archive をクリックすると、EP 特許の包袋全体を入手することができる。

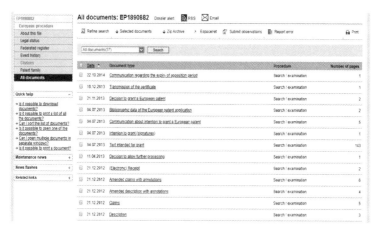

図75　European Patent Register　EP1890882の包袋

4.5 WO 特許の番号調査（国際公開特許の移行状況の確認）

　PCT出願（WO特許）は国際出願後に30か月の移行期間内[144]に、権利化を図りたい国の特許庁へ翻訳文を提出し移行する必要がある。ここでは特開2006-334885の対応特許であるWO2006129882A1を用いて、それぞれの移行状況の調査方法について説明していく。

　WO特許の移行状況についてはEspacenetとWIPO Patentscopeの2つで確認できる。Espacenetの場合は、前述の通りWO2006129882A1で検索を行い、図76の書誌データを表示させる。

図76　Espacenet　WO2006129882の書誌データ

---

[144] 各指定国の国内移行期限について
　：https://www.jpo.go.jp/system/patent/pct/siryo/kokunai20.html

第4章 番号からの特許情報調査

4.3でも述べた通り、INPADOCリーガルステータスをクリックすると、図77のように法的イベントが時系列で表示される。法的イベントの説明(Code Expl.)として WIPO INFORMATION: ENTRY INTO NATIONAL PHASE とあり、国コードが続けて掲載されており、これをチェックすることでどの国に移行したかが分かる。

図77　Espacenet　WO2006129882のINPADOCリーガルステータス

次にWIPO Patentscopeを用いた移行状況の確認方法を説明する。

4.5 WO特許の番号調査(国際公開特許の移行状況の確認)

図78　WIPO Patentscope　簡易検索画面での番号入力

　WIPO Patentscope の簡易検索画面(Simple Search)でプルダウンメニューをフロントページのままで、検索対象番号 WO2006129882を入力する(正確には ID/ 番号にすると良いがフロントページのままでも検索可能である)。

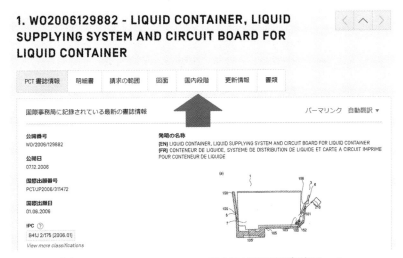

図79　WIPO Patentscope　WO2006129882書誌データ

図79のように検索結果画面が表示されるので、タブの中から[国内段階](National Phase)をクリックする。すると図80のように本PCT出願がどの特許庁へ移行されたのか、その移行日・国内番号および各国のステータスを確認することができる。

国内段階移行に関する情報(詳細)

官庁	移行日	国内番号	国内ステータス
中華人民共和国	01.06.2008	200680019475.9	
アメリカ合衆国	18.10.2007	11911913	Published: 26.02.2009 Granted: 13.12.2011
ニュージーランド	24.10.2007	562764	Published: 29.04.2011 Granted: 08.08.2011
欧州特許庁(EPO)	30.10.2007	2008747232	Published: 27.02.2008 Granted: 18.12.2013
イスラエル	18.11.2007	187436	
メキシコ	21.11.2007	MX/a/2007/014591	Published: 28.04.2008 Granted: 05.01.2011
フィリピン	22.11.2007	12007502656	Granted: 29.01.2013
カナダ	28.11.2007	2610170	
インド	30.11.2007	5511/CHENP/2007	Published: 28.03.2008

図80　WIPO Patentscope　WO2006129882の各国移行状況

なお、PatentscopeのPCT出願各国移行データの収録範囲については、国内段階移行に関する情報の詳細リンクをクリックすると、図81のように確認することができる。PCT加盟国すべての移行データが収録されているわけではない点および最新分が必ずしも直近分までカバーされていない点に注意が必要である[145]。

---

[145] 日本への国内移行の早期把握には工業所有権情報・研修館(INPIT)の「国内移行データ一覧表」の更新について(http://www.inpit.go.jp/info/topic/topic00002.html)を参照すると良い。

4.5 WO 特許の番号調査（国際公開特許の移行状況の確認）

PCT 国内段階移行情報

2017年7月1日以降、指定官庁は、当該官庁で国内段階に移行した国際出願に関する情報を、国際事務局に通知することが求められています。
Patentscopeの国内段階移行タブにある官庁の情報が表示されている場合、出願人が、その官庁に、その出願について国内段階の手続きを申請したことを示します。国内移行日や国内出願番号に関する情報は、対応する国内官庁から提供されたもので、これを利用することで、必要に応じて、国内段階にある出願に関する更なる情報をその官庁から入手することが可能となります。ただし、特定の官庁における情報がないからといって、必ずしもその官庁で国内段階に移行していないことを示すものではない点にご注意ください。

国内段階移行情報の要求が実施されてから、情報の提供状況は改善されてきていますが、データをその範囲と品質において向上させ、転送が速やかに行われる為には、更なる取り組みが必要です。したがって、情報更新の頻度は官庁によって異なっています。国内段階移行情報の要求と提供について、詳しくはこちら。

Updated: 2019/11/26

国名 ▲	対象期間 [最初] ◇	対象期間 [最後] ◇	Count ◇
アイスランド	1995/11/16	2019/01/07	3,713
アゼルバイジャン	2016/01/21	2017/04/21	28
アフリカ広域知的所有権機関(ARIPO)	1996/06/30	2008/08/05	1,077
アメリカ合衆国	1916/12/14	2019/08/20	1,160,099
アラブ首長国連邦	2010/08/31	2018/02/26	2,719
アルジェリア	2000/04/25	2014/12/27	3,417

図81　WIPO Patentscope　PCT 出願各国移行データの収録範囲

コラム　近傍検索の文字数・ワード数設定

　以前は有料データベースでしか利用できなかった近傍検索がJ-PlatPatでも利用できるようになった。しかし、近傍検索においてキーワード1とキーワード2の出現する距離（文字数・ワード数）をどのように設定するか悩ましいかと思う。本コラムでは事例をベースに、日本語・英語特許の近傍検索時における文字数・ワード数設定について説明する。

　まず、"ハイブリッド"と"車"のようなフレーズの場合、"温度"と"検知または検出"のような名詞・動詞のいずれの場合においても順同よりも順不同の方が網羅性は高まる。また、文字数としては"ハイブリッド"と"車"のようなフレーズの場合は5文字程度、"温度"と"検知または検出"のように1文中で述べられるような名詞・動詞の組合せの場合はなかなか収束しないため、15～20文字あたりで設定するのが良いと考えられる（精度が高い集合を形成したい場合は文字数を小さく設定する方が良い）。

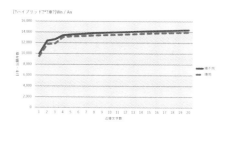

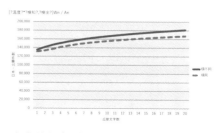

図82　近傍検索の文字数設定（日本語、検索範囲：名称・要約・請求の範囲）

次に英語での近傍検索について確認する。HYBRIDとVEHICLEのフレーズの場合、5〜7ワード（文字ではなく単語）程度に設定するのが良い。一方、TEMPERATUREとSENSEまたはDETECTのように1文中で述べられるようなキーワードの組合せについては、日本語と同様になかなか収束しないが、著者は実務的には20ワード程度で設定することが多い（20ワードに設定する理由として、数件の米国特許の実施例中の1文あたりの平均ワード数をカウントしたところ19.1ワードであったためである。

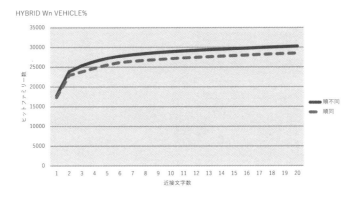

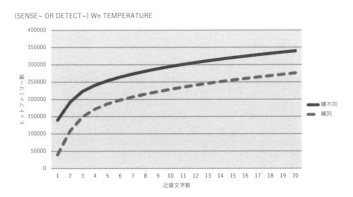

図83 近傍検索のワード数設定（英語、検索範囲：名称・要約・請求の範囲）

以上、事例を用いて近傍検索の文字数・ワード数設定について説明した。近傍検索をうまく活用すると精度・再現率を向上させた検索式を構築することができるので、ぜひとも有効に活用していただきたい。

第5章
企業名・発明者からの特許情報調査

第 5 章　企業名・発明者からの特許情報調査

　企業名（正式には出願人名や権利者名）や発明者から行う特許情報調査を出願人検索・発明者検索と呼ぶ（名義調査と言うこともある）。特許が公開段階であれば出願人名義、登録になっていれば権利者名義となる。本章ではこれら名義からの調査方法についての留意点を整理している。

5.1　企業名からの調査

5.1.1　出願人・権利者の特定

　出願人や権利者名義から調査を行う場合は主に下記の 4 点について留意する必要がある。

　　1．社名変更または吸収・合併
　　2．カタカナからアルファベット社名へ変更
　　3．海外企業の出願人名義の表記揺れ
　　4．知財管理会社を通じての出願

以下、4 つの点について説明する。

①　社名変更または吸収・合併[146]

　特許検索データベース、特に無料の J-PlatPat などのデータベースには原則として公開公報および登録公報発行段階の出願人名・権利者名が掲載されるため、公開公報および登録公報発行以降に社名変更または吸収・合併した企業については、社名変更前や吸収・合併も含めて網羅的に社名を抽出する必要がある。社名変更した例としては、

---

[146]　データベースによっては独自に名寄せを行っている（例：PatentSight は人手で名寄せを実施）。その他、協和テクノサービスはクラウドベースの出願人辞書サービス「名揺遷」をリリースしている。

松下電器産業	→	パナソニック
富士写真フイルム	→	富士フイルム
日産ディーゼル	→	UDトラックス
山武	→	アズビル
石川島播磨重工業	→	IHI
ボーダフォン	→	ソフトバンクモバイル
	→	ソフトバンク
大日本インキ化学工業	→	DIC

などが挙げられる。また吸収・合併による社名変更の例としては

山之内製薬、藤沢薬品工業	→	アステラス製薬
三菱油化、三菱化成	→	三菱化学、三菱樹脂、三菱レイヨン
	→	三菱ケミカル
新日本製鐵、住友金属工業	→	新日鐵住金
	→	日本製鉄
日立金属、日立電線	→	日立金属
豊田紡織、アラコ、タカニチ	→	トヨタ紡織

などがある。検索を行う際は、現社名だけではなく旧社名もすべてOR演算する必要がある[147]。網羅的に社名を抽出するためには、対象企業のウェブサイト・有価証券報告書やウィキペディアで企業沿革を確認したり、日ごろから自社業界の競合他社動向はチェックしておき（Googleアラートなどを活用）、社名変更や吸収・合併などがないか常にウォッチしておくことが望ましい。

---

[147] 現在のJ-PlatPat特許・実用新案検索メニューでは整理標準化データも反映しているため、社名変更等で名義変更届が申請されれば新しい社名に修正される。しかし、既に権利消滅済み特許まで名義変更届を申請することはないため、ある社名変更した企業の過去の出願を網羅的に抽出したい場合には、社名変更前や吸収・合併も含めて網羅的に社名を抽出する必要がある。

② カタカナからアルファベット社名へ変更

2002年の商業登記法等の改正により、商号の登記についてアルファベットやアラビア数字を利用することが可能となった（参考：[岡崎, 2008]）。そのため商号をカタカナで登記していた会社がアルファベットへ変更し、それに伴い出願人名・権利者名もカタカナからアルファベットに変更した企業がある。

図84に TDK の例を示している。2002年2月出願ではティーディーケイ株式会社名義で出願していたが、2002年3月出願では TDK 株式会社名での出願に変更になっている[148]。

図84　カタカナ出願人名とアルファベット出願人名（TDK の例）

その他カタカナ社名からアルファベット社名へ変更している例としては

エヌ・ティ・ティ	→	NTT
エヌイーシー	→	NEC
エヌティエヌ	→	NTN

---

[148] TDK 株式会社は2002年3月出願以降アルファベット出願人名に切り替わっているが、NEC（NEC 本体は日本電気株式会社名義で出願しているので、NEC エレクトロニクス等の子会社）については2001年9月出願以降、NTT（NTT 本体は日本電信電話株式会社名義で出願しているので、NTT ドコモ等の子会社）については2005年2月出願以降アルファベット出願人名に切り替わっている。

ジェイエスアール[149] → JSR

などが挙げられる。このような現在アルファベット社名の企業の出願人検索を行う際は、アルファベット出願人名だけではなくカタカナ出願人名にも注意を払って検索する必要がある。

③ 海外企業の出願人名の表記揺れ

海外企業が日本特許出願を行う際、出願人名義の表記揺れに注意する必要がある。具体的には、**表21**のような例がある。

表21 海外企業の出願人名義の揺れ

企業	出願人名義	ヒット件数[150] （2019.10.12時点）
GM	ゼネラルモーターズ	432
	ゼネラルモータース	30
	ゼネラル・モーターズ	907
サムスン	サムスンエレクトロニクス	618
	サムソンエレクトロニクス	97
	三星電子	26,003
BASF	バスフ	2,059
	ビーエーエスエフ	15,089
BMW[151]	バイエリッシェモートーレンウエルケ	534
	バイエリッシェモートーレンヴエルケ	2
	バイエリツシエ・モトーレン・ヴエルケ	30
	バイエリツシエ・モトーレン・ウエルケ	2
	バイエリツシエモトーレンヴエルケ	8
	バイエリッシエモトーレンウエルケ	1
	バイエリツシエモトレンヴエルケ	5

---

[149] ジェイエスアールの旧社名は日本合成ゴム（Japan Synthetic Rubber）である。
[150] J-PlatPat 特許・実用新案検索メニューで種別は国内文献、期間限定なし。
[151] BMW の正式社名は Bayerische Motoren Werke である。日本語にするとバイエルン発動機製造またはバイエルンエンジン製造になる。

海外企業の出願人名義の表記揺れを網羅的にカバーすることは非常に難しいため、Espacenetや英語ベースの商用特許検索データベースを用いて英文出願人名義で日本に発行されている特許を補足することが望ましい。

④ 知財管理会社を通じての出願

出願人の特定において、最も難しいのが4点目の知財管理会社を通じての出願である。パナソニックは2014年9月にパナソニックIPマネジメントを設立し、パナソニックグループの知財業務の集約・事業化を発表した[152]。2019年10月12日時点でパナソニックIPマネジメント名義は29,966件、パナソニックインテレクチュアルプロパティコーポレーションオブアメリカ名義で1,998件の出願が確認できた[153]。その他知財管理会社を通じての出願している例としては、

GM	ジーエム・グローバル・テクノロジー・オペレーションズ
	GM Global　Technology Operations
3M	スリーエム イノベイティブ プロパティズ
	3 M Innovative Properties
ネスレ	ネステクまたはネステック（ただしネスレでも出願）
	Nestec

などがあるが、これはほんの一例である[154]。

---

[152] その後、2018年1月に株式会社パソナナレッジパートナーがパナソニックIPマネジメント株式会社から「知的財産調査業務」および「知的財産管理業務」を受託・運営することが発表された（出所：https://www.pasonagroup.co.jp/news/tabid312.html?itemid=2302&dispmid=821）。

[153] J-PlatPat 特許・実用新案検索で種別は国内文献。またパナソニックインテレクチュアルプロパティコーポレーションオブアメリカ名義については　パナソニック ,IC, インテレクチュアル　で検索を行った。

[154] 知財管理会社を利用して出願・権利化および維持・管理を行っている会社は他にもあると思われるが、著者も全てを把握しきれていない。

5.1.2 J-PlatPatでの調査

　日本のJ-PlatPatを用いた出願人・権利者名からの検索では特に大きな留意点はない。特許・実用新案検索で、検索項目から"出願人／権利者／著者所属"を選択し、検索キーワードに上述したような点に注意して収集した名義を入力する。

図85　J-PlatPat 特許・実用新案検索画面での出願人・権利者検索

　例としてTDKを取り上げる。ネミック・ラムダ、デンセイ・ラムダやエプコスは企業ウェブサイトやウィキペディアから確認できる過去の買収企業である。上記の検索を実施するとTDK株式会社本体だけではなくTDKグループ企業（TDKラムダなど）も含まれる。もしもTDK株式会社のみを抽出したいのであれば、「ティーディーケイ株式会社　TDK株式会社」と入力する必要がある。

　企業によっては一部企業名が重複するケースがある。たとえば日本電気株式会社（略称：NEC）と日本電気硝子株式会社[155]であれば、「日本電気」で検索すると両者の特許が混在してしまう。そのためNECについては"日本電気株式会社"と法人格まで含めて検索するのが望ましい[156]。

---

[155] もともとは日本電気株式会社等の出資で発足したが第2次世界大戦後まもなく日本電気株式会社から分離している。

[156] 中小規模の企業の場合、"有限会社"から"株式会社"へ法人格を変更しているケースもある。また国の研究機関である産業技術総合研究所や理化学研究所、科学技術振興機構など、以前は独立行政法人であったが現在は国立研究開発法人であるため、法人格をつけて検索してしまうとモレてしまう可能性があるため、上記の日本電気の例のようなケースでなければ、法人格をわざわざつけて検索する必要はないと著者は考えている。

5.1.3 海外特許データベースでの調査[157]

海外特許データベースでの出願人・権利者検索の例として、Google Patents、EspacenetおよびPatentscopeを取り上げる。例題は引き続きTDKである（TDK OR "NEMIC LAMBDA" OR "DENSEI LAMBDA" OR EPCOS）。商用データベースをご利用の方は各データベースのマニュアル等を参照の上、データベース独自の仕様については理解していただきたい。

まずGoogle Patentsではトップページ下部にある［Advanced Search］のリンクから、以下のAdvanced Searchメニューへ行く。

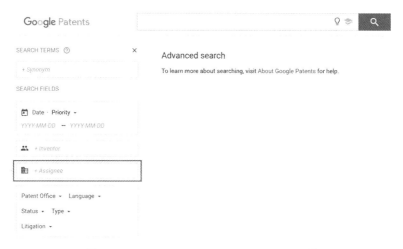

図86　Google Patents　Advanced Search ①

Advanced SearchのAssigneeの欄に検索対象企業名を1つずつ入力していく。

---

[157] 商用データベースには企業名の表記揺れや、グループ会社を効率的に補足するための補助ツールが整備されている。たとえばQuestel OrbitではCorporate Tree機能によりグループ企業を効率的に補足できる。またPatbaseでは特定出願人名義を入力すると、その名義を含む他の出願人のバリエーションを提示する機能がある。

5.1 企業名からの調査

図87 Google Patents　Advanced Search ②

すると、

assignee：TDK assignee：(NEMIC LAMBDA) assignee：(DENSEI LAMBDA) assignee：EPCOS

という検索式になり、TDK および関連会社を網羅的に検索することができる。左下にある Patent Office からは特定の国・地域、Language からは言語、Status からは公開段階か登録段階か、Type からは特許か意匠か、Litigation からは訴訟関連の特許か否かを選択することができる。

次に Espacenet であるが、Espacenet は USPTO・PatFT　Advanced Search とは異なり、図88のようにメニュー検索であるため、出願人の項に　TDK OR "NEMIC LAMBDA" OR "DENSEI LAMBDA" OR EPCOS　と入力すれば良い。

173

第5章 企業名・発明者からの特許情報調査

図88 Espacenet Advanced Search での出願人・権利者検索

なお、Esapcenetには EP 特許だけではなく日本、米国、中国、韓国をはじめ約100ヵ国の特許情報が収録されている。ある企業の特定の特許発行国に限定して調べたい場合は、図89のように、公報番号のところに国コードを入力すれば良い。主な国・機関の国コードは下記の通りである。

JP	日本
US	米国
EP	EP 特許
CN	中国
KR	韓国
WO	国際公開（PCT 出願）

5.1 企業名からの調査

図89 Espacenet Advanced Search での出願人・権利者検索（国指定）

　Espacenet と並んで複数特許発行国のデータを収録している WIPO Patentscope の場合、構造化検索メニューを用いて、出願人氏名（名称）をプルダウンメニューから選択して　TDK OR "NEMIC LAMBDA" OR "DENSEI LAMBDA" OR EPCOS　と入力する。

　ページ下の官庁［+］ボタンをクリックすると**図90**のように、WIPO Patentscope に収録されている国の一覧が表示される。デフォルトでは□全てにチェックが入っているので、特定の特許発行国・機関に限定したい場合は、□全てのチェックを外して、特定の国にチェックすれば良い。

第 5 章　企業名・発明者からの特許情報調査

図90　WIPO Patentscope　構造化検索での出願人・権利者検索（国指定）

5.2　発明者名からの調査

5.2.1　発明者の特定

　企業名が社名変更・買収等で変更されるのと異なり、発明者名が変更されるケースは、結婚する際に姓が変更する程度であり、あまり多くない。しかし、発明者名が変わっていなくても特許明細書上の発明者名の表記は後述するように揺れる。そのため発明者検索を行う際の原則としては、可能な限り原語データベースで調べることである。たとえば2011年に亡くなったアップル共同創立者のSteve Jobs[158]は

　　　ジョブズ　スティーブン　ピー

---

[158] スティーブ・ジョブズの名前はSteven Paul Jobsであり、ミドルネームがポールであることから上記の一部発明者名にはPaulのPが含まれている。

ジョブズ, スティーブン・ピイ
　　　ジョブズ・スティーブ
　　　ジョブズ　スティーヴン
　　　ジョブス, スティーブ
　　　ジョブス, スティーブン, ピー.
　　　ジョブス, スティーブン・ピイ

のように日本特許では表記揺れを起こしてしまう（他にも典型的な例だとWanger がヴァーグナーとワーグナー）。他に留意する点はそれほど多くないので、各国特許庁データベースでの発明者検索方法と合わせてそのポイントを説明していく。

5.2.2　J-PlatPat での調査

　J-PlatPat で日本人の発明者名で検索する際に留意する点は、

① 　苗字と名前の間のスペースも考慮（＝苗字と名前を近傍検索）
② 　▼　▲で囲まれている旧字体等の取扱い

の2点である。1点目は2018年3月の J-PlatPat リニューアル時に、特許庁の特許審査システムと共通化したことにより生じた問題である。具体的には個人発明家として著名なドクター中松氏（中松義郎氏）の出願を補足する際に、

　　　中松義郎
　　　'中松？義郎'

で検索するとモレてしまう（'中松？義郎' は J-PlatPat の推奨入力フォーマットで示されているにも関わらずモレる）。モレないように網羅的に検索するための対応方法としては、**図91**に示すように、近傍検索で

キーワード１　　苗字　　　　　　　　　中松
キーワード２　　名前　　　　　　　　　義郎
キーワード１、２が出現する距離　　　　１
● キーワード１の次にキーワード２が出現する文献を検索します

のように設定する。

図91　J-PlatPat 特許・実用新案検索による発明者検索
（近傍検索入力支援画面）

以下のような近傍検索で検索すると701件の中松義郎氏の特許・実用新案がヒットする。

図92　J-PlatPat 特許・実用新案検索による発明者検索（近傍検索の利用）

なお、参考に中松義郎だとヒット件数は593件であり、'中松？義郎'では108件しかヒットしない（2019年10月13日時点）。J-PlatPat で発明者検索を行う際は十分に注意されたい[159]。

---

[159] J-PlatPat を用いた場合にこのような不具合が出る点については既に日本国特許庁へ伝えているが、本書執筆時点では修正対応する予定はないとのことであった。

2点目の旧字体の取り扱いとは、具体的には

野▼崎▲
野▼ざき▲
野▼さき▲

のようなケースである（著者は常用漢字の野"崎"であるが、上記のような▼　▲で囲まれている場合は、常用漢字ではない野"﨑"であると思われる）。

図93　J-PlatPat 特許・実用新案検索による発明者検索（旧字体の対応）

このような場合は、J-PlatPat 特許・実用新案検索画面で検索項目から"発明者"を選択し、検索キーワードに▼　▲を使わないパターン、▼　▲のバリエーション（常用漢字、ひらがな）をスペース区切りで入力し、検索を実施する[160]。

なお、海外発明者の場合、欧米発明者名は原則カタカナで表記されるが、中国人・韓国人の発明者名はカタカナで表記される場合と漢字で表記される場合が混ざる。また漢字で表示される際に、▼　▲で囲まれる旧字体等を利用しているケースが散見される。カタカナ・漢字のバリエーションをすべて網羅することは極めて難しいため、無料データベースであればEspacenet、英語の商用データベース等で英語発明者名のバリエーション、表記の揺れを確認した上で検索する方が望ましい。

---

[160] 最も良いのは近傍検索を用いて検索することである。1つのボックスに複数の近傍検索を用いることはできないため、論理式で検索式［野▼崎▲, 1C, 篤志/IN］+［野▼ざき▲, 1C, 篤志/IN］+［野▼さき▲, 1C, 篤志/IN］を作成し、検索すると良い。

5.2.3　海外特許データベースでの調査

　海外特許データベースでの出願人・権利者検索の例として、USPTO データベース（登録特許データベース：PatFT）、Espacenet を取り上げる。欧米発明者名は原則として、

ファミリーネーム（姓、苗字）＋ラストネーム（名）＋ミドルネーム

で収録されている。ただしミドルネームが省略されていたり、姓の表記にバラつきがあったり（スティーブには Steve、Steven、Stephen などのバリエーションがある）。

　たとえばスティーブ・ジョブスについて、USPTO・PatFT　Advanced Search および Espacenet　Advanced Search（高度な検索）で検索する場合を考えてみよう。

　PatFT　Advanced Search の発明者検索の Field Code は IN/ であり、入力方法は、

IN/ ファミリーネーム - ラストネーム - ミドルネーム

であるため、

IN/JOBS-STEVEN-P

という検索式を作成したとする。下の**図94**のように入力して Search ボタンを押すと、132件がヒットする（2019年10月 8 日現在）

図94　USPTO・PatFT　Advanced Search での発明者検索

上述したように、スティーブの表記揺れおよびミドルネームが省略される場合もあるため、様々なバリエーションで検索すると下の**表22**のような結果となった。

表22　発明者名義によるヒット件数の違い（例：スティーブ・ジョブス）

発明者	発明者名義	ヒット件数[161] （2019.10.8時点）
スティーブ・ジョブス	IN/JOBS-STEVEN-P	132
	IN/JOBS-STEVEN	11
	IN/JOBS-STEVE-P	4
	IN/JOBS-STEVE	370
	IN/STEVEN-JOBS-P	0
	IN/STEVEN-JOBS	0
	IN/STEVE-JOBS-P	0
	IN/STEVE-JOBS	0

ファミリーネームとラストネームの順番が入れ替わっているものはなかったが、ラストネームの表記揺れとミドルネームの有無でヒット件数がばらついている。このような場合、

- ✓　トランケーションを用いる
- ✓　AND検索を用いる

の2通りの対処方法が考えられる。1つ目のトランケーション＄を用いる方法では、検索式を

　　IN/JOBS-STEVE＄

のようにすることで表記揺れやミドルネームの有無を吸収することができる。もう1点のAND検索を用いる方法であるが、具体的には

---

[161]　USPTO・PatFT　Advanced Search で、期間限定はなしの条件。

IN/(JOBS AND STEVE$)

のようにすることである。発明者を網羅的に徹底的に抽出したい場合はAND検索を用いる場合もありうる。しかし、AND検索を実施すると、JOBS STEVE という名前ではなく、例えば JOBS MARIA と GARDNER STEVE の2名が同一特許の発明者として名を連ねている場合もヒットしてしまう点は留意しておきたい。

　Espacenet Advanced Search（高度な検索）で発明者検索する場合、発明者名を入力する際に「JOBS STEVE」とスペースを挟んで検索すると「JOBS and STEVE」と同じ意味になる。よって、スティーブ・ジョブスを検索する場合は

"JOBS STEVE" OR "JOBS STEVEN" OR "STEVEN JOBS" OR "STEVEN JOBS"

のように" "で囲ってフレーズで検索を行う。実際の検索画面は次の**図95**のようになる。

図95　Espacenet Advanced Search での発明者検索

5.3　米国特許の権利譲渡調査

　米国特許売買のニュースを時折見かけることがあるだろう。たとえば、2011年6月に Rockstar（アップル、マイクロソフト、EMC、エリクソン、ブラックベリー、ソニーが設立した企業コンソーシアム）が、経営破綻したノーテルネットワークス社の特許6,000件超を45億ドルで落札した[162]。また、2012年3月には Facebook が IBM から特許750件を購入した。このよ

5.3 米国特許の権利譲渡調査

うに特許が売買されると、それに伴い特許権利者も変わる。本節では米国特許の権利譲渡（例：A社からB社へ）の調査方法について説明する。米国特許商標庁は図96のPatent Assignment Searchというデータベースを提供している。

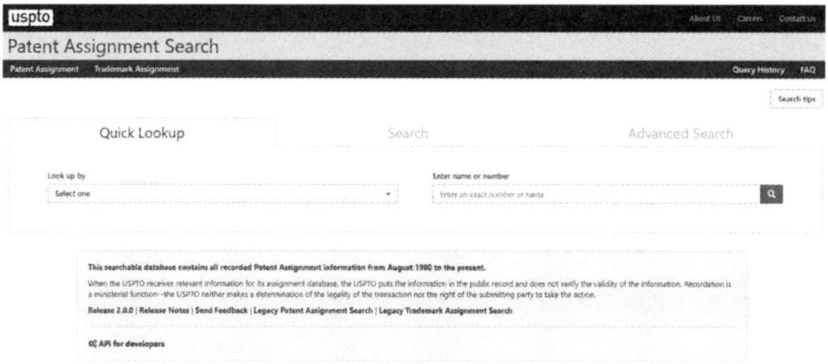

図96　米国特許権利譲渡調査用データベース：Patent Assignment Search

"Advanced Search"のタブをクリックすると、以下のように詳細検索項目画面が表示される。

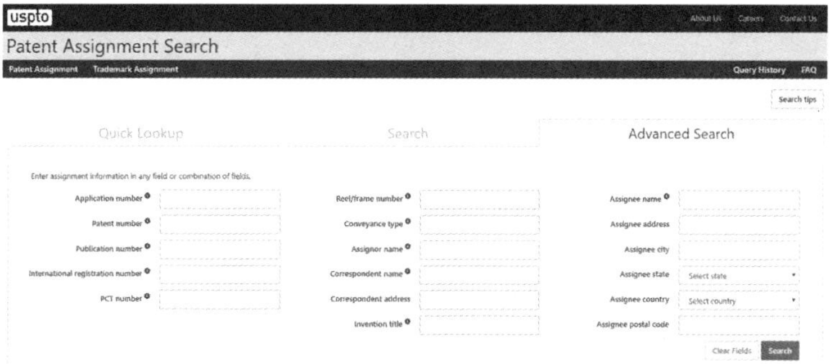

図97　米国特許権利譲渡調査用データベース詳細検索画面
　　　：Patent Assignment Search

---
[162] その後のニュースでRockstarが購入した特許の大半は特許保険会社であるRPXへ売却されたことが報じられている。

特定の米国登録番号や公開番号等についての権利譲渡関係を調べたいのであれば、メニュー右側の［Patent Numbers］や［Publication number］のところへ各種番号を入力すれば良い。特定技術分野の何らかの譲渡があった案件について特定したい場合は、CPCや米国特許分類では調べることができないので、［Invention Title］のところに英語キーワードを入力すれば良い。

特許権がA社からB社へ移転されていることを調べる場合は、A社（権利譲渡人=Assignor）とB社（権利譲受人=Assignee）にそれぞれの権利者名を入力する必要がある。

例として2016年8月に日本電産が米国 Emerson Electric のモータドライブ事業および発電機事業を取得[163]したことに伴って権利譲渡された案件を特定する。**図98**のように、Assignor Name に Emerson Electric を、Assignee の Name に Nidec（日本電産の英文商号）を入力する。

図98　Assignment Search の検索例
（Emerson Electric から日本電産への権利譲渡）

すると**図99**のように43件の結果がヒットし、表中央の"Owner (Assignee)"はすべて NIDEC MOTOR CORPORATION になっていることが確認できる。

---

[163] 日本電産プレスリリース（2016年8月2日）「米国 Emerson Electric Co. のモータ・ドライブ事業及び発電機事業の取得に関するお知らせ」、https://www.nidec.com/ja-JP/corporate/news/2016/news0802-02/

5.3 米国特許の権利譲渡調査

Reel/frame	Execution date	Conveyance type	Assignee (Owner)	Patent	Publication	Properties
048886/0364	Sep 19, 2013	ASSIGNMENT OF ASSIGNORS INTEREST (SEE DOCUMENT FOR DETAILS).	NIDEC MOTOR CORPORATION	7208895	20060290304	2
031228/0741	Sep 16, 2013	ASSIGNMENT OF ASSIGNORS INTEREST (SEE DOCUMENT FOR DETAILS).	NIDEC MOTOR CORPORATION	8704422	20120126659	1
027121/0478	Oct 6, 2011	ASSIGNMENT OF ASSIGNORS INTEREST (SEE DOCUMENT FOR DETAILS).	NIDEC MOTOR CORPORATION	6737785	20030214197	1
030270/0113	May 14, 2011	ASSIGNMENT OF ASSIGNORS INTEREST (SEE DOCUMENT FOR DETAILS).	NIDEC MOTOR CORPORATION	8736130	20130162095	1
026722/0669	Mar 29, 2011	ASSIGNMENT OF ASSIGNORS INTEREST (SEE DOCUMENT FOR DETAILS).	NIDEC MOTOR CORPORATION	8400041	20110291519	1
040661/0727	Sep 30, 2010	ASSIGNMENT OF ASSIGNORS INTEREST (SEE DOCUMENT FOR DETAILS).	NIDEC MOTOR CORPORATION	9698657	20160111943	1
039332/0080	Sep 30, 2010	ASSIGNMENT OF ASSIGNORS INTEREST (SEE DOCUMENT FOR DETAILS).	NIDEC MOTOR CORPORATION	9391487	20140232214	1
039237/0519	Sep 30, 2010	ASSIGNMENT OF ASSIGNORS INTEREST (SEE DOCUMENT FOR DETAILS).	NIDEC MOTOR CORPORATION	9806584	20160315520	1

図99　Assignment Search の検索結果①
（Emerson Electric から日本電産への権利譲渡）

　検索結果では43件しかヒットしていないが、1つの"Reel/Frame"内に複数の特許の権利譲渡が含まれているため、"Reel/Frame"内に含まれている譲渡案件の数を示す一番右列"Properties"をカウントする必要がある（累積すると315件になる）。実際に譲渡されている案件を特定するためには検索結果上部の　>>　をクリックする（>> をクリックすると全案件が展開されるが、個別に1件1件をクリックしても展開する）。

図100　Assignment Search の検索結果②
（Emerson Electric から日本電産への権利譲渡）

Reel/frame 番号をクリックすると、**図101**のように Assignment（権利譲渡）の詳細について確認できる。

図101　Assignment Search の検索結果③
（Emerson Electric から日本電産への権利譲渡）

なお、日本電産と Emerson Electric の例は権利譲渡人（Assginor）と権利譲受人（Assignee）の双方が分かっている場合であるが、権利譲渡人（Assginor）だけを入力すれば、どのような企業へ特許売却しているかが分かり、権利譲受人（Assignee）だけを入力すれば、どのような企業位から特許を購入しているかが分かる[164]。なお、米国の場合、特許出願時は発明者が出願人となっていたため、発明者から企業への譲渡も含まれてしまう点には留意する必要がある。

---

[164] M&A の際にどのような特許が譲渡されたか確認する場面でも利用可能である。特に企業全体の買収ではなく部門買収の場合、M&A の対象となった特許を特定することは非常に困難であるが、米国特許についてはこの Assignment Search を利用すれば特定することが可能である。米国特許特定後にパテントファミリーを紐付ければ100% 完全ではないかもしれないが、ある程度の全貌が把握できると思われる。

一例として、Nidecが権利譲受人（Assignee）になっている特許を検索すると、2,894件ヒットする（2019年8月6日現在）。テーブルの一番右の“Properties”に着目して、数十件まとめた権利譲渡記録を探すと企業間での特許取引である可能性が高い。

>	016349/0675	Feb 14, 2005	ASSIGNMENT OF ASSIGNORS INTEREST (SEE DOCUMENT FOR DETAILS).	NIDEC COPAL CORPORATION	7193793	20050231826	1
⌄	015687/0802	Feb 14, 2005	ASSIGNMENT OF ASSIGNORS INTEREST (SEE DOCUMENT FOR DETAILS).	NIDEC CORPORATION	6343877		2

Assignor
SANKYO SEIKI MFG. CO., LTD. (ALSO KNOWN AS KABUSHIKI KAISHA SANKYO SEIKI SEISAKUSHO)

Assigned properties (1 of 2)
Patent number 6343877
Feb 14, 2005
Spindle motor

Assignee
NIDEC CORPORATION

Correspondent
MORGAN, LEWIS & BOCKIUS LLP
2 PALO ALTO SQUARE
3000 EL CAMINO REAL, SUITE 700
PALO ALTO, CA 94306

>	016367/0301	Jan 25, 2005	ASSIGNMENT OF ASSIGNORS INTEREST (SEE DOCUMENT FOR DETAILS).	NIDEC CORPORATION	7403269	20050168720	1
⌄	016165/0059	Jan 7, 2005	ASSIGNMENT OF ASSIGNORS INTEREST (SEE DOCUMENT FOR DETAILS).	NIDEC CORPORATION	NONE	20060152848	1

図102　Assignment Searchの検索結果例（Nidecの特許購入）

一例として、上記は3件の特許が三協精機製作所（現在の日本電産サンキョー）から日本電産へ権利譲渡されていることが分かる。

コラム　J-PlatPat 利用時に注意すべき点

　2018年3月以前は特許・実用新案検索メニューは、テキスト検索メニューと特許分類検索メニューに分かれていた。テキスト検索は公開公報・登録公報発行時の情報に基づいてキーワード・特許分類や出願人・発明者などの項目で検索することができた。一方、特許分類検索は、検索に利用できる項目は特許分類のみであったが、公報発行時ではなく最新版の（＝整理標準化データを反映した）情報で検索を行うことができた。

　2018年3月のJ-PlatPat機能改善時に特許庁の特許審査システムと共通化したことによって、最新版の情報に基づいて検索を行うことができるようになった反面、以下の2つに注意しなければならなくなった。

　1点は、既に**5.2.2**において述べたように、現行のJ-PlatPatでは発明者検索を行う際に、近傍検索を利用しないと網羅的な発明者検索ができない点である。

　もう1点が特許・実用新案検索メニューにおいてキーワード　NOT　特許分類演算は可能だが、特許分類　NOT　キーワード演算ができない点である。具体的な例を示すと

図103　J-PlatPat利用時に注意すべき点
（特許分類　NOT　キーワード演算）

のようなケース（論理式で表現すると［B25J5/00/FI］-［ロボット/CL］）は、キーワードのNOT演算が効いていない。［B25J5/00/FI］だけで検索する

と6,100件であり、[B25J5/00/FI]-[ロボット/CL]で検索してもヒット件数は変わらず6,100件である(2019年10月13日現在)。逆のキーワードNOT 特許分類演算(論理式で表現すると [ロボット/CL]-[B25J5/00/FI])では、[ロボット/CL]だけで検索すると55,428件、[ロボット/CL]-[B25J5/00/FI]で検索すると51,432件となり、NOT演算が効いている。

以上、J-PlatPat利用時に注意すべき2点については、早々に日本国特許庁およびJ-PlatPatを運営している工業所有権情報・研修館には修正いただきたいと思う。

第6章
関連性マトリックスと
特許検索マトリックスの利用方法

第6章　関連性マトリックスと特許検索マトリックスの利用方法

　第4章・第5章で番号検索、出願人検索といういわゆる「コツを覚える＝経験型調査」について説明した。**第6章・第7章**では特定テーマ（技術内容や課題）からの検索、いわゆる「型を覚える＝頭脳型調査」について解説する。**第6章**では、著者が提唱している関連性マトリックス・特許検索マトリックスを用いた検索式構築の基礎について述べ、**第7章**では2つのマトリックスを用いて実例をもとに検索式作成のプロセスを理解していただく。

　2.4.1でも述べた通り、検索式とは調査対象技術をキーワードや特許分類といった検索キーを演算子を用いて組み合わせたものである。**第4章・第5章**で説明した番号検索や出願人検索も論理式の形で表現することはできるが（たとえば、PN＝JP2000123456A（公開番号が特開2000-123456であるものを検索）やPA＝GOOGLE（出願人・権利者名にグーグルを含むものも検索））、一般的に検索式というと本章で述べるようなものを指すことが多い。

6.1　関連性マトリックス[165]と特許検索マトリックス[166]

　最初に関連性マトリックスと特許検索マトリックスとはどういうものか、について説明する。関連性マトリックスと特許検索マトリックス自体は**図104**のようなテンプレートである。

---

[165] 関連性マトリックスは、初版では検索式の作成方針マトリックスと呼んでいたものである。現在は検索式の作成方針マトリックスではなく関連性マトリックスと呼んでいる。

[166] 著者が特許検索マトリックスの着想を得たのは［藤田 節，キーワード検索がわかる，2007］の本であった。なお桐山氏も特許検索マトリックスと同様のテンプレートを用いており、3円3積法による検索式作成を提唱している（出所：［桐山，特許調査の実践と技術50, 2011］）。

6.1 関連性マトリックスと特許検索マトリックス

調査対象テーマ	

調査対象国・地域	
日付限定	
注目企業・発明者	
注目公報番号	

特許検索マトリックス

	背景技術	構成要素①	構成要素②
調査観点			
キーワード・同義語			
IPC			
FI			
Fターム			
CPC			

関連性マトリックス

背景技術	構成要素① あり	構成要素① なし
構成要素② あり	該当	参考
構成要素② なし	参考	ノイズ

図104　関連性マトリックスと特許検索マトリックス

　関連性マトリックスは調査対象技術から背景技術と構成要素①・②を抽出し、どのような先行文献を該当・参考・ノイズとするか、関連度の判断基準を定めるものである。一方、特許検索マトリックスはキーワード、特許分類を整理するためのツールであり、このマトリックスで整理した検索キーを基に後述する検索式の3パターンに沿って検索式を構築していく。関連性マトリックスと特許検索マトリックスによって、関連度の基準や検索キーを整理することで、特許情報調査に必要な情報を一元的に管理できる。さらに、MS Excel等の表計算ソフトで作成すれば、検索に関する情報・知識を部門やチーム内で共有するのが容易になる。

　本章では関連性マトリックスおよび特許検索マトリックスとそれらの利用方法を説明するための例題として

> (先行技術調査) 雨の日になるとマンホールの蓋に雨水が溜まってしまい、歩行者が滑りやすくなってしまう。そのため雨が降っても滑らないように凹凸模様をつけたマンホールの蓋を発明した

を用いて、特許出願前の先行技術調査を実施する前提で話を進める。先に

第6章　関連性マトリックスと特許検索マトリックスの利用方法

関連性マトリックス・特許検索マトリックスと特許検索マトリックスをベースに作成した検索式を示す。次節より順を追って説明していく。

調査対象テーマ	
雨の日になるとマンホールの蓋に雨水が溜まってしまい、歩行者が滑りやすくなってしまう。そのため雨が降っても滑らないように凹凸模様をつけたマンホールの蓋を発明した	
調査対象国・地域	日本
日付限定	限定なし
注目企業・発明者	特になし
注目公報番号	特になし

特許検索マトリックス

	背景技術	構成要素①	構成要素②
調査観点	マンホールの蓋	滑り止め	凹凸模様
キーワード・同義語	マンホール+鉄蓋+人孔	滑止+滑り止+防滑+すべり+スリップ	模様+凹凸+凹部+凸部+突部+突起+粗面+パターン
IPC	E02D29/14		
FI	E02D29/14@E		
Fターム	2D147BB21+2D147BB22+		

関連性マトリックス

背景技術 マンホールの蓋	構成要素① 滑り止めあり	構成要素① 滑り止めなし
構成要素② 凹凸あり	該当 A,C	参考
構成要素② 凹凸なし	参考 B	ノイズ

図105　関連性マトリックス・特許検索マトリックス記入例
（例：マンホールの蓋）

（検索式：J-PlatPat 特許・実用新案検索　論理式）

検索式A	[マンホール/AB+鉄蓋/AB+人孔/AB]*[滑止/AB+滑り止/AB+防滑/AB+すべり/AB+スリップ/AB]*[模様/AB+凹凸/AB+凹部/AB+凸部/AB+突部/AB+突起/AB+粗面/AB+パターン/AB]
検索式B	[2D147BB23/FT]
検索式C	[E02D29/14@E/FI]*[滑止/TX+滑り止/TX+防滑/TX+すべり/TX+スリップ/TX]*[模様/TX+凹凸/TX+凹部/TX+凸部/TX+突部/TX+突起/TX+粗面/TX+パターン/TX]
A+B+C	[マンホール/AB+鉄蓋/AB+人孔/AB]*[滑止/AB+滑り止/AB+防滑/AB+すべり/AB+スリップ/AB]*[模様/AB+凹凸/AB+凹部/AB+凸部/AB+突部/AB+突起/AB+粗面/AB+パターン/AB]＋[2D147BB23/FT]＋[E02D29/14@E/FI]*[滑止/TX+滑り止/TX+防滑/TX+すべり/TX+スリップ/TX]＊[模様/TX+凹凸/TX+凹部/TX+凸部/TX+突部/TX+突起/TX+粗面/TX+パターン/TX]

6.2 特許情報調査のステップと検索式構築フロー

表23に特許情報調査のステップを示す。全部でステップ1からステップ6まであり、ステップ5および6については**第8章**で述べるので、本章ではステップ1からステップ4の検索式の組み立てまでを説明する。なお**表23**の特許情報調査のステップは先行技術調査だけに限らず、無効資料調査や侵害防止調査も共通している。

表23　特許情報調査のステップ

ステップ	ステップの詳細
ステップ1 調査対象テーマの明確化	● 背景技術・技術分野は？ ● 構成要素（課題・目的、技術的特徴・解決手段）は？ ● 関連度の設定（関連性マトリックス作成）
ステップ2 調査方法の検討	● 調査対象国は？ ● 調査対象期間は？ ● データベースは？ ● 内製？外注？
ステップ3 検索キーの選定	● 関連性の高い特許を探す（類似特許検索） ● キーワード・同義語は？ ● 特許分類は？ ● 要注意企業・要注意発明者は？
ステップ4 検索式の組み立て	● 特許検索マトリックス ● 検索式基本3パターン ● 作成後の検索式のチェック
ステップ5 DB検索・リスト化、公報読込	● J-PlatPatなどの無料DBでは履歴演算ができないため、通常は1つの検索式で調査実施 ● 公報読込についてはキーワードハイライト機能・クラスタリング機能などを活用して省力化
ステップ6 調査結果の整理・保存	● 調査結果の取りまとめ、レポート作成 ● 調査結果をどのように保存するか？

もちろん、ステップ1の前段階において、そもそもどんな目的で調査を実施したいのか、どんなアウトプットが希望で、いつまでに調査結果が必要か、また外注するとしたら予算はいくらまで掛けることができるか、などの初期条件についてはあらかじめ確認しておく必要がある。

6.3 ステップ1 調査対象テーマを明確化する

　第4章の番号検索、第5章の出願人検索とは異なり、特定テーマ（技術内容または課題）から調査する場合はキーワードや特許分類を組み合わせた検索式を構築する必要がある。検索式を構築する前提として、調査対象テーマを明確化すると同時に、どのようなレベルの先行文献まで抽出するか、関連性マトリックスを作成する。この最初のステップが最も重要であり、ステップ3やステップ4の段階で調査対象技術の明確化や関連性マトリックスが甘いと感じた場合は、再度このステップ1に戻る必要がある。調査対象テーマを明確化するとは、調査対象テーマを調査観点（背景技術と構成要素）へ分解することに他ならない。どのように分解するかというと、主に

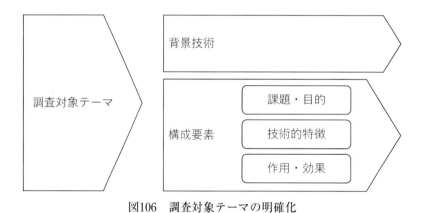

図106　調査対象テーマの明確化

のような観点に着目して分けていく。実際の例題で行ってみると、

> （先行技術調査）雨の日になるとマンホールの蓋に雨水が溜まってしまい、歩行者が滑りやすくなってしまう。そのため雨が降っても滑らないように凹凸模様をつけたマンホールの蓋を発明した

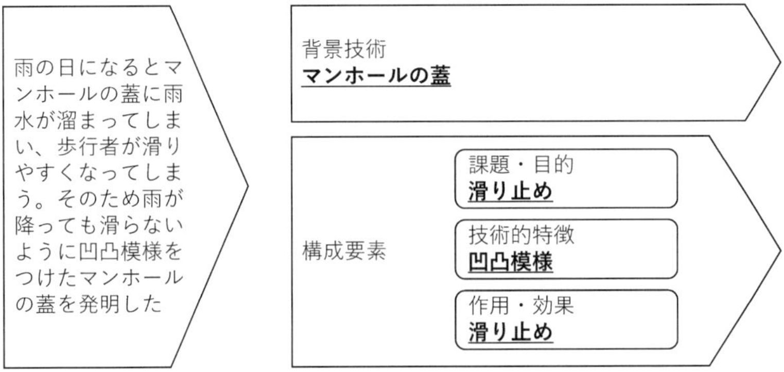

6.3 ステップ1 調査対象テーマを明確化する

```
┌─────────────────┐  ┌─────────────────────────┐
│ 雨の日になるとマ │  │ 背景技術                │
│ ンホールの蓋に雨 │  │ マンホールの蓋          │
│ 水が溜まってしま │  └─────────────────────────┘
│ い、歩行者が滑り │  ┌─────────────────────────┐
│ やすくなってしま │  │         ┌─────────────┐ │
│ う。そのため雨が │  │         │ 課題・目的  │ │
│ 降っても滑らない │  │         │ 滑り止め    │ │
│ ように凹凸模様を │  │         ├─────────────┤ │
│ つけたマンホール │  │ 構成要素 │ 技術的特徴  │ │
│ の蓋を発明した   │  │         │ 凹凸模様    │ │
│                 │  │         ├─────────────┤ │
│                 │  │         │ 作用・効果  │ │
│                 │  │         │ 滑り止め    │ │
└─────────────────┘  └─────────────────────────┘
```

図107　調査対象テーマの明確化（例：マンホールの蓋）

となる[167]。例題は非常にシンプルであるが、実際の調査で対象にするものはより複雑である。その際、背景技術が複数にまたがるものや、構成要素が複数あるものもある[168]。

次にどのようなレベルの先行文献を抽出すべきか、関連性マトリックスを検討する。調査対象テーマの明確化で抽出した背景技術を前提条件として置き、構成要素を2つ取り出して横軸と縦軸に配置する。今回の事例では構成要素が2つ（課題・目的と技術的特徴、作用・効果は課題・目的と同じなので省略）なので、以下の**表24**のようなマトリックスになる。

---

[167] 本例題は先行技術調査を前提としているが、検索式構築にあたっては原則、背景技術と技術的特徴（技術的特徴といっても、必ずしも特徴的な技術だけを取り上げるわけではない。特徴的な技術ではなくても、対象テーマを構成する際に必要となる要素技術を抽出する）について整理すれば良い。ここでは特許検索マトリックスの利用方法について説明するため、課題・目的についても整理している。

[168] 過去の研修やセミナーを通じて、検索初心者には調査対象テーマを背景技術と構成要素に分割するのが最も難しいプロセスであると感じている。言葉で書くと「背景技術と構成要素に分かち書きする」となるのだが、分かち書きの粒度感が把握しにくいようである。この調査対象テーマの明確化については、著者としてもまだ言語化が明確にできないところがあるため、第7章の事例や他者の検索式（審査官の検索報告書や同僚・先輩の検索式）などを通じて感覚をつかんでいただきたい。

表24 関連性マトリックス（例：マンホールの蓋）

背景技術 マンホールの蓋		構成要素①	
		滑り止めあり	滑り止めなし
構成要素②	凹凸模様あり	該当	参考②
	凹凸模様なし	参考①	ノイズ

　真に抽出したい該当文献は、マンホールの蓋であって、滑り止めについて開示されており、かつ、凹凸模様についての開示がある先行文献である。

　しかし、該当文献が見つからない可能性もあるので、参考レベルとしてはどの程度まで抽出するのかをあらかじめ**表24**の関連性マトリックスで検討する。参考①はマンホールの蓋であって、滑り止めについて開示されているが、凹凸模様についての開示はない文献である。滑り止め機能を有するマンホールの蓋を実現するための解決手段が、必ずしも凹凸模様である必要はない（たとえば撥水コーティングなど）。一方、参考②はマンホールの蓋であって、凹凸模様について開示されているが、滑り止めについての開示はない文献である。凹凸模様を有しているからといって、必ずしも滑り止め機能を有していない可能性もある。

　調査着手時に参考①および参考②も抽出すべきか否か決定するのは難しいかもしれないが、関連性マトリックスを整理することで抽出したい文献のレベル感（該当、参考）を持ちながら次のステップに進むと良い。

　関連性マトリックスの検討が終了したら、特許検索マトリックスの調査対象テーマにはテーマに関する概要をテキストで入力し、次に上記で分解した調査観点をマトリックスに記入する。調査観点をマトリックスに記入する際に、調査観点の数に応じて「背景技術」、「構成要素①」、「構成要素②」の列は適宜追加・削除する。このマンホールの例題では「背景技術」、「構成要素①―課題・目的―」、「構成要素②―技術的特徴―」の3列に分かれているが、調査テーマによっては1列のものもあり得るし6列程度になるものもある。調査テーマ別の特許検索マトリックスの実例については**第7章**の実例を参照されたい。

　本来であれば、調査対象国・地域や日付限定、注目企業・発明者、注目

図108　関連性マトリックス・特許検索マトリックス記入例
（ステップ1終了後）

公報番号などについては、ステップ2も踏まえて記入するが、本例題では先に入力している。

6.4　ステップ2 調査方法を検討する

　調査対象技術を明確化した後のステップは調査方法の検討である[169]。調査方法の検討では、主に

　　調査対象国
　　調査対象期間
　　データベース
　　内製、外注

について検討する。調査対象国や調査対象期間の設定は、特許調査の種類によって異なってくるので**2.3.1⑨**を参照されたい。データベースの選択については、調査対象国や調査対象期間を満足しているか、データベースの収録範囲を十分に確認する[170]。

---

[169] 実際のところ、調査方法の検討をステップ1の前に明らかにしておく場合もありうる。

また内製するか外注するかは、デッドラインに対して自社内リソースで対応可能か、外注費用が確保できているか否か等も考慮して決定する必要がある。

6.5 ステップ3 検索キー「キーワード」を探す

良い検索式を作成するためには良い検索キー(キーワード・特許分類)を見つける必要がある。料理に例えると検索キーを探すのは料理の素材集めである。カレーライスを作る際に、にんじん、たまねぎ、肉(シーフードカレーの場合はシーフードミックス?)、カレールーなどが必要になる。スーパーマーケットで素材集めを終えた後の実際に調理してカレーライスを作るのは、ステップ4の検索式の組み立てに該当する。本節と次節でキーワードと特許分類の探し方について説明していく。

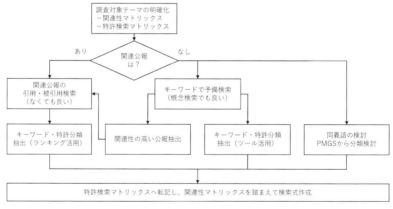

図109 検索キー(キーワード・特許分類)の探し方フロー

---
[170] たとえば侵害防止調査を実施する際に、再公表公報発行前の日本語PCT出願も含めて調査を実施したい場合、J-PlatPatだけでは収録は十分ではない。一部商用データベースには再公表公報発行前の日本語PCT出願も収録されているので、収録範囲が適切か否かを確認する必要がある。

6.5 ステップ3 検索キー「キーワード」を探す

　検索キーを探す際は、調査対象テーマに関連する公報があるか否かで作業が分岐する。もしも手元に関連公報があるのであれば、その関連公報の引用・被引用検索を行い、キーワードや特許分類を抽出すると良い[171]。手元に関連公報がない場合も多いと思うが、その際はキーワードの予備検索からスタートするのがオーソドックスな方法である。ステップ1で調査観点に分かち書きしたキーワードを用いて予備検索を行うが、その際にJ-PlatPat特許・実用新案検索メニューだけではなく、Google PatentsやPatentFieldのような無料で利用できる概念検索を利用しても良い。

6.5.1　予備検索と同義語検討ルールの適用

　予備検索とは、検索式を作成して本検索を行う前に、適当なキーワードの掛け合わせで数十件の関連性の高い集合を形成して、そのヒットした特許の【要約】や【特許請求の範囲】に用いられているキーワードを抽出する方法である。予備検索を行う場合は、J-PlatPat特許・実用新案検索で、種別を国内文献、キーワード検索の対象範囲[172]を［要約］または［請求の範囲］として、

a.　背景技術　　AND　　構成要素①（課題・目的）
b.　背景技術　　AND　　構成要素②（技術的特徴）

の掛け合わせを行う。実際の検索例を次頁に示す。

---

[171] 引用・被引用検索は1次引用・1次被引用までで良い。J-PlatPatでは引用・被引用検索ができないので、関連公報の［経過情報］より引例（＝引用特許）を確認して、キーワードや特許分類を抽出する。
[172] キーワード検索の対象範囲を、以降「キーワード範囲」と簡略化して述べる。

a. 背景技術　AND　構成要素①（課題・目的）

b. 背景技術　AND　構成要素②（技術的特徴）

図110　キーワードを探すための予備検索

それぞれ29件、7件がヒットする（2019年10月15日現在）[173]。ヒットした特許の中で"マンホール"以外の表現が使われていそうな発明の名称を眺めてみると、

a. 背景技術　AND　構成要素①（課題・目的）
　　蓋部材に対する滑り止め施工方法
　　足掛け金物
　　滑り止め加工を施したマンホール等の鉄蓋

---

[173] ここで行うのはあくまで関連性の高い公報を抽出して、キーワード・同義語を抽出するためなので、ヒット件数が多い必要はない。もしもヒット件数が多い場合はキーワード範囲を狭くする（例：[請求の範囲] を指定していたのであれば [要約] にする）、または検索オプションから [公知日／発行日] で期間限定を行う。

6.5 ステップ3 検索キー「キーワード」を探す

　　　鉄蓋とその製造方法
　　　地下ケーブルの撤去方法及び装置
　　　防食ステップ
　　　鉄蓋運搬吊り金具
　　　梯子
　　　昇降用足掛具
　　　模様付きの溝などの蓋
　　　地下構造物用手握り
　　　コンクリート製品におけるステップ取付方法

b. <u>背景技術　AND　構成要素②（技術的特徴）</u>
　　　排水路網を有する地下構造物用蓋
　　　防食ステップ
　　　コンクリート製品におけるステップ取付方法

となり、マンホールの蓋の別の言い方として"鉄蓋"というキーワードがあることが分かる。さらに、ヒットした特許の【要約】や【特許請求の範囲】をざっと確認してみると、

> 【要約】
> 【課題】マンホール蓋の上面に効果的な滑り止めを施す。
> 【解決手段】マンホール蓋（1）の上面に多数の粒状体（7）を固着することにより滑り止めとなる。或いは、マンホール蓋の上面に下塗り層（9）を介して第一塗料層（11）を形成し、該第一塗料層上に多数の粒状体を散布し、更に該粒状体上に第二塗料層（13）を形成することにより上面に該粒状体による多数の突起（15）を突出させた滑り止め層（17）をマンホール蓋の上面に形成する。該滑り止め層はマンホール蓋の上面における全面に形成してもよいが、該滑り止め層をマンホール蓋の上面に形成された<u>凹凸模様</u>（3）における<u>凹部</u>（19）にのみ形成し、該滑り止め層の上面（17a）が該凹凸

> 模様における**凸部**（5）の上面（5a）と略同一の高さになるようにしてもよい。粒状体として硅砂を用いる。

> 【請求項9】前記樹脂が吹き付け施工される前のマンホール用蓋の表面に、**突起**形状が形成されている、請求項1～請求項8のいずれかに記載のマンホール用蓋の製造方法。

> 【構成】マンホール蓋1の少なくとも路面側に面する凹凸外表面をブラスト処理して**粗面**化する。マンホール蓋1の凹凸外表面に、亜鉛及び／又はアルミニウムの微粒子を含むエポキシ樹脂系塗料を全面的に吹付け塗装して下塗り塗膜2を形成する。マンホール蓋1の凹凸外表面の**凸部**1aにおいて、下塗り塗膜2上にウイスカー入りのアクリル・シリコン系塗料を塗装して中塗り着色塗膜3を形成する。最後に、マンホール蓋1の凹凸外表面に透明防滑材を混入したアクリル・シリコン系塗料を全面的に吹付け塗装し、トップコート層としてクリア塗膜4を形成する。

のような記載が見つかり、凹凸模様に関連するキーワードとして"凹部"、"凸部"、"突起"、"粗面"があることが分かる。さらに、【課題】の項目を見ると、

> 【課題】雨の日等においても二輪車等のタイヤとの**スリップ**をより有効に防止することができるマンホール用蓋およびその製造方法を提供する。

> 【課題】降雨時においても**スリップ防止**効果が有効に発揮し、簡単かつ安価な補修により鉄蓋の滑り止め効果を維持継続するとともに、鉄蓋の再利用及び長寿命化を促進することのできる滑り止め加工を施したマンホール等の鉄蓋を提供する。

6.5 ステップ3 検索キー「キーワード」を探す

のような記載から、滑り止めに関連するキーワードとして"スリップ（防止、止め）"があることが分かる。

また、Google PatentsのAdvanced Searchに"滑り止め"、"マンホール"または"凹凸模様"、"マンホール"と入力して予備検索を行っても良い。

図111　Google Patentsを用いたキーワード予備検索

ある程度分解した調査観点ごとの関連キーワードが見つかったところで、同義語検討ルールを用いてさらにキーワードを拡張する。同義語検討ルールとは以下のようなものがある。

表25　同義語検討ルール

検討ルール	同義語検討の例
上位概念または下位概念	調味料＞味噌＞八丁味噌
異表記（漢字、ひらがな、カタカナ）	味噌、みそ、ミソ
送り仮名	滑り止、滑止
長音（ー）	エネルギー→エネルギ マシンラーニング、マシーンラーニング

中黒（・）	マシンラーニング、マシーンラーニング→マシン・ラーニング、マシーン・ラーニング
英語・外来語	滑り止め　⇔　スリップ防止
省略語	ハイブリッド車　⇔　HEV 燃料電池車　⇔　FCV
機能的な表現	電池　→　電力貯蔵、電力蓄積

の8つである。本章の例題では、このルールのうち異表記（漢字、ひらがな、カタカナ）および英語・外来語を用いて

　滑り止め　→　滑止、すべり止め

を思いつくことができる。

6.5.2　キーワード選択支援ツールを利用

次に、無料で利用できるキーワード選択支援ツールを利用してキーワード・同義語を検討する。J-GLOBALのトップ画面で「マンホール　滑り止め」と入力して検索する。

図112　J-GLOBALを用いたキーワード・同義語探し①

［同義語を見る］をクリックすれば、

6.5 ステップ3 検索キー「キーワード」を探す

マンホール 人孔
滑り止め　　　すべりどめ　すべり止　すべり止め　スリップ止　スリップ止め　滑りどめ　滑り止　滑り留　滑り留め　滑止　滑止め　滑留　滑留め　non-skid

といったキーワードを選択することができる（non-skid もヒットするが、今回は日本特許を対象に検索するため実際には利用しない）。さらに、同じ画面にある［シソーラス map］ボタンをクリックすると、JST シソーラス map が表示されここからも同義語を抽出することができる（実際には　マンホール　滑り止め　では該当する用語は見つからないので、マンホール　または　滑り止め）。

図113　JST シソーラス map を用いたキーワード・同義語探し②

第6章 関連性マトリックスと特許検索マトリックスの利用方法

　J-PlatPatにもJ-GLOBAL連携による同義語検索機能がある。検索を行う際に、**図114**のように文献種別で［J-GLOBAL］にチェックをつけて検索する。

図114　キーワード・同義語を探すための予備検索①
（文献種別：J-GLOBAL）

　検索結果一覧のタブから［J-GLOBAL同義語］を選択する。

図115　キーワード・同義語を探すための予備検索②
（文献種別：J-GLOBAL）

208

すると図116のようにJ-GLOBALで検索したものと同じ別名・同義語が表示される。

図116　キーワード・同義語を探すための予備検索③
（文献種別：J-GLOBAL）

6.5.3　類語辞典を利用[174]

キーワード・同義語探しの最後の方法として類語辞典の利用がある（ウィキペディアも参考にすると良い）。オンライン上の無料類語辞典としてはweblio類語辞典やgoo類語辞書、連想類語辞典などがある。下記にはweblio類語辞典で検索した結果を示している。

マンホール	Manhole、人孔、ハンドホール、manhole
滑り止め	防滑用材、すべり止め、すべりどめ
凹凸模様	（ヒットなし）

凹凸模様だとヒットしないが、凹凸にすると「凸凹・ラフさ・粗さ」や「凹凸・凸凹・デコボコ・ぼこぼこ・ガタガタ・ゴツゴツ・穴だらけ」がヒットする。

これまで説明した方法で収集したキーワードを特許検索マトリックスの

---

[174] 有料の特許検索データベースにはキーワード・同義語を探すための補助機能がついているものがある。たとえば一例として、Japio-GPG/FXの用語支援辞書、PatBaseにはPatBaseシソーラスがある。

第6章 関連性マトリックスと特許検索マトリックスの利用方法

［キーワード／同義語］へ記入する[175]。

特許検索マトリックス

	背景技術	構成要素①	構成要素②
調査観点	マンホールの蓋	滑り止め	凹凸模様
キーワード・同義語	マンホール+鉄蓋+人孔	滑止+滑り止+防滑+すべり+スリップ	模様+凹凸+凹部+凸部+突部+突起+粗面+パターン
IPC			
FI			
Fターム			

図117　特許検索マトリックス記入例（ステップ3 キーワード抽出終了後）

6.6　ステップ3 検索キー「特許分類」を探す

検索キーの探し方フローを以下に再掲する。

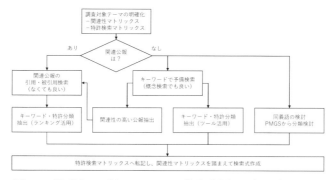

図118　検索キー（キーワード・特許分類）の探し方フロー

---

[175] 上記で説明した方法以外に NOT 演算から探す方法もある。本例題でいえば、後述するようにマンホールの蓋に関連する特許分類は E02D29/14 であり、まず IPC または FI で E02D29/14 の母集団を形成する。そこから既知のキーワード（ここではマンホール）を NOT 演算していくことで、マンホール関連の特許でありながら、マンホール以外のキーワードを利用している特許を特定することができる。しかし **コラム　J-PlatPat 利用時に注意すべき点**で述べたように、現行の J-PlatPat では特許分類　NOT　キーワード　の演算ができない。

6.6 ステップ3 検索キー「特許分類」を探す

特許分類を探す方法は、

1. 関連公報（または関連公報の引例）に付与されている特許分類
2. 分類ランキング
3. 特許・実用新案分類照会（PMGS）のキーワード検索

の3通りある。IPCやFI、FタームだけではなくCPC（欧米協同特許分類）を探す際も同様のステップを取る。1つ目はキーワード・同義語探しの際にも用いた予備検索である。2つ目は調査対象テーマについて予備検索母集団を作成し、ランキング機能を用いてその母集団内の含まれる特許に付与されている特許分類を確認する方法である。最後の3つ目は特許分類の説明文から探す方法（日本で言えばJ-PlatPatの特許・実用新案分類照会（PMGS）のキーワード検索を利用する方法）である。ここでは主にFI・Fタームの探し方について説明していく[176]。

6.6.1 予備検索

適切な特許分類を探すためには、キーワードを探す際にも実施した予備検索を行うのが効果的である。予備検索の方法は**6.5.1**と同様に、J-PlatPat特許・実用新案検索で、種別を国内文献、キーワード範囲を［要約］または［請求の範囲］として、

a. 背景技術　AND　構成要素①（課題・目的）
b. 背景技術　AND　構成要素②（技術的特徴）

の掛け合わせを行う。パターンaでヒットした特許29件の一覧表示を見てみると、

---

[176] CPCの探し方については　**コラム　英語キーワード・CPCを探す**　を参照されたい。

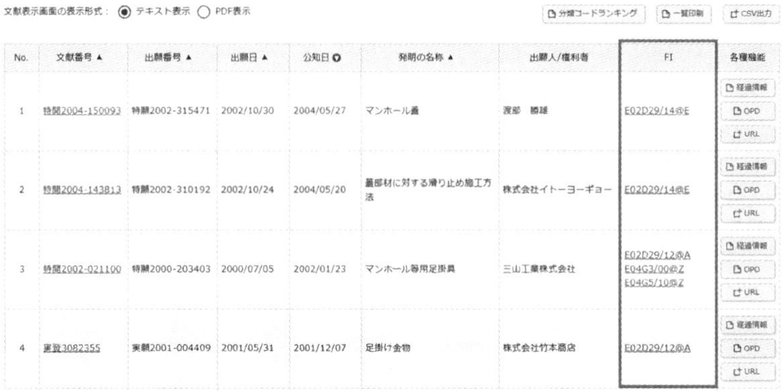
文献表示画面の表示形式：◉ テキスト表示 ○ PDF表示　　分類コードランキング　一覧印刷　CSV出力

No.	文献番号 ▲	出願番号 ▲	出願日 ▲	公知日	発明の名称 ▲	出願人/権利者	FI	各種機能
1	特開2004-150093	特願2002-315471	2002/10/30	2004/05/27	マンホール蓋	渡部　勝雄	E02D29/14@E	経過情報 OPD URL
2	特開2004-143813	特願2002-310192	2002/10/24	2004/05/20	蓋部材に対する滑り止め施工方法	株式会社イトーヨーギョー	E02D29/14@E	経過情報 OPD URL
3	特開2002-021100	特願2000-203403	2000/07/05	2002/01/23	マンホール等用足掛具	三山工業株式会社	E02D29/12@A E04G3/00@Z E04G5/10@Z	経過情報 OPD URL
4	実登3082355	実願2001-004409	2001/05/31	2001/12/07	足掛け金物	株式会社竹本商店	E02D29/12@A	経過情報 OPD URL

図119　検索結果一覧-背景技術　AND　構成要素①（課題・目的）

のように、検索結果一覧の右側に表示されるFIから、E02D29/12@AまたはE02D29/14@Eが付与されている特許・実用新案が多く、今回の調査対象テーマに関連していると判断できる。まずはこのFIについてメモを取っておき（紙に書いておいても良いし、MS Excel等にコピーしておいても良い）、関連すると思われる特許分類を集めた後で、特許・実用新案分類照会（PMGS）で分類の説明を確認する。

なお、発明の名称から関連性の高い公報であると判断したら、個別の文献を表示して、付与されているFタームを確認しても良いが、後述するように特許・実用新案分類照会（PMGS）で上記で特定したFIから対応するFタームを選ぶ方が効率的である。

例題は非常にシンプルなので、ここでいったん予備検索を終了する。なお本書では章立ての都合上、別々に探すような記載をしているが、キーワードを探すための予備検索と特許分類を探すための予備検索は同時に実施するものである。

6.6.2　ランキングからFI・Fタームを探す

有料データベースには母集団に付与されている特許分類のランキング機能が搭載されているが、いままでJ-PlatPatにはそのような機能がなかった。2019年 5 月のリニューアルでJ-PlatPatにもFIメイングループの[分

類コードランキング］機能が搭載されたので、その機能を利用したFIの探し方と、その他無料ツールを活用したFタームの探し方について説明する[177]。

先ほどのパターンaでヒットした特許29件の一覧表示の右上に［分類コードランキング］というボタンがある。

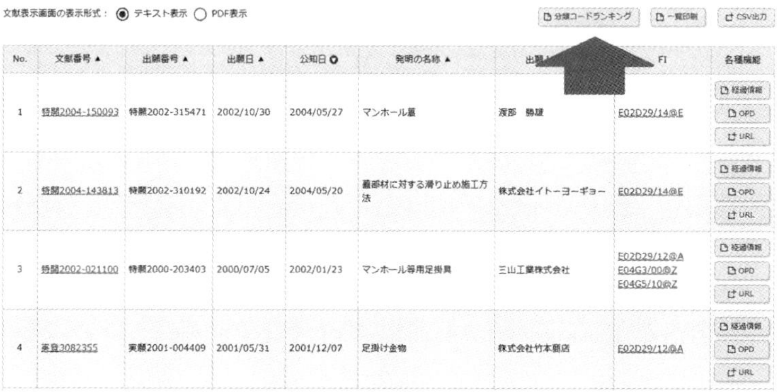

No.	文献番号	出願番号	出願日	公知日	発明の名称	出願	FI	各種機能
1	特開2004-150093	特願2002-315471	2002/10/30	2004/05/27	マンホール蓋	渡部　勝雄	E02D29/14@E	経過情報 OPD URL
2	特開2004-143813	特願2002-310192	2002/10/24	2004/05/20	蓋部材に対する滑り止め施工方法	株式会社イトーヨーギョー	E02D29/14@E	経過情報 OPD URL
3	特開2002-021100	特願2000-203403	2000/07/05	2002/01/23	マンホール等用足掛具	三山工業株式会社	E02D29/12@A E04G3/00@Z E04G5/10@Z	経過情報 OPD URL
4	実登3082355	実願2001-004409	2001/05/31	2001/12/07	足掛け金物	株式会社竹本商店	E02D29/12@A	経過情報 OPD URL

図120　J-PlatPat 分類コードランキングから特許分類を探す①

［分類コードランキング］ボタンをクリックすると、**図121**のようなFIメイングループのランキングが表示される。29件中27件にE02D29（地下または水中の構造物）が付与されていることから、関連性が高い分類であることが分かる。

[177] PatentFieldでは無料版でもIPCランキングを取ることができるが、近日中にフリープランが中止される予定であるため本書では取り上げなかった。

第6章 関連性マトリックスと特許検索マトリックスの利用方法

図121　J-PlatPat 分類コードランキングから特許分類を探す②

ランキングからはFIサブグループやFI全桁が分からないので、調査対象テーマに合致するFIサブグループやFI全桁を特定していく。E02D29のリンクをクリックすると、特許・実用新案分類照会（PMGS）ページへジャンプする。

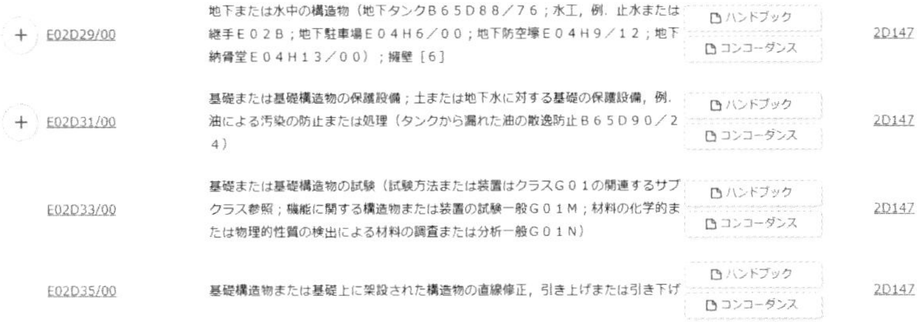

図122　J-PlatPat 分類コードランキングから特許分類を探す③

E02D29/00の前にある［＋］ボタンをクリックすると、E02D29/00の下位分類が展開されるので、調査対象テーマに関連すると思われるE02D29/12（・マンホールの立孔；その他の検査室または通路室；そのため付帯設備）やE02D29/14（・・マンホールまたは類似物の蓋；蓋の枠）、E02D29/14@E（蓋自体の構造，例．積層蓋または滑止蓋）などを特定していく。

この特許・実用新案分類照会（PMGS）画面から、E02D29/12や

6.6 ステップ3 検索キー「特許分類」を探す

E02D29/14に対応するFタームが2D147（地下構造物、基礎の保護・試験・修復）であることも分かる。

次にFタームのランキングを取るためにJ-GLOBALを用いる。

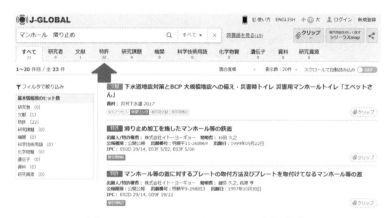

図123　J-GLOBALからFタームを探す①

J-GLOBALトップページで、マンホール　滑り止め　と入力して検索ボタンを押すと図123のような画面になる。ここでFタームのランキングを確認するために［特許］タブをクリックする。これでJ-GLOBALのコンテンツの中で特許情報のみに限定できる。画面変遷後にページ下方左側の［Fターム］をクリックすると図124のFタームのランキングが表示される。

図124　J-GLOBAL から F タームを探す②

J-GLOBAL の F タームランキングから関連性が高い F タームとして 2D047BB23 が特定できた。なお先ほど E02D29/12 や E02D29/14 に対応する F タームとして 2D147 を特定したが、2D047 は 2D147 に旧分類である。ツールによっては特許分類が最新版になっていないものもある点に留意する。

6.6.3　特許・実用新案分類照会（PMGS）で分類定義を確認する

6.6.1 の予備検索、6.6.2 のランキングから以下の FI・F タームが特定できた。

```
FI          E02D29/12、E02D29/14
            E02D29/14@E
F ターム     2D147
            2D047BB23
```

J-PlatPat［分類コードランキング］から特許・実用新案分類照会（PMGS）にジャンプし、分類の定義が確認できたものもあるが、特許分類の上位・下位分類[178]の確認を行うためにも特許・実用新案分類照会（PMGS）でそれ

---
[178]　特許分類は階層構造を取っているため、上位階層・下位階層の特許分類もチェックすることが重要である。詳細については 6.6.5 で説明する。

ぞれの分類の定義を確認する。

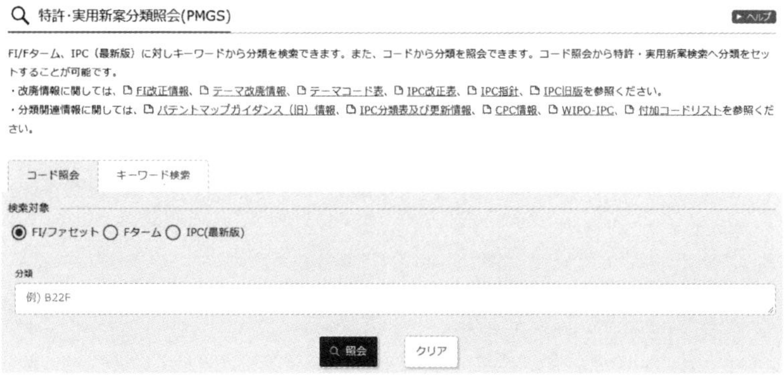

図125　特許・実用新案分類照会（PMGS）

検索対象はデフォルトでは［FI/ファセット］になっており、ページ下部にはAから広域ファセットまでがドリルダウンで確認できるようになっている。FIについてはこちらから確認しても良い。Fタームをチェックする際は検索対象を［Fターム］にチェックをつける。

たとえばFI・E02D29/14@Eを照会する際、ブランクにE02D29/14@Eと入力するとE02D29/14@Eの定義「蓋自体の構造，例．積層蓋または滑止蓋」が表示される。**2.4.5-**①でも述べたとおり、FIハンドブックではFI説明に加えて、補足説明や関連分野が示されているのでFIを網羅的に調べたい場合はFIハンドブックで調べると良い。**図126**は予備検索およびJ-PlatPat［分類コードランキング］の両方で見つかったE02D29/14@EのFIハンドブックである。

第6章　関連性マトリックスと特許検索マトリックスの利用方法

33	E02D29/12	1	マンホールの立孔；その他の検査室または通路蓋；そのため付帯設備（地下タンクのものB65D90/10；下水道用のものE03F5/02）[6]			2D147
34	E02D29/12@A	0	足掛具	手すり		2D147
35	E02D29/12@B	0	工事用具，開閉用具			2D147
36	E02D29/12@C	0	蓋枠の高さ調節			2D147
37	E02D29/12@D	0	側塊相互の接続			2D147
38	E02D29/12@E	0	管路との接続	インバート形成		2D147
39	E02D29/12@Z	0	その他のもの	まわりの柵、ハンドボール		2D147
40	E02D29/14	2	マンホールまたは類似物の蓋；蓋の枠[6]	マンホールの蓋	集水桝E03F5/10@A、排水用管の点検、掃除口E03C1/12@C	2D147
41	E02D29/14@A	0	施錠部	-	マンホール等に用いられる錠E05B65/00@C	2D147
42	E02D29/14@B	0	開閉部、鍔蓋または取手	-		2D147
43	E02D29/14@C	0	パッキングを有するもの	-		2D147
44	E02D29/14@D	0	蓋と蓋枠との接合面が傾斜しているもの（E02D29/14C優先）	-		2D147
45	E02D29/14@E	0	蓋自体の構造，例．積層蓋，滑止蓋	-		2D147

図126　特許・実用新案分類照会（PMGS）：FI ハンドブック

　E02D29/14@E の補足説明や関連分野はないが、その上位分類であるE02D29/14には補足説明や関連分野がある。必要に応じて補足説明や関連分野に基づいて関連特許分類を補足すると良い。なお、E02D29/14@E は「蓋自体の構造，例．積層蓋，滑止蓋」なので、本調査対象テーマである滑り止めマンホール蓋以外の技術も包含している特許分類ではあるが、極めて関連性が高い特許分類であることが分かる。

　FI または FI ハンドブックからは、FI に対応する F タームのリンクがある[179]。E02D29/04@E に対応するテーマコードは2D147である。特許・実用新案分類照会（PMGS）トップ画面からブランクに2D147を入力して照会することも可能であるが、ここでは2D147のリンクをクリックして2D147の定義を確認する。

---

[179] F タームのテーマコードは表示されているが、F タームへのリンクが切れている F タームに出会うことがある。このような F タームは FI テーマと呼ばれており、テーマコードのみが存在し、それ以上細分化されていないことを意味している。

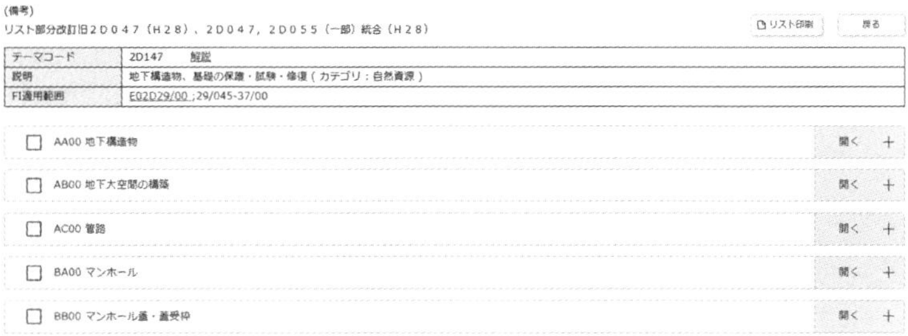

6.6 ステップ3 検索キー「特許分類」を探す

(備考)	
リスト部分改訂旧2D047（H28）、2D047,2D055（一部）統合（H28）	[リスト印刷] [戻る]

テーマコード	2D147　解説
説明	地下構造物、基礎の保護・試験・修復（カテゴリ：自然資源）
FI適用範囲	E02D29/00‚.29/045-37/00

- ☐ AA00 地下構造物　　　　　　　　　　　　　　　開く ＋
- ☐ AB00 地下大空間の構築　　　　　　　　　　　　開く ＋
- ☐ AC00 管路　　　　　　　　　　　　　　　　　　開く ＋
- ☐ BA00 マンホール　　　　　　　　　　　　　　　開く ＋
- ☐ BB00 マンホール蓋・蓋受枠　　　　　　　　　　開く ＋

図127　特許・実用新案分類照会（PMGS）：Fタームリスト

上部の（備考）に

リスト部分改訂旧2D047（H28）、2D047,2D055（一部）統合（H28）

とあり、2D147の旧分類は平成28年（2016年）まで2D047と2D055の一部であったことが分かる。なお、Fタームの詳細を確認するためには、**図127**のリスト表示の［開く　＋］ボタンをクリックして、各観点を展開するか、右上にある［リスト印刷］ボタンをクリックして、Fターム全体のリスト表示を行う。

第6章　関連性マトリックスと特許検索マトリックスの利用方法

図128　特許・実用新案分類照会（PMGS）：Fタームリスト印刷

　J-GLOBALからは2D047BB23が関連性の高いFタームであることが分かっていたが、2D147BB23も定義を見ると、「・・滑止蓋」となっている。2D147BB23は、

BB00	マンホール蓋・蓋受枠
BB21	・蓋自体の構造
BB22	・・積層蓋
BB23	***・・滑止蓋***
BB24	・・二重蓋（内蓋を有するもの）

のような階層構造の中でマンホールの蓋であり、かつ滑止蓋なので、調査対象テーマの滑り止めマンホール蓋にピッタリのFタームであることが分かる。しかし、凹凸模様によって滑り止め機能を実現しているか否かは不明である。
　なお、**2.4.5-②**でも説明したようにFタームを確認する際は、Fターム

6.6 ステップ3 検索キー「特許分類」を探す

テーマコード	2D147 リスト
説明	地下構造物、基礎の保護・試験・修復 (カテゴリ：自然資源)
FI適用範囲	E02D29/00 ;29/045-37/00

- テーマコード　　　　　　2D147
- 技術内容　　　　　　　　（1）FIカバー範囲
　　　　　　　　　　　　　IPCカバー範囲
　　　　　　　　　　　　　E02D29/00-29/00@Z;29/04-37/00;E21D10/00-10/16

　　　　　　　　　　　　　（2）テーマ技術の概要
　　　　　　　　　　　　　「地下構造物」およびその施工に関する技術。
　　　　　　　　　　　　　（基礎の保護、試験・修復については開発していない。）

- 検索上関連するテーマ　　3H038　管を敷設（AC管路に対して）
　　　　　　　　　　　　　2D063　下水
　　　　　　　　　　　　　2D155　トンネルの覆工・支保

図129　特許・実用新案分類照会（PMGS）：Fターム解説

リストのテーマコードの隣にある［解説］もチェックすると良い。

　Fターム解説は、FIハンドブックの補足説明や関連分野のようなものであり、Fタームがカバーする範囲や関連分類について確認・検討する上で重要な情報となる。

6.6.4　特許・実用新案分類照会（PMGS）から探す

　前項では6.6.1の予備検索、6.6.2のランキングから見つけた特許分類の説明を特許・実用新案分類照会（PMGS）で確認したが、特許・実用新案分類照会（PMGS）には特許分類の説明をキーワードから検索する機能もある。

第6章 関連性マトリックスと特許検索マトリックスの利用方法

図130　特許・実用新案分類照会（PMGS）・キーワード検索

　特許・実用新案分類照会（PMGS）の画面から、キーワード検索タブをクリックすると**図131**のようにキーワード検索画面になる。

図131　特許・実用新案分類照会（PMGS）・キーワード検索の例

　検索対象を［FI/ファセット］、表示画面を［FI］で、ブランクに　マンホール　と入力して検索すると、FI定義文の中に　マンホール　というキーワードを含む分類が表示される（サーチ範囲については通常はブランクで良い。特定のサブクラス、メイングループに限定して分類定義のキーワード検索を行い場合は、サーチ範囲に入力する）。

6.6 ステップ3 検索キー「特許分類」を探す

図132 特許・実用新案分類照会（PMGS）・FI キーワード検索結果の例
（マンホール）

　キーワードの OR 演算を行い場合は　＋　を、AND 演算を行いたい場合は　＊　を使えば良い（ここでは示さないが、検索対象を [F ターム] としてキーワードに　マンホール*滑止　と入力すると 2 D047 と 2 D147 の新旧両 F タームがヒットする）。

　これまで説明した方法で収集したキーワードを特許検索マトリックスの FI[180,181]、F タームへ記入する。

---

[180] 本節では IPC の調べ方について説明していないが、FI は IPC がベースとなっているので、まず FI を特定した上で、同じ FI から IPC の定義を確認すれば良い。ただし、IPC と FI の更新タイミングのズレによって、たまに IPC と FI がそろわない場合もある。

[181] FI として E02D29/12（・マンホールの立孔；その他の検査室または通路室；そのため付帯設備）や E02D29/14（・・マンホールまたは類似物の蓋；蓋の枠）を特定したが、本調査対象テーマにより関連性が高いのは E02D29/14 であるため、E02D29/14 のみを特許検索マトリックスへ転記する。侵害防止調査・FTO などのように再現率重視の検索式を作成する場合は、上位概念である E02D29/12（場合によっては E02D29/00）を含める方が良い。

223

特許検索マトリックス

	背景技術	構成要素①	構成要素②
調査観点	マンホールの蓋	滑り止め	凹凸模様
キーワード・同義語	マンホール+鉄蓋+人孔	滑止+滑り止+防滑+すべり+スリップ	模様+凹凸+凹部+凸部+突部+突起+粗面+パターン
IPC	E02D29/14		
FI	E02D29/14@E		
Fターム	2D147BB21+ 2D147BB22+ 2D147BB23+ 2D147BB24		
Fターム	2D147BB23		

図133　特許検索マトリックス記入例（ステップ3特許分類抽出終了後）

　IPCおよびFIについてはサブグループレベル（FIであれば全桁）で関連性の高い特許分類を記入するが、そのような分類がない場合は上位概念であるメイングループ、メイングループもなければサブクラスを記入する。また2D147BB23のように"マンホール蓋の構造であって、かつ、滑止蓋"という背景技術と構成要素（課題・目的）の2つの調査観点にまたがる特許分類がある場合は、**図133**のように記載する[182]。

　Fタームを入力する際、原則1行に1つのテーマコードを入力すると良い。Fタームはもともと先行技術調査用に開発された特許分類であり、Fターム同士を掛け合わせて用いる。しかしFターム同士を掛け合わせる際も、異なるテーマコードをまたがったAND演算はあまり一般的ではなく、同じテーマコード内でAND演算するのが好ましい[183]。特許検索マトリックスの1つの行に1つのテーマコードのFタームを記入することで、

---

[182] MS Excelで特許検索マトリックスを作成する場合はセルの結合を行う。
[183] 前述したようにFタームにはFsテーマ、Fmテーマ、FIテーマがあり、Fsテーマの場合は同じテーマコード内であっても観点をまたがるAND演算を行う際は注意する必要がある。

Fターム同士を掛け合わせる際は同じ行内のAND演算を行えば良いことになる。

6.6.5 特許分類選択時の留意点

2.4で述べた点と重複する部分もあろうかと思うが、再度特許分類を選択する際の留意点について整理する。特許分類を探す場合、優先順位としては

1：背景技術　×　構成要素①（課題・目的）　または　構成要素②（技術的特徴）
2：背景技術のみ
3：構成要素①（課題・目的のみ）　または　構成要素②（技術的特徴のみ）

の順番で探すと良い（上記の例題ではパターンの1のみを行った）。本例題で抽出したFタームの2D147BB23は「背景技術　×　構成要素①（課題・目的）」の特許分類に該当するが、必ずしも「背景技術　×　構成要素①（課題・目的）」または「背景技術　×　構成要素②（技術的特徴）」のように2つ以上の調査観点にまたがる特許分類が見つけるとは限らない。そのような場合は「背景技術のみ」の特許分類を探すと良い（本例題ではE02D29/14）。特許分類を探す場合、最後に「構成要素①（課題・目的）のみ」または「構成要素②（技術的特徴）のみ」の特許分類を抽出する。これらの実例については**第7章**で紹介する。

次に留意する点は特許分類の階層構造である。抽出した特許分類の説明が一見して調査対象技術と合致しているように見えても、上位分類の説明が異なる技術領域のものであれば利用できない。たとえばポータブルラジオについて調べたい場合に、仮に以下の特許分類を見つけたとする。

B60R11/02　　・ラジオ，テレビ，電話またはこれらに類するもののためのもの；それらの制御装置の配置

しかし、この特許分類は分類定義および上位概念の分類定義を確認すると

  B60R11/02   ・ラジオ,テレビ,電話またはこれらに類する
            もののためのもの；それらの制御装置の配置
  B60R11/00   他に分類されない物品の保持または支持装置
  B60R   他に分類されない車両,車両付属具,または車
           両部品
  B60   車両一般
  B   処理操作；運輸

のようにポータブルラジオに関する分類ではなく、車両部品に関する分類なので、カーラジオに関する特許分類であることが分かる。

 逆に、特許分類の説明にあるドットの数（・）をチェックし、見つけた特許分類よりもドット数の多い下位の特許分類があり、説明を確認して調査対象技術と合致していれば、その特許分類も抽出する必要がある。

---

[184] 特許・実用新案分類照会（PMGS）では旧分類の定義について調べることができない。なお有料ツールになってしまうが、DJソフトが販売しているClassEye2019 ProではFI、Fターム、CPCの廃止分類の定義も収録している。

6.6 ステップ3 検索キー「特許分類」を探す

No.	FI/ファセット	ドット	説明	補足説明	関連分野	テーマコード
1	H01M2/00	0	発電要素以外の部分の構造の細部またはその製造方法〔2〕			5H011
2	H01M2/02	1	電槽，外装または包装〔2〕	電池自体を収容するもの（例：電気カミソリ用とし単三電池を収容する）には付与しない。		5H011
3	H01M2/02@A	0	角形電池のためのもの 例．モノブロック型	含角筒，レーストラック型		5H011
4	H01M2/02@B	1	鉛酸蓄電池用 例．自動車用蓄電池用			5H011
5	H01M2/02@C	0	円筒形電池のためのもの例．単Ⅰ・単ⅡⅢⅢ型	合成装着	H01M6/02@A，B21D51/26	5H011
6	H01M2/02@D		ルクランシェ乾電池用〔通常乾電池用〕	-		5H011
7	H01M2/02@E		アルカリ電池用 例．アルカリマンガン電池，ニッカド蓄電池用			5H011
8	H01M2/02@F	1	非水・有機電解質電池用 例．リチウム電池用			5H011
9	H01M2/02@G	0	ボタン形電池のためのもの［コイン形電池も含む］			5H011
10	H01M2/02@H		アルカリ電池用			5H011
11	H01M2/02@I	1	非水・有機電解質電池用			5H011
12	H01M2/02@K		薄形電池のためのもの 例．シート状電池	かしめないもの		5H011

図134 特許分類の階層構造（FI：H01M2/00の例）

電池構造の特許分類である H01M2/00（発電要素以外の部分の構造の細部またはその製造方法)を例にとる。仮に電池の種類を問わず、電池のケース（外装）全般について調べたい場合は、H01M2/02の下位分類全てを含めて検索する。もしもリチウムイオン電池のような非水電解質電池のケースについて調べたいのであれば、H01M2/02@F、H01M2/02@Jを選択すれば良い。また非水電解質電池の中でも円筒型電池のケースについて調べたいのであればH01M2/02@Fのみを選択する。

最後に特許分類選択時に留意する点は、特許分類の改廃である。特許分類は適宜新規に追加されたり、廃止・統合されたりしている。特に技術開発のスピードが早いITなどに関連する特許分類では改廃が激しい。新規に追加されたFIやFタームについては、旧FI・Fタームが付与された公報について再分類を行っているが、再分類には数年程度かかるケースもあるため、旧分類が存在する場合は旧分類も含めて検索することが望ましい[184]。FIの改正情報、FタームやIPCの改正情報や改廃情報については特許・実用新案分類照会（PMGS）のリンクより確認することができる。

6.7　その他の検索キーの探し方

　6.5および6.6で説明した検索キーの探し方以外の方法を本節で簡単に説明する。その他の方法のポイントは「過去の調査結果を活かす」である。

　1つ目の過去の調査結果は検索報告書である。4.1で説明したようにJ-PlatPatの個別文献表示［経過情報］→［審査記録］から包袋書類を閲覧することができる。一部包袋には検索報告書が含まれている。ある技術の収集調査を実施する上で、既にその技術に関連する特許番号を知っているような場合、検索報告書を見ることで特許庁審査官または指定登録調査機関のサーチャーが用いた関連特許分類やキーワードを利用することができる。無効資料調査の場合は、むしろ検索報告書で特許庁審査官または指定登録調査機関のサーチャーが用いていない特許分類やキーワードを確認するために利用する[185,186]。

　2つ目は自社内にある過去の調査結果の活用である。自社内で内製した調査結果や、過去に外部調査会社等に外注した調査結果に掲載されている検索式、キーワード、特許分類を参考にする。過去と同じテーマの調査をアップデートしたいのであれば、検索式を変更する必要はないが、過去のテーマと微妙に調査対象技術が異なるようであれば、過去の検索式を踏まえつつ適宜追加・修正を行う。

---

[185]　検索報告書については「5分でわかる「包袋に含まれる検索報告書」」が参考になる（URL：http://www.ngb.co.jp/ip_articles/detail/964.html）

[186]　以前は特許検索ポータルサイト内のテーマ別検索ガイダンス（検索時の実例について収録）を利用することができたが、現在は利用できなくなっている。なお情報としては古いが審査官の検索ノウハウをまとめた特許検索ガイドブック（特許庁審査官のサーチ戦略ファイルを外部向けに編集したもの）は国立国会図書館デジタルコレクションより閲覧することができる。

6.8 ステップ4 検索式の組み立て

前節までで調査対象テーマに合致・関連するキーワードや特許分類を抽出して、特許検索マトリックスが完成した。

特許検索マトリックスから検索式を構築するためには、関連性マトリックスを踏まえた検索式の作成方針と基本3パターンについて理解する必要がある。本節を理解することで、特許検索マトリックス・関連性マトリックスから効率的・効果的に検索式を構築することができるようになる。

6.8.1 関連性マトリックスを踏まえた検索式の作成方針[187]

本章の例題である「凹凸模様によって滑り止め機能を持たせたマンホールの蓋」について検索式を作成する場合、当然のことながら「凹凸模様によって滑り止め機能を持たせたマンホールの蓋」がヒットするように検索式を構築するが、ズバリ該当の先行文献を見つけることができるとは限らない。そのため、ズバリ該当文献ではなく周辺技術も抽出するように検索式を構築することが望ましい。その際には、ステップ1で作成した関連性マトリックスを利用する。

表26 関連性マトリックス（例：マンホールの蓋）

背景技術 マンホールの蓋		構成要素① （課題・目的）	
		滑り止めあり	滑り止めなし
構成要素② （技術的特徴）	凹凸模様あり	該当	参考②
	凹凸模様なし	参考①	ノイズ

課題・目的が滑り止めであり、凹凸模様により滑り止めを解決しているのであればズバリ該当である。課題・目的が滑り止めであるが、凹凸模様

---

[187] 検索式の作成方針については下記2件が参考になる。［工業所有権情報・研修館, 検索の考え方と検索報告書の作成［第19版］, 2018］には検索方針マトリックスというものが示されている（34ページ）。また［工業所有権情報・研修館, 特許文献検索実務（理論と演習）［第四版］, 2018］には審査官が採用すると考えられるサーチ戦略例の模式図が掲載されている（48ページ）。

とは別の解決手段で滑り止めを実現しているようであれば参考①である。また、マンホールの蓋に凹凸模様があるが課題・目的が滑り止めではない場合は参考②となる。当然のことながら課題・目的が滑り止めでもなく、マンホールの蓋に凹凸模様がなければノイズとなる。

参考①や参考②はズバリ該当の文献を抽出する補足手段としても重要である。なぜならば、6.5および6.6で述べた方法で抽出したキーワード・同義語や特許分類が不十分な場合であっても、参考①・参考②の抽出を狙った検索式から該当文献が見つかる可能性があるからである[188]。

ただし、参考①または参考②を抽出対象として検索式を作成するか否かは調査の目的によって異なる。なるべくヒット件数を少なくして、適合率の高い母集団を形成したいのであれば該当のみを抽出するような検索式を作成すれば良い。一方、表27に示すように、滑り止めの解決手段として凹凸模様以外の手段についても探索したいのであれば、参考①の検索式を作成した方が良いし、凹凸模様を採用することは決定しており、滑り止め以外の課題について探索したり、様々な凹凸模様に関する先行文献を抽出したいのであれば、課題・目的に滑り止めが明示されていない参考②の検索式を作成すれば良い。

表27 関連性マトリックスの効用（例：マンホールの蓋）

背景技術 マンホールの蓋		構成要素① （課題・目的）	
		滑り止めあり	滑り止めなし
構成要素② （技術的特徴）	凹凸模様 あり	ー	✓ モレ防止 ✓ 別の課題について把握可能 ✓ 技術的特徴の様々なバリエーションについて把握可能
	凹凸模様 なし	✓ モレ防止 ✓ 別の解決手段について把握可能	ー

---

[188] たとえば滑り止め機能を持ったマンホールの蓋の2つの概念の組み合わせで検索式を構築した場合（参考①を狙った検索式）、凹凸模様以外の手段で滑り止め機能を持たせている場合もあるかもしれない。仮に事前のキーワード検討で抽出できなかった「でこぼこ」や「デコボコ」のようなキーワードが使用されている場合、ズバリ該当の公報が抽出できる。

6.8.2 検索式の基本パターン

キーワード・特許分類を組み合わせる場合の検索式の基本パターンは以下の3つになる。

表28 検索式の基本パターン

パターン	例	留意事項
キーワードのみ ＊キーワード単独、キーワードのみのOR演算、AND演算	● マンホール AND （凹凸 OR 凸部 OR 突部） ● （滑止 OR 滑り止 OR 防滑 OR すべり）	● キーワードを十分に吟味しないとヒット件数が膨大になる ● モレ防止のためにキーワード同士の演算を行うことは有効
特許分類のみ ＊特許分類単独、特許分類のみのOR演算、AND演算	● 2D147BB23 ● E02D29/12 OR E02D29/14 ● H01L31/04? AND C09K3/10?	● 調査対象テーマに合致した分類がある場合は◎だが、調査対象テーマに合致する分類がない場合はヒット件数が膨大になるため、キーワードを用いた絞込みが必要 ● 特許分類同士のAND演算もケースバイケースで有効
キーワードと特許分類の組み合わせ	● E02D29/14E AND （滑止 OR 滑り止 OR 防滑 OR すべり） ● （H04Q9/00,301 OR H04M11/00,301） AND （携帯電話 OR 携帯端末 OR 通信端末） ● （G06K17/? OR G06K19/?） AND （G07B1/? OR G07B15/?） AND （駅 OR 改札 OR 乗車 OR 定期券）	● キーワード範囲や特許分類の階層を工夫することで、調査母集合の精度・再現率を調整しやすい

3.3.2で説明した演算子 AND・OR と特許検索マトリックスの関係は図135のようになっている。各列内は同じ観点同士であるため OR 演算でつなぐ。たとえば（マンホール OR 鉄蓋 OR 人孔）と E02D29/14は、（マンホール OR 鉄蓋 OR 人孔）OR E02D29/14のように OR 演算でつなぐべき

ものである。また同じセル内にある検索キー同士も OR 演算でつなぐ。各列（1列目、2列目、3列目）それぞれは異なる観点であるため、各列同士を組み合わせる際は AND 演算を用いる。一番単純な例では （マンホール OR 鉄蓋 OR 人孔）AND（滑止 OR 滑り止 OR 防滑 OR すべり OR スリップ）AND（模様 OR 凹凸 OR 凹部 OR 凸部 OR 突部 OR 突起 OR 粗面 OR パターン） のようなパターンである。

このように、特許検索マトリックスから検索式基本パターンでキーワード・特許分類の掛け合わせ方を検討する。

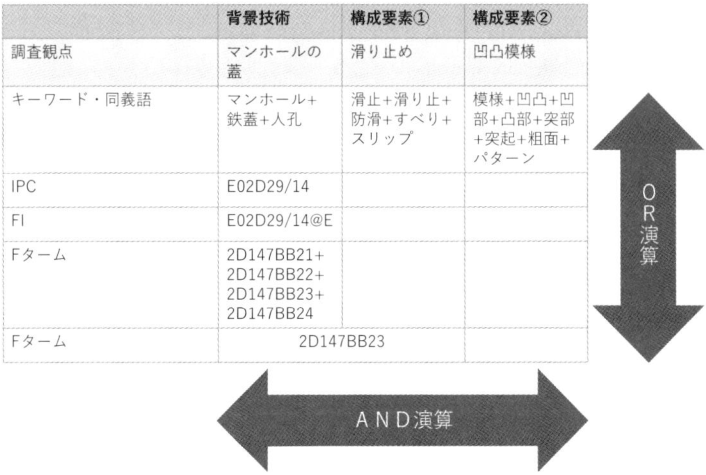

特許検索マトリックス

	背景技術	構成要素①	構成要素②
調査観点	マンホールの蓋	滑り止め	凹凸模様
キーワード・同義語	マンホール+鉄蓋+人孔	滑止+滑り止+防滑+すべり+スリップ	模様+凹凸+凹部+凸部+突部+突起+粗面+パターン
IPC	E02D29/14		
FI	E02D29/14@E		
Fターム	2D147BB21+ 2D147BB22+ 2D147BB23+ 2D147BB24		
Fターム		2D147BB23	

（縦方向：OR 演算／横方向：AND 演算）

図135　特許検索マトリックスと演算子 AND・OR の関係

キーワード検索を用いる場合は、キーワードの範囲が重要なポイントとなる。**表29**はキーワード範囲を決める際の1つの目安である。

表29　キーワードのみの検索式におけるキーワード範囲の設定目安

KW：キーワード（または群）	キーワード範囲
KW1 AND KW2	発明の名称または要約
KW1 AND KW2 AND KW3	要約または請求の範囲

6.8 ステップ4 検索式の組み立て

　掛け合わせるキーワード・キーワード群の数が多ければ多いほど、キーワード範囲を拡張してもノイズがヒットしにくくなる。また上記はKW1、KW2やKW3をすべて同じキーワード範囲でAND演算する例を示しているが、KW1とKW2は要約、KW3は請求の範囲のようにキーワード・キーワード群ごとにキーワード範囲を調整しても良い。

　次にキーワードと特許分類の組み合わせた場合のキーワード範囲の設定目安について**図136**に示す。

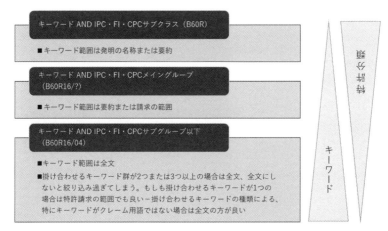

図136　キーワードと特許分類の組み合わせた場合のキーワード範囲の設定目安

　基本的な考え方として、IPC・FIなどの上位階層（サブクラス）にキーワードを掛ける場合は、キーワード範囲は狭く、下位階層になるほどキーワード範囲を広く設定すれば良い。

　キーワードや特許分類以外に、その他書誌事項（発行国、出願日や公開日、権利状況、特定出願人）をさらに組み合わせることもあるが、特定テーマに基づいた特許情報調査ではどのようにキーワードと特許分類を組み合わせるかがキーポイントになる。事例を踏まえた検索式作成パターンについては**第7章**で紹介するとともに、**7.2**で一般的なパターンについてまとめているので参照されたい。

6.8.3 特許検索マトリックスからの検索式構築

それでは、例題をベースに、実際に特許検索マトリックスを用いた検索式構築についてみていく。実際の J-PlatPat での論理式作成は次項で述べる。

パターン1：キーワードのみの掛け算

　［要約］＝（マンホール OR 鉄蓋 OR 人孔）　AND　［要約］＝（滑止 OR 滑り止 OR 防滑 OR すべり OR スリップ）　AND　［要約］＝（模様 OR 凹凸 OR 凹部 OR 凸部 OR 突部 OR 突起 OR 粗面 OR パターン）

特許検索マトリックス

	背景技術	構成要素①	構成要素②
調査観点	マンホールの蓋	滑り止め	凹凸模様
キーワード・同義語	**マンホール+鉄蓋+人孔**	*滑止+滑り止+防滑+すべり+スリップ*	*模様+凹凸+凹部+凸部+突部+突起+粗面+パターン*
IPC	E02D29/14		
FI	E02D29/14@E		
Fターム	2D147BB21+ 2D147BB22+ 2D147BB23+ 2D147BB24		
Fターム		2D147BB23	

図137　検索式作成　パターン1：キーワードのみ

まず検索式として検討すべきはキーワードのみの演算である。検索マトリックスで太字・イタリックになっている部分同士を掛け合わせる。3つのキーワード群の AND 演算であるため、キーワード範囲は［発明の名称＋要約＋請求の範囲］とすべきところであるが、J-PlatPat では［発明の名称＋要約＋請求の範囲］という検索項目がないので［要約］とした[189]。J-PlatPat で3つのキーワード群のキーワード範囲を変更した場合のヒット件数を示す（2019年10月16日検索）。

　　キーワード範囲　要約　　　　　　　　　　47件
　　キーワード範囲　請求の範囲　　　　　　　67件

| キーワード範囲　全文 | 986件 |

キーワード範囲を［全文］とすると、986件もの公報がヒットする（検索結果一覧をざっと眺めていただくと、特開2019-172078「車両の制御装置及び車両の制御方法」や特開2018-114275「仮設トイレシステム」といったマンホールの蓋に関係ないノイズ公報も含まれてしまう）。

パターン２：特許分類のみ
Ｆターム＝2D147BB23

特許検索マトリックス

	背景技術	構成要素①	構成要素②
調査観点	マンホールの蓋	滑り止め	凹凸模様
キーワード・同義語	マンホール+鉄蓋+人孔	滑止+滑り止+防滑+すべり+スリップ	模様+凹凸+凹部+凸部+突部+突起+粗面+パターン
IPC	E02D29/14		
FI	E02D29/14@E		
Fターム	2D147BB21+ 2D147BB22+ 2D147BB23+ 2D147BB24		
Fターム	*2D147BB23*		

図138　検索式作成　パターン２：特許分類のみ

次はＦターム2D147BB23（マンホールの蓋であって滑止蓋）のみの検索

---

[189] J-PlatPatでは［発明の名称＋要約＋請求の範囲］の検索を行う場合は、論理式で［マンホール/TI＋鉄蓋/TI＋人孔/TI］*［滑止/TI＋滑り止/TI＋防滑/TI＋すべり/TI＋スリップ/TI］*［模様/TI＋凹凸/TI＋凹部/TI＋凸部/TI＋突部/TI＋突起/TI＋粗面/TI＋パターン/TI］+［マンホール/AB＋鉄蓋/AB＋人孔/AB］*［滑止/AB＋滑り止/AB＋防滑/AB＋すべり/AB＋スリップ/AB］*［模様/AB＋凹凸/AB＋凹部/AB＋凸部/AB＋突部/AB＋突起/AB＋粗面/AB＋パターン/AB］+［マンホール/CL＋鉄蓋/CL＋人孔/CL］*［滑止/CL＋滑り止/CL＋防滑/CL＋すべり/CL＋スリップ/CL］*［模様/CL＋凹凸/CL＋凹部/CL＋凸部/CL＋突部/CL＋突起/CL＋粗面/CL＋パターン/CL］とする。なお、［請求の範囲］ではなく［要約］を選択した理由は、滑り止めという課題・目的キーワードは【特許請求の範囲】よりも【要約】でヒットする確率が高いと判断したためである。

式である。特許検索マトリックスは"背景技術"、"課題・目的"、"技術的特徴"の3列に分かれており、このFターム2D147BB23は"背景技術"と"構成要素①（課題・目的）"にまたがっており、凹凸模様などの"技術的特徴"については概念を含んでいない。2D147BB23のみで検索式を設定する理由としては、BB23が蓋自体の構造BB21の下位分類である点が1つある。特に凹凸模様などについて言及されているFタームではないが、少なくとも構造自体に特徴があると考えられる。

BB00	マンホール蓋・蓋受枠
BB21	・蓋自体の構造
BB22	・・積層蓋
BB23	***・・滑止蓋***
BB24	・・二重蓋（内蓋を有するもの）

もう1つの理由としては先に示した関連性マトリックスの参考①を抽出するためである。

表30　関連性マトリックス（例：マンホールの蓋）

背景技術 マンホールの蓋		構成要素① （課題・目的）	
		滑り止めあり	滑り止めなし
構成要素② （技術的特徴）	凹凸模様あり	該当	参考②
	凹凸模様なし	参考①	ノイズ

特許分類のみの演算を行うメリットは、キーワードを一切利用しないため、見つけることができなかったキーワードが公報に用いられている場合であってもヒットすることである。たとえば2D147BB23のみの検索を行うことで、マンホールや鉄蓋以外の同語義として"路面に設置した金属製部材"、凹凸模様の同義語として"モチーフ部"、"突設"、"窪部"のようなキーワードを用いた特許も抽出することができる。

6.8 ステップ4 検索式の組み立て

<u>パターン3：特許分類とキーワードの掛け算</u>
FI＝E02D29/14@E　AND［全文］＝（滑止 OR 滑り止 OR 防滑 OR すべり OR スリップ）　AND［全文］＝（模様 OR 凹凸 OR 凹部 OR 凸部 OR 突部 OR 突起 OR 粗面 OR パターン）

特許検索マトリックス

	背景技術	構成要素①	構成要素②
調査観点	マンホールの蓋	滑り止め	凹凸模様
キーワード・同義語	マンホール+鉄蓋+人孔	*滑止+滑り止+防滑+すべり+スリップ*	*模様+凹凸+凹部+凸部+突部+突起+粗面+パターン*
IPC	E02D29/14		
FI	*E02D29/14@E*		
Fターム	2D147BB21+ 2D147BB22+ 2D147BB23+ 2D147BB24		
Fターム		2D147BB23	

図139　検索式作成　パターン3：特許分類とキーワードの組み合わせ

　基本パターンの3つ目が特許分類とキーワードの掛け算である。ここではFIとキーワードのAND演算を採用した。FI・E02D29/14@Eは「マンホールまたは類似物の覆い；覆いの枠」の中でも特に「蓋自体の構造，例．積層蓋，滑止蓋」である。E02D29/14Eには"滑り止め"、"凹凸模様"という概念が含まれていないので、この2つのキーワード群を掛け合わせる。FIの分冊記号まで含めたFIフルであるため、キーワード範囲は［全文］とする。
　ここでは下記3つの検索式を特許検索マトリックスから作成した。最終的な母集団はこの3つの検索式のOR演算を取ったものとなる。

<u>パターン1：キーワードのみの掛け算</u>
［要約］＝（マンホール OR 鉄蓋 OR 人孔）AND［要約］＝（滑止 OR 滑り止 OR 防滑 OR すべり OR スリップ）　AND　［要約］＝（模様 OR 凹凸 OR 凹部 OR 凸部 OR 突部 OR 突起 OR 粗面 OR パターン）

パターン2：特許分類のみ
Fターム＝2D147BB23

パターン3：特許分類とキーワードの掛け算
FI＝E02D29/14@E　AND［全文］＝（滑止 OR 滑り止 OR 防滑 OR すべり OR スリップ）AND［全文］＝（模様 OR 凹凸 OR 凹部 OR 凸部 OR 突部 OR 突起 OR 粗面 OR パターン）

　もちろん上記3つ以外の検索式も考えられるが、必ずしもすべてのパターンを網羅することが目的ではなく、調査対象テーマに関連する先行文献を効率的・効果的に抽出できるような精度が高い（ノイズ混入率が低い）母集団を形成するのが重要である[190]。

6.8.4　J-PlatPat での論理式構築

　J-PlatPat では有料データベースのような履歴演算を行うことができないが、論理式（コマンド）を利用することで、有料データベースと同じような履歴演算を疑似的に行うことができる。

　J-PlatPat 特許・実用新案検索では、旧 IPDL 時と同様に検索キーワードのボックスに検索キーを入力して検索するメニューだけではなく、論理式で検索するメニューが用意されている。論理式を直接入力して検索することも可能であるが、検索項目を覚えることも煩雑なため、次頁のように［選択入力］画面に必要事項を入力後、［条件を論理式に展開］ボタンを押して、論理式の基本となるブロックを生成した上で、論理式を作成することが望ましい。

　まずは抽出したキーワード・特許分類を図140のように入力する。

---

[190] 特許調査の目的・種類やに応じて検索式のパターンの数は異なってくる。本例題は特許出願前の先行技術調査を念頭に置いているため、再現率よりは精度重視の母集団を形成することが望ましい。

6.8 ステップ4 検索式の組み立て

図140 J-PlatPat 特許・実用新案検索 検索キー入力

入力後に［条件を論理式に展開］ボタンを押すと、［論理式入力］画面に論理式が展開される。

第6章 関連性マトリックスと特許検索マトリックスの利用方法

図141　J-PlatPat 特許・実用新案検索　論理式へ展開

ここで、/AB や /FT、/FI などの記号が論理式内に記載されているが、これは論理式で検索式を表現する際の各検索項目を表す記号である。以下の表に主な検索項目ごとの記号を示す。なお、＊は AND 演算子、＋は OR 演算子を示す。

表31　J-PlatPat 論理式作成における検索項目

検索項目	半角英字(大文字のみ)
全文	TX
発明・考案の名称 / タイトル	TI
要約 / 抄録	AB
請求の範囲	CL
FI	FI
F ターム	FT
IPC	IP
出願人 / 権利者 / 著者所属	AP
発明者 / 考案者 / 著者	IN

論理式は

[マンホール/AB＋鉄蓋/AB＋人孔/AB]*[滑止/AB＋滑り止/AB＋防滑/AB＋すべり/AB＋スリップ/AB]*[模様/AB＋凹凸/AB＋凹部/AB＋凸部/AB＋突部/AB＋突起/AB＋粗面/AB＋パターン/AB]*[2D147BB23/FT]*[E02D29/14@E/FI]

のようになっており、この論理式をベースに、コピー&ペーストなどを行い、最終的な論理式の形に加工する。

加工第1段階：論理式を分割

[マンホール/AB＋鉄蓋/AB＋人孔/AB]*[滑止/AB＋滑り止/AB＋防滑/AB＋すべり/AB＋スリップ/AB]*[模様/AB＋凹凸/AB＋凹部/AB＋凸部/AB＋突部/AB＋突起/AB＋粗面/AB＋パターン/AB]

[2D147BB23/FT]

[E02D29/14@E/FI]

加工第2段階：キーワード論理式をFIとAND演算し、ABをTXに変換

[マンホール/AB＋鉄蓋/AB＋人孔/AB]*[滑止/AB＋滑り止/AB＋防滑/AB＋すべり/AB＋スリップ/AB]*[模様/AB＋凹凸/AB＋凹部/AB＋凸部/AB＋突部/AB＋突起/AB＋粗面/AB＋パターン/AB]

[2D147BB23/FT]

[E02D29/14@E/FI]*[滑止/TX＋滑り止/TX＋防滑/TX＋すべり/TX＋スリップ/TX]*[模様/TX＋凹凸/TX＋凹部/TX＋凸部/TX＋突部/TX＋突起/TX＋粗面/TX＋パターン/TX]

加工第3段階：各論理式を OR（＋）でつなぐ

[マンホール/AB＋鉄蓋/AB＋人孔/AB]*[滑止/AB＋滑り止/AB＋防滑/AB＋すべり/AB＋スリップ/AB]*[模様/AB＋凹凸/AB＋凹部/AB＋凸部/AB＋突部/AB＋突起/AB＋粗面/AB＋パターン/AB]
＋
[2D147BB23/FT]
＋
[E02D29/14@E/FI]*[滑止/TX＋滑り止/TX＋防滑/TX＋すべり/TX＋スリップ/TX]*[模様/TX＋凹凸/TX＋凹部/TX＋凸部/TX＋突部/TX＋突起/TX＋粗面/TX＋パターン/TX]

加工第4段階：改行をなくして1行の論理式にする

[マンホール/AB＋鉄蓋/AB＋人孔/AB]*[滑止/AB＋滑り止/AB＋防滑/AB＋すべり/AB＋スリップ/AB]*[模様/AB＋凹凸/AB＋凹部/AB＋凸部/AB＋突部/AB＋突起/AB＋粗面/AB＋パターン/AB]＋[2D147BB23/FT]＋[E02D29/14@E/FI]*[滑止/TX＋滑り止/TX＋防滑/TX＋すべり/TX＋スリップ/TX]*[模様/TX＋凹凸/TX＋凹部/TX＋凸部/TX＋突部/TX＋突起/TX＋粗面/TX＋パターン/TX]

論理式加工が終了後、できあがった検索式をブランクに貼り付けて［検索］ボタンを押す。

6.8 ステップ4 検索式の組み立て

図142 J-PlatPat 特許・実用新案検索 論理式で検索

なお、上述したように J-PlatPat では履歴演算（集合間演算）が利用できないため、上記のように3つの検索式を＋（OR）でつないで1つの検索式の形で表現したが、有料データベースを利用している場合は、下記のような検索式となる。

S1 　　［要約］＝（マンホール OR 鉄蓋 OR 人孔）AND［要約］＝（滑止 OR 滑り止 OR 防滑 OR すべり OR スリップ）AND［要約］＝（模様 OR 凹凸 OR 凹部 OR 凸部 OR 突部 OR 突起 OR 粗面 OR パターン）
S2 　　Fターム＝2D147BB23
S3 　　FI＝E02D29/14@E AND［全文］＝（滑止 OR 滑り止 OR 防滑 OR すべり OR スリップ）AND［全文］＝（模様 OR 凹凸 OR 凹部 OR 凸部 OR 突部 OR 突起 OR 粗面 OR パターン）
S4 　　S1 OR S2 OR S3

検索式は自分だけではなく第三者が見ても分かるように概念を整理しておくことが重要である。

6.9 初心者向けの検索式構築アプローチ

　本章で説明した内容は、初心者だけに限定していないため、特許検索をこれから実施する初心者の方には多少過多な部分はあろうかと思う。そこで本節では初心者の方向けの最低限押さえていただきたいポイントと検索式構築のアプローチについて説明する。

　なお、本節で紹介するアプローチは主に出願前調査・審査請求前調査等の先行技術調査を念頭に置いたものである点、留意されたい。初心者向けで利用する検索マトリックスは以下のように簡略化したものである。

特許検索マトリックス簡略版

	背景技術	構成要素①	構成要素②
調査観点			
キーワード・同義語	A-KW	B-KW	C-KW
IPCまたはFI	A-IPC/FI		

図143　初心者向け特許検索マトリックス

ポイント①　調査対象テーマを3つの観点に分ける

　調査対象テーマは"背景技術"、"構成要素①（課題・目的または技術的特徴）"、"構成要素②（技術的特徴）"の調査観点3つへ分ける。調査観点が2つの場合もあるかと思うが、その場合はヒット件数が多くなってしまう恐れがあるので、可能な限り調査観点は3つとする。

ポイント②　特許分類は背景技術のIPCまたはFIだけを探す

　調査観点に分割した後、キーワード・同義語 A-KW~C-KW は探すが、特許分類は背景技術のIPCまたはFIだけを探す。IPC・FIはメイングループレベルまたはサブグループレベルのいずれか1つで良い。

ポイント③　検索式の組合せは2つ

　検索式の組合せは

6.9 初心者向けの検索式構築アプローチ

A-KW and B-KW and C-KW（キーワード範囲：要約または請求の範囲）
A-IPC/FI-MG and B-KW and C-KW
　　　　　　　　　　　　　　　（キーワード範囲：請求の範囲）

の2パターンのみとする。マンホールの例題について、特許検索マトリックスの簡略版を示すと、

特許検索マトリックス簡略版

	背景技術	構成要素①	構成要素②
調査観点	マンホールの蓋	滑り止め	凹凸模様
キーワード・同義語	マンホール+鉄蓋+人孔	滑止+滑り止+防滑+すべり+スリップ	模様+凹凸+凹部+凸部+突部+突起+粗面+パターン
IPCまたはFI	E02D29/14		

図144　初心者向け特許検索マトリックス（例題：マンホールの蓋）

よって検索式は

　要約＝（マンホール OR 鉄蓋 OR 人孔）AND　要約＝（滑止 OR 滑り止 OR 防滑 OR すべり OR スリップ）AND　要約＝（模様 OR 凹凸 OR 凹部 OR 凸部 OR 突部 OR 突起 OR 粗面 OR パターン）

　IPC または FI＝E02D29/14　AND　請求の範囲＝（滑止 OR 滑り止 OR 防滑 OR すべり OR スリップ）AND　請求の範囲＝（模様 OR 凹凸 OR 凹部 OR 凸部 OR 突部 OR 突起 OR 粗面 OR パターン）

が最低限必要な2パターンとなる。ヒット件数があまりにも少ない場合、逆にヒット件数があまりにも多くなってしまう場合の検索式の修正については次節で説明する。

6.10　検索式の評価・修正

本章の最後に作成した検索式の評価・修正方法について述べる。**第1章**で述べた精度（ヒットした母集団の中に正解集合＝該当文献）は、実際にヒットした公報をすべて読んでみないと分からない。しかし、作成した検索式の妥当性を評価するのに毎回ヒット件数すべてを読み込むわけにはいかない。そこで、簡易的に評価する方法について紹介する。

先行技術調査や技術動向調査のように精度の高い集合を作成する必要がある場合、検索式でヒットした特許リストの一覧表示を行い、【発明の名称】をざっとチェックする。本章の例題の場合、J-PlatPatの検索結果一覧は以下のようになる。

No.	文献番号 ▲	出願番号 ▲	出願日 ▲	公知日	発明の名称 ▲	出願人/権利者	FI	各種機能
1	特開2018-204352	特願2017-112341	2017/06/07	2018/12/27	マンホール蓋	日之出水道機器株式会社 他	E02D29/14@E	経過情報 OPD URL
2	特開2018-096111	特願2016-241433	2016/12/13	2018/06/21	マンホールの受枠	日本電信電話株式会社	E02D29/14@E E02D29/14@D	経過情報 OPD URL
3	特開2018-053665	特願2016-194220	2016/09/30	2018/04/05	地下構造物用蓋体	虹技株式会社	E02D29/14@E	経過情報 OPD URL
4	特開2018-025027	特願2016-157175	2016/08/10	2018/02/15	排水設備用蓋	アロン化成株式会社	E02D29/14@E E02D29/14@D	経過情報 OPD URL
5	特開2017-150245	特願2016-034271	2016/02/25	2017/08/31	蓋材および蓋材の製造方法	住友ベークライト株式会社	E02D29/14@E	経過情報 OPD URL

図145　J-PlatPat検索結果一覧（例題：マンホールの蓋）

これを見ると、1件目から5件目までほぼマンホールの蓋およびマンホールの蓋に類する特許がヒットしていることが分かる。凹凸模様によって滑り止め機能を実現しているか否かは、実際に公報を読み進めないと分からないので、とりあえず【発明の名称】で背景技術についての特許が70%以上ヒットしていれば（可能であれば85%以上が望ましい）検索式構築はOKとして、公報読み込みのフェーズへ移る。

検索式を評価した結果、ノイズ文献が非常に多く含まれると判断した場

合は、検索式の見直し・修正が必要となる。見直し修正方法としては以下のような方法がありうる。

- キーワード範囲：全文から請求の範囲または要約へキーワード範囲を狭める
- 特許分類：特許分類の下位階層まで絞り込む（IPC・FI メイングループから IPC・FI サブグループや FI 全桁へ）
- 検索式の基本パターンの検討："パターン① キーワードのみ"がノイズ混入の原因になっていないか？場合によっては"パターン① キーワードのみ"を削除

なお、検索式の評価段階ではノイズ混入率が高いか低いかの評価しかできず、モレがあるか否かの評価は難しい。侵害防止調査の場合は、精度重視ではなく再現率重視（正解が集合から漏れないように）であるため、公報読み込み段階において検索式で利用していなかったキーワードや特許分類が付与されている公報を見つけた場合、現在の検索式で網羅できているかどうかを適宜チェックする必要がある。

第6章 関連性マトリックスと特許検索マトリックスの利用方法

コラム　英語キーワード・CPC を探す

　本書では主に J-PlatPat を用いた日本語検索式作成について説明しているが、海外特許検索を行わなければならない読者も多いと思う。本コラムでは英語キーワードと CPC を探すためのコツを紹介する。

英語キーワード

　著者が英語キーワードを探す際に頻繁に利用しているのが、Weblio 英語例文検索である。オンライン英単語辞書ではなく英語例文を利用しているのは、本サイトでは例文として特許もよく利用されているためである（**8.3** でも紹介するような翻訳サイト―Google 翻訳やみらい翻訳―なども使っている）。

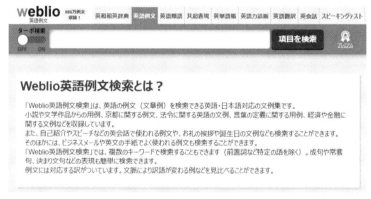

図146　英語キーワードを探すサイト（Weblio 英語例文検索）

　英語を含めた外国語キーワードを探すには、無料で利用できる多言語対応辞書として WIPO Pearl がある。WIPO Pearl では、特許文献から抽出された科学技術用語を閲覧可能である。

コラム　英語キーワード・CPC を探す

図147　英語キーワードを探すサイト（WIPO Pearl）

　また、コンセプトマップと呼ばれる、科学技術的知識の特定の分野における概念間の関係性を示した以下のようなダイアグラムが準備されており、関連するキーワードを把握することもできる。

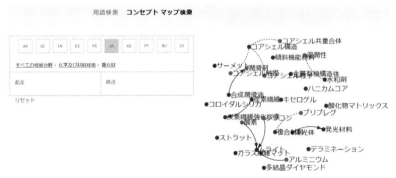

図148　英語キーワードを探すサイト（WIPO Pearl：コンセプトマップ）

CPC（欧米協同特許分類）

　CPC の探し方であるが、基本的な探し方のアプローチは 6.6 で説明した

ように予備検索やランキングを活用する方法である。

CPCのランキングを確認できる無料サイトとしてはLens.orgが優れている。Lens.orgのAnalysis機能から以下のようなCPCランキングを生成することができる（以下はキーワード"machine learning"で検索した結果）。Google PatentsでもCPCランキングを確認することができるが、CPCサブグループレベルでランキング結果が出るわけではない。

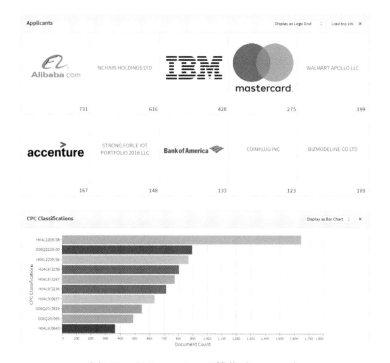

図149　CPCランキング機能（Lens.org）

CPCの定義を確認する際は、Espacenetのウェブサイトでチェックするのが最もオーソドックスな方法であるが、他に日本国特許庁・特許検索ポータルサイト内にある国内外の分類の対応関係参照ツールもぜひとも活用いただきたい。

コラム　英語キーワード・CPCを探す

図150　国内外の分類の対応関係参照ツール

　このサイトではIPC、FI、CPCを**図150**のように1つの画面で比較しながら確認することができる（CPCを表示する際の言語も選べる。デフォルトは英語であるが、日本語も選択可能で、日本語定義文があれば表示される）。ただし、FIとCPCが同じ行にあるからといって、同じ分類定義であるとは限らない点に注意する必要がある。

　また、CPCの分類定義についてキーワード検索を行うこともできる。キーワードとしては英語だけではなく日本語も用いることができるが、上述の通り日本語定義文があれば検索可能である点に留意する。

第 7 章
特定テーマに基づいた特許情報調査

第7章 特定テーマに基づいた特許情報調査

7.1 検索式作成事例

本章では6つの検索式作成事例を取り上げて、特許検索マトリックスを用いた検索式組み立てについて理解を深めていただく。無効資料調査の事例以外の5つの事例は異なる目的の特許調査を念頭に置いた検索式作成である。無効資料調査については、無効資料調査実施時に役立つその他のテクニックについて説明する。それぞれの事例では検索キー（キーワード・特許分類）の探し方について逐一説明しておらず、**第6章**で説明していない特殊な検索キーの探し方や調査種類別に留意すべき点について説明している[191]。

表32 検索式作成事例一覧

種類	事例のテーマ	想定される母集団・ヒット件数	重視する指標（第1章）
先行技術調査	橋梁点検用ドローン	100～500件	適合率・精度重視
先行技術調査（課題ベース）	子供用安全ライター	100～500件	適合率・精度重視
技術収集調査	硫化物系固体電解質を用いた全固体電池	300～1,000件	適合率・精度重視
無効資料調査	セルフレジ（無人店舗）	300～1,000件	ケースバイケース（制約条件による）
侵害防止調査	ロボット掃除機の衝突防止機能	500～2,000件	再現率重視
技術動向調査	機械学習	1,000件～	ケースバイケース

---

[191] 本章で説明している検索式も完全なものではない。仮に読者の所属している企業・研究組織等において本章で取り上げた検索式が適用できる場面があったとしても、利用については各自の自己責任において行っていただくようお願いしたい。

本章でのカバー範囲は検索式の構築までであり、構築した検索式でヒットした集合の読み込みや調査結果の取りまとめ方については**第8章**で整理している。また本章で掲載しているJ-PlatPatのヒット件数は2019年10月時点のものである。

7.1.1 先行技術調査：橋梁点検用ドローン

1つ目の事例は特許出願前の先行技術調査を想定したドローンの事例である。

> 昨今、道路や橋梁、鉄道、上下水道、電力網、発電所などのインフラ老朽化が問題となっており、これらのインフラを定期的に点検し、補修・修理を行う必要がある。このインフラの点検にドローンを活用しようという動きが活発になっている。インフラの中でも特に橋梁点検に利用されるドローンの技術について先行技術調査を行う。

検索式を作成するにあたって、関連性マトリックスを作成して、抽出すべき公報を検討する。ドローンであって橋梁の点検であれば該当となる。検討すべきは参考①の点検用のドローンや参考②の橋梁用途のドローンである。参考①の場合、橋梁以外のインフラも含めて抽出することになり、参考②では橋梁に用いるドローンで点検以外の用途があれば抽出することになる。今回は該当を抽出するための検索式のみを構築することとする。

表33　関連性マトリックス（例題：橋梁点検用ドローン）

背景技術 ドローン		構成要素①	
		点検あり	点検なし
構成要素②	橋梁あり	該当	参考②
	橋梁なし	参考①	ノイズ

以下に本例題の特許検索マトリックスを示す。

第7章 特定テーマに基づいた特許情報調査

		背景技術	構成要素①	構成要素②
調査観点		ドローン	点検	橋梁
上位概念				
キーワード・同義語		ドローン+無人機+無人航空機+UAV+マルチコプタ+マルチロータ+クワッドコプタ+クワッドロータ	点検+保守+メンテナンス+老朽化+計測+測定	橋+高架
IPC	サブクラス			E01D
	メイン			
	サブグループ	B64C27/08+B64C39/02+G05D1/10		
FI	サブクラス			E01D
	メイン			
	サブグループ	B64C27/08+B64C39/02+G05D1/10		
	フル			E01D22/00@A
Fターム	テーマコード	5H301AA06	5H301BB10	
	Fターム			2D059GG39

図151 特許検索マトリックス（例題：橋梁点検用ドローン）

背景技術としてドローン、観点として点検、橋梁の2つを取っている。キーワード・同義語や特許分類については前章にて解説した方法で抽出している。

J-PlatPatのJ-GLOBAL同義語機能を用いるとドローンの同義語として、無人機、無人航空機、UAV（unmanned aerial vehicle）がヒットする。**図151**にはすべて掲載しているが、UAVはアルファベット3文字であり、ノイズがヒットしてしまう可能性も高い。検索式を構築して、UAVが原因でノイズが大量にヒットしてしまっている場合は外すと良い。

以上の特許検索マトリックスをベースに、検索式としては以下の4パターンを作成した。

パターン	検索キーの組み合わせ方	ヒット件数
A	キーワードのみ	4
B	特許分類とキーワードの掛け算①	9
C	特許分類とキーワードの掛け算②	38
D	特許分類とキーワードの掛け算③	44
合計		86

A：キーワードのみ：ヒット件数 4 件

		背景技術	構成要素①	構成要素②
調査観点		ドローン	点検	橋梁
上位概念				
キーワード・同義語		ドローン+無人機+無人航空機+UAV+マルチコプタ+マルチロータ+クワッドコプタ+クワッドロータ	点検+保守+メンテナンス+老朽化+計測+測定	橋+高架
IPC	サブクラス			E01D
	メイン			
	サブグループ	B64C27/08+B64C39/02+G05D1/10		
FI	サブクラス			E01D
	メイン			
	サブグループ	B64C27/08+B64C39/02+G05D1/10		
	フル			E01D22/00@A
Fターム	テーマコード	5H301AA06	5H301BB10	
	Fターム			2D059GG39

[ドローン/CL＋無人機/CL＋無人航空機/CL＋UAV/CL＋マルチコプタ/CL＋マルチロータ/CL＋クワッドコプタ/CL＋クワッドロータ/CL]＊[点検/CL＋保守/CL＋メンテナンス/CL＋老朽化/CL＋計測/CL＋測定/CL]＊[橋/CL＋高架/CL]

＜検索式作成の考え方＞

　キーワード同士の掛け算（AND 演算）は、適切な特許分類の選択ができていなかった場合に、関連特許を補足する意味で有効であるが、キーワード範囲の設定を広くしてしまうとノイズが大量にヒットしてしまう。本事例ではキーワード範囲［要約］（/AB）でキーワードの AND 演算では 3 件、［請求の範囲］（/CL）の AND 演算では 4 件でヒット件数に差がないため、キーワード範囲を［請求の範囲］（/CL）とした。なお、**3.3.2-**③で説明した近接演算を利用して、

> [ドローン/CL＋無人機/CL＋無人航空機/CL＋UAV/CL＋マルチコプタ/CL＋マルチロータ/CL＋クワッドコプタ/CL＋クワッドロータ/CL]*[点検, 15N, 橋/TX＋点検, 15N, 高架/TX＋保守, 15N, 橋/CL＋保守, 15N, 高架/TX＋メンテナンス, 15N, 橋/TX＋メンテナンス, 15N, 高架/TX＋老朽化, 15N, 橋/TX＋老朽化, 15N, 高架/TX＋計測, 15N, 橋/TX＋計測, 15N, 高架/TX＋測定, 15N, 橋/TX＋測定, 15N, 高架/TX]

のように点検関係のキーワードと橋関係のキーワードを順不同で15文字以内の近接演算としても良い（参考：コラム　近傍検索の文字数・ワード数設定）。近接演算を用いるとノイズがヒットする可能性が低くなるため、キーワード範囲を広げても良い。上記の例であればキーワード範囲を［全文］（/TX）としている。

B：特許分類とキーワードの掛け算①：ヒット件数9件

調査観点		背景技術	構成要素①	構成要素②
		ドローン	点検	橋梁
上位概念				
キーワード・同義語		ドローン+無人機+無人航空機+UAV+マルチコプタ+マルチロータ+クワッドコプタ+クワッドロータ	点検+保守+メンテナンス+老朽化+計測+測定	橋+高架
IPC	サブクラス			E01D
	メイン			
	サブグループ	B64C27/08+B64C39/02+G05D1/10		
FI	サブクラス			E01D
	メイン			
	サブグループ	B64C27/08+B64C39/02+G05D1/10		
	フル			E01D22/00@A
Fターム	テーマコード	5H301AA06	5H301BB10	
	Fターム			2D059GG39

7.1 検索式作成事例

> [B64C27/08/IP ＋ B64C39/02/IP ＋ G05D1/10/IP ＋ B64C27/08/FI ＋ B64C39/02/FI ＋ G05D1/10/FI]＊[点検/CL ＋ 保守/CL ＋ メンテナンス/CL ＋ 老朽化/CL ＋ 計測/CL ＋ 測定/CL]＊[橋/CL ＋ 高架/CL]

＜分類定義＞

B64C27/00	回転翼航空機；回転翼航空機特有の回転翼
B64C27/04	・ヘリコプタ
B64C27/08	・・二つ以上の回転翼をもつもの
B64C27/10	・・・共軸に配列されたもの
B64C27/12	・・回転翼の駆動
B64C39/00	他に分類されない航空機
B64C39/02	・特殊用途を特徴とするもの
G05D1/00	陸用、水用、空中用、宇宙用運行体の位置、進路、高度または姿勢の制御、例．自動操縦
G05D1/02	・二次元の位置または進路の制御
G05D1/04	・高度または深度の制御
G05D1/08	・姿勢制御、すなわちロール、ピッチまたはヨウの制御
G05D1/10	・三次元における位置または進路の同時制御
G05D1/12	・目標捜索制御

＜検索式作成の考え方＞

　背景技術・ドローンをIPC（/IP）およびFI（/FI）で設定し、そこに構成要素①と構成要素②のキーワード群を掛け合わせていくオーソドックスな検索式のパターンである。技術的特徴のキーワードであれば、キーワード範囲は［要約］または［請求の範囲］が好ましい。上記の検索式においてヒット件数が極端に少ない場合は、橋梁関連キーワードのキーワード範囲を［全文］（/TX）にするのも1つの方法である。

　なお、J-PlatPat特許・実用新案検索では階層検索を行うため、IPCま

たはFIでB64C27/08を検索すると、B64C27/08の1つ下の階層であるB64C27/10も自動的に含めて検索をされる。

C：特許分類とキーワードの掛け算②：ヒット件数38件

調査観点		背景技術	構成要素①	構成要素②
		ドローン	点検	橋梁
上位概念				
キーワード・同義語		ドローン+無人機+無人航空機+UAV+マルチコプタ+マルチロータ+クワッドコプタ+クワッドロータ	点検+保守+メンテナンス+老朽化+計測+測定	橋+高架
IPC	サブクラス			E01D
	メイン			
	サブグループ	B64C27/08+B64C39/02+G05D1/10		
FI	サブクラス			E01D
	メイン			
	サブグループ	B64C27/08+B64C39/02+G05D1/10		
	フル			E01D22/00@A
Fターム	テーマコード	5H301AA06	5H301BB10	
	Fターム			2D059GG39

[ドローン/TX＋無人機/TX＋無人航空機/TX＋UAV/TX＋マルチコプタ/TX＋マルチロータ/TX＋クワッドコプタ/TX＋クワッドロータ/TX]＊[E01D22/00@A/FI＋2D059GG39/FT]

＜分類定義＞

E01D22/00 　　現存する橋を修理または強化する方法または装置
E01D22/00@A　　補修又は点検
2D059 　　　　橋または陸橋
2D059GG00 　　付加目的
2D059GG39　　・点検又は補修

＜検索式作成の考え方＞

　検索式パターンBとは異なり、背景技術であるドローンのキーワードと、構成要素①・構成要素②にまたがるFI・FタームのAND演算である。

E01D22/00@Aおよび2D059GG39は橋の補修または点検の特許分類であり、ノイズが混入する可能性は低いため、AND演算するキーワード範囲は［全文］(/TX) としている。

D：特許分類とキーワードの掛け算③：ヒット件数44件

		背景技術	構成要素①	構成要素②
調査観点		ドローン	点検	橋梁
上位概念				
キーワード・同義語		ドローン+無人機+無人航空機+UAV+マルチコプタ+マルチロータ+クワッドコプタ+クワッドロータ	点検+保守+メンテナンス+老朽化+計測+測定	橋+高架
IPC	サブクラス			E01D
	メイン			
	サブグループ	B64C27/08+B64C39/02+G05D1/10		
FI	サブクラス			E01D
	メイン			
	サブグループ	B64C27/08+B64C39/02+G05D1/10		
	フル			E01D22/00@A
Fターム	テーマコード	5H301AA06	5H301BB10	
	Fターム			2D059GG39

$$[5H301AA06/FT]*[5H301BB10/FT]*[橋/TX＋高架/TX]$$

＜分類定義＞

5H301　　　　　移動体の位置、進路、高度又は姿勢の制御
5H301AA00　　　移動体の可動空間、領域、経路
5H301AA06　　・大気中
5H301BB00　　　用途、移動体の種類
5H301BB10　　・検査、監視作業用

＜検索式作成の考え方＞

　背景技術のドローンと構成要素①の点検については、テーマコード5H301のFタームを用いて、足りない概念である構成要素②については

キーワードをAND演算するパターンである。この検索式ではFタームのAND演算で既に絞り込みされており、キーワード範囲を広げてもノイズが混入する可能性は低いと考え、キーワード範囲を［全文］（/TX）としている。

上記4つのパターンをJ-PlatPat特許・実用新案検索メニューの［論理式入力］で＋（OR演算）でつなぐと、

```
［ドローン/CL＋無人機/CL＋無人航空機/CL＋UAV/CL＋マルチコプタ/CL＋マルチロータ/CL＋クワッドコプタ/CL＋クワッドロータ/CL］*［点検/CL＋保守/CL＋メンテナンス/CL＋老朽化/CL＋計測/CL＋測定/CL］*［橋/CL＋高架/CL］+［B64C27/08/IP＋B64C39/02/IP＋G05D1/10/IP＋B64C27/08/FI＋B64C39/02/FI＋G05D1/10/FI］*［点検/CL＋保守/CL＋メンテナンス/CL＋老朽化/CL＋計測/CL＋測定/CL］*［橋/CL＋高架/CL］+［ドローン/TX＋無人機/TX＋無人航空機/TX＋UAV/TX＋マルチコプタ/TX＋マルチロータ/TX＋クワッドコプタ/TX＋クワッドロータ/TX］*［E01D22/00@A/FI＋2D059GG39/FT］+［5H301AA06/FT］*［5H301BB10/FT］*［橋/TX＋高架/TX］
```

のような式となり、ヒット件数は86件となった。ヒットした特許・実用新案の発明の名称や付与されている特許分類について確認し、特許検索マトリックスに含めるべきキーワードや特許分類があれば追加して、検索式を修正する。また、適合率・精度の観点から発明の名称ベースで、あまりにもドローンに関係のない特許・実用新案がヒットしているのであれば、キーワード範囲や特許分類の階層について検討を行う。

なお、上記は**表33**の関連性マトリックスの該当を念頭においた検索式であるが、結果的にヒット件数が100件未満と少なかったので、参考①（橋梁に限定されない点検用ドローン）まで拡張して検索することも検討して良い。単純に橋梁関係のキーワードを除くと、

> [ドローン/CL＋無人機/CL＋無人航空機/CL＋UAV/CL＋マルチコプタ/CL＋マルチロータ/CL＋クワッドコプタ/CL＋クワッドロータ/CL]*[点検/CL＋保守/CL＋メンテナンス/CL＋老朽化/CL＋計測/CL＋測定/CL]＋[B64C27/08/IP＋B64C39/02/IP＋G05D1/10/IP＋B64C27/08/FI＋B64C39/02/FI＋G05D1/10/FI]*[点検/CL＋保守/CL＋メンテナンス/CL＋老朽化/CL＋計測/CL＋測定/CL]＋[ドローン/TX＋無人機/TX＋無人航空機/TX＋UAV/TX＋マルチコプタ/TX＋マルチロータ/TX＋クワッドコプタ/TX＋クワッドロータ/TX]*[E01D22/00@A/FI＋2D059GG39/FT]＋[5H301AA06/FT]*[5H301BB10/FT]

となり、ヒット件数は849件と一気に10倍ほどになってしまう。橋梁をはじめとしたインフラ以外の点検も含まれているので、改めてインフラ関係のキーワードを検討の上、絞り込みを図ると良い[192]。

7.1.2　先行技術調査（課題ベース）：子供用安全ライター

2つ目の事例は課題ベースの先行技術調査の例を取り上げる。

> *子供のいたずら等によるけがや事故を防ぐためのライターの仕組み*

2010年12月に消費生活用製品安全法関係が改正され、PSCマークがないライターの販売が規制されることになった。PSCマークの基準では構造、強度、爆発性、可燃性等製品の安全性を求めるとともに、子どもが簡単に操作できない幼児対策（チャイルドレジスタンス機能）などを規定している。

子供がいたずらで触っても着火しないようにする仕組みとしては、ロック機構が思い浮かぶが、それ以外の安全性・安全機能についても把握した

---

[192] 本事例では検討しなかったが、橋梁等のインフラ点検時の点検対象をキーワードとして設定するのも有効である。たとえばひび割れ、ひずみ量、腐食などである。

いというのが本例題の目的である。つまり、技術的側面からではなく、課題面からアプローチして、どのような解決手段があるのかを探索していくタイプの調査である。

通常の技術的な側面からキーワードを探す場合と、課題面からキーワードを探す場合の違いについて以下の図で説明する。**図152は**一般的なキーワードを選ぶ際の考え方であり、調査対象テーマに関する類似語・同義語を調べていく（詳細は**6.5**）。侵害防止調査・FTOの場合は、調査対象テーマの上位概念も含めて検討する。

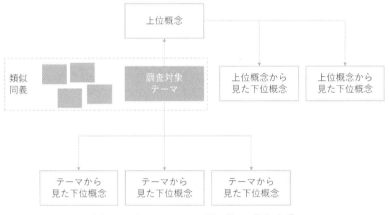

図152　キーワードの選ぶ際の考え方①

一方、課題面からキーワードを検討する場合は、技術的な側面とは異なった考え方が必要となる。

たとえばある部材の低コスト化について調べたい場合、まずは**図152**のように、低コストの類義語・同義語を探す。その結果、低価、廉価、安価などの同義語を見つけることができる。

しかし、ある部材を低コスト化するための特許出願に必ずしも"低コスト"や"低価、廉価、安価"といったキーワードが含まれているわけではない。ある部材で用いている材料Aを材料Bに置換すると、結果的には低コストにつながるのだが、明細書にコストに関して全く言及されていないかもしれない。

よって、課題からアプローチする場合は、課題の同義語を抽出するだけではなく、課題を解決するための手段についてあらかじめ想定する必要がある。

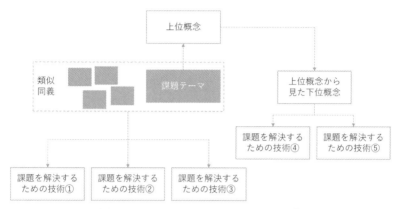

図153　キーワードの選ぶ際の考え方②

図153に基づき、まず課題テーマに関する類似語・同義語を探す。次に、課題テーマを解決するための技術について検討する（上記の例では材Aから材料Bへの置換。ライターの例ではロック機構を持たせるのが課題を解決するための技術の1つ）。

また、場合によっては上位概念について検討した上で、その上位概念から見た下位概念へ落として、その解決する技術を検討する。例としてライターは火をつけるための装置であるので、着火装置・点火装置である。着火・点火するための装置はライターに限定されず、たとえば家庭用のコンロや、カセットコンロ、ストーブなどがある。このように課題の対象をいったん上位概念化して、課題の対象とは異なる分野においても検討するのが図153の右側のフローである。

関連性マトリックスであるが、表34のように背景技術はライターを中心におきつつ、上位概念である点火装置・着火装置もヒットするように広く設定する。構成要素①は子供向けの開示の有無、構成要素②は安全性の開示の有無とする。

表34 関連性マトリックス(例題:子供用安全ライター)

背景技術 ライター(点火装置・着火装置)		構成要素①	
		子供向けあり	子供向けなし
構成要素②	安全性あり	該当	参考②
	安全性なし	参考①	ノイズ

図154に本例題の特許検索マトリックスを示す。ライターの子供用安全装置としてはロック機構があるが、ここでは構成要素としてロック機構は含めずに、あくまでも子供用安全装置としてどのような技術があるのかを探索するための検索式を作成する。

構成要素①と構成要素②にまたがるキーワードとしてチャイルドレジスタンスやチャイルドロックがある。これらのキーワードは・(中黒)が入る場合もあるので、検索式を作成する際は近傍検索(チャイルド,1C,レジスタンス/AB + チャイルド,1C,ロック/AB)で表現する。

		背景技術	構成要素①	構成要素②
調査観点		ライター	子供	安全
上位概念				
キーワード・同義語		ライタ+点火器+点火装置+着火器+着火装置	子供+チャイルド+児童+小児+幼児	安全+いたずら+悪戯+誤操作
キーワード・同義語			チャイルドレジスタンス+チャイルドロック+チャイルドセーフティ	
IPC	サブクラス			
	メイン	F23Q2/00		
	サブグループ			
FI	サブクラス			
	メイン	F23Q2/00		
	サブグループ			
	フル			
Fターム	テーマコード			
	Fターム			

図154 特許検索マトリックス(例題:子供用安全ライター)

検索式としては以下の4パターンが挙げられる。

7.1 検索式作成事例

パターン	検索キーの組み合わせ方	ヒット件数
A	キーワードのみ①	71
B	キーワードのみ②	36
C	特許分類とキーワードの掛け算①	63
D	特許分類とキーワードの掛け算②	27
	合計	98

A：キーワードのみ①：ヒット件数71件

		背景技術	構成要素①	構成要素②
調査観点		ライター	子供	安全
上位概念				
キーワード・同義語		ライタ+点火器+点火装置+着火器+着火装置	子供+チャイルド+児童+小児+幼児	安全+いたずら+悪戯+誤操作
キーワード・同義語			チャイルドレジスタンス+チャイルドロック+チャイルドセーフティ	
IPC	メイン	F23Q2/00		
FI	メイン	F23Q2/00		

[ライタ/CL＋点火器/CL＋点火装置/CL＋着火器/CL＋着火装置/CL]＊[子供/AB＋チャイルド/AB＋児童/AB＋小児/AB＋幼児/AB]＊[安全/AB＋いたずら/AB＋悪戯/AB＋誤操作/AB]

＜検索式作成の考え方＞

　キーワード同士の掛け算（AND演算）は、適切な特許分類の選択ができていなかった場合に、関連特許を補足する意味で有効であるが、キーワード範囲の設定を広くしてしまうとノイズが大量にヒットしてしまう。そのため、本事例ではキーワード範囲を［要約］および［請求の範囲］にしている。

　ライター関連キーワードについては［要約］または［請求の範囲］としてもノイズ混入率に変化がないと判断して［請求の範囲］としている。一方、子供関連や安全関連については課題・目的に登場しやすいキーワードであるため、［請求の範囲］ではなく［要約］に設定した。

B：キーワードのみ②：ヒット件数36件

		背景技術	構成要素①	構成要素②
調査観点		ライター	子供	安全
上位概念				
キーワード・同義語		ライタ+点火器+点火装置+着火器+着火装置	子供+チャイルド+児童+小児+幼児	安全+いたずら+悪戯+誤操作
キーワード・同義語			チャイルドレジスタンス+チャイルドロック+チャイルドセーフティ	
IPC	メイン	F23Q2/00		
FI	メイン	F23Q2/00		

[ライタ/CL＋点火器/CL＋点火装置/CL＋着火器/CL＋着火装置/CL]*[チャイルド,1C,レジスタンス/TX＋チャイルド,1C,ロック/TX＋チャイルド,1C,セーフティ/TX]

＜検索式作成の考え方＞

　キーワード同士の演算であるが、構成要素①と構成要素②にまたがる概念のチャイルドレジスタンス関連キーワードである。チャイルドレジスタンスやチャイドロックは、・(中黒)が入るケースもあるので、上述のように隣接演算を用いている。

　またチャイルドレジスタンス関連キーワードは検索式Aと同様、課題・目的に登場しやすいキーワードではあるが、全文の【背景技術】でも言及されることが多かったので、キーワード範囲は［全文］(/TX)とした。

C：特許分類とキーワードの掛け算①：ヒット件数63件

		背景技術	構成要素①	構成要素②
調査観点		ライター	子供	安全
上位概念				
キーワード・同義語		ライタ+点火器+点火装置+着火器+着火装置	子供+チャイルド+児童+小児+幼児	安全+いたずら+悪戯+誤操作
キーワード・同義語			チャイルドレジスタンス+チャイルドロック+チャイルドセーフティ	
IPC	メイン	F23Q2/00		
FI	メイン	F23Q2/00		

7.1 検索式作成事例

[F23Q2/00/IP＋F23Q2/00/FI]*[子供/AB＋チャイルド/AB＋児童/AB＋小児/AB＋幼児/AB]*[安全/AB＋いたずら/AB＋悪戯/AB＋誤操作/AB]

＜分類定義＞

F23Q　　　　　点火；消火装置
F23Q2/00　　燃料入りライタ、例．たばこ用

＜検索式作成の考え方＞

　特許分類とキーワードの掛け算である。特許分類として選択したF23Q2/00はライターの分類であるため下位分類はすべて含めて用いる。キーワード範囲については検索式パターンAと同様に、子供・安全関連キーワードは［要約］（/AB）とした。

D：特許分類とキーワードの掛け算②：ヒット件数27件

		背景技術	構成要素①	構成要素②
調査観点		ライター	子供	安全
上位概念				
キーワード・同義語		ライタ＋点火器＋点火装置＋着火器＋着火装置	子供＋チャイルド＋児童＋小児＋幼児	安全＋いたずら＋悪戯＋誤操作
キーワード・同義語			チャイルドレジスタンス＋チャイルドロック＋チャイルドセーフティ	
IPC	メイン	F23Q2/00		
FI	メイン	F23Q2/00		

[F23Q2/00/IP]*[チャイルド,1C,レジスタンス/TX＋チャイルド,1C,ロック/TX＋チャイルド,1C,セーフティ/TX]

＜分類定義＞

F23Q　　　　　点火；消火装置
F23Q2/00　　燃料入りライタ、例．たばこ用

<検索式作成の考え方>
　特許分類とキーワードの AND 演算であり、チャイルドレジスタンス関連キーワードを IPC・FI に掛け合わせている。キーワード範囲については検索式パターンＢと同様に、子供・安全関連キーワードは［全文］(/TX) とした。

　本例題では課題ベースで母集団を形成し、子供用安全ライターとして、ロック機構以外にどのような安全装置・安全機能があるかを探索するための方法について示した。
背景技術としてはライターを中心にしながらも、キーワードで点火装置や着火装置を入れることで、ライター以外の技術分野も抽出するようにしている。その結果、

- ✓ 特開平05-118551　ガス器具の安全装置　　リンナイ株式会社
- ✓ 特開平06-323545　ガス調理機器の安全装置　パナソニック株式会社

といったライター以外の分野もヒットしている。今回は検索式は96件とヒット件数があまり多くないため、96件に付与されている FI および F タームを検討することで

<分類定義>

F24C3/00	気体燃料用ストーブまたはレンジ
F24C3/12	・制御または安全装置の配置または据え付け
F23N5/00	燃焼制御のシステム
F23N5/24	・異常または望ましくない事態発生の予防、すなわち安全装置
F23N5/24@A	点火系統の異常または望ましくない事態に対応するもの
F23N5/26	・細部
F23N5/26@W	・ロック手段又は係止手段を有するもの

3K068		燃料の供給及び制御
3K068DA00		安全装置
3K068DA01		・流出、漏洩防止
3K068DA02		・・立ち消え時のもの
3K068DA03		・過熱防止
3K068DA04		・・遮熱又は冷却手段をもつもの
3K068DA06		・逆火防止
3K068DA08		・転倒に対するもの
3K068DA09		・地震に対するもの
3K068DA10		・停電に対するもの
3K068DA11		・異種燃料の識別
3K068DA12		・誤操作防止
3K068DA14		・安全弁
3K068DA16		・警報、報知
3K068HA00		用途
3K068HA05		・家庭用
3K068HA06		・・水加熱器 ex. 湯沸器
3K068HA07		・・空気加熱器 ex. ストーブ
3K068HA08		・・調理器

のようにライター以外の着火装置・点火装置まで拡張した安全装置・安全機能について調べることができる。また、Fターム「燃料の供給及び制御」からは安全装置の種類として、どのようなタイプがあるかを把握することができる。子供向けの安全ライターであるので、子供のいたずらや誤操作防止を念頭に調べていたが、それ以外の安全機能も必要であれば対象を拡張すると良い。

　もしも、子供用安全ライターの中でもロック機構に特徴のあるライターに注目して、母集団検索式を作成したい場合は、以下のような検索マトリックスを作成すれば良い。

調査観点	背景技術	構成要素①	構成要素②	構成要素③
	ライター	子供	安全	ロック機構
上位概念				
キーワード・同義語	ライタ+点火器+点火装置+着火器+着火装置	子供+チャイルド+児童+小児+幼児	安全+いたずら+悪戯+誤操作	ロック+固定
キーワード・同義語		チャイルドレジスタンス+チャイルドロック+チャイルドセーフティ		押し込み防止+回動防止+操作防止
IPC	サブクラス	F23Q2/00			
	メイン				
	サブグループ				
FI	サブクラス	F23Q2/00			
	メイン				
	サブグループ	F23Q2/16,102@Z			F23Q2/16,102@Z
	フル	F23Q2/28,118@K			F23Q2/28,118@K
Fターム	テーマコード				
	Fターム	3K095AB01			3K095AB01

図155 特許検索マトリックス（例題：子供用安全ライター・ロック機構）

　選択したFIおよびFタームの定義は以下の通りである。F23Q2/16,102@ZはFIハンドブックの補足説明に"誤操作を防止するためのロック装置はここに分類する。"とあるので選定している。

＜分類定義＞

F23Q2/00	燃料入りライタ、例.たばこ用
F23Q2/16	・ガス状燃料、例.液相で貯蔵される気体、によるライタ
F23Q2/16,102	・・・放出弁開閉装置
F23Q2/16,102@Z	**その他のもの**
F23Q2/28	・燃料を電気的に点火することに特徴があるライタ
F23Q2/28,118	・・・細部
F23Q2/28,118@K	**・ロック装置**
3K095	燃料入りライター
3K095AB01	**・ロック装置を有するもの**

　ロック機構を備えたライターであれば、子供用か否かに関わらず、安全

性を高めたライターであるということで、子供関係や安全関係のキーワード群を掛け合わせずに、

[F23Q2/16,102@Z/FI ＋ F23Q2/28,118@K/FI ＋3K095AB01/FT]

のような検索式を作成しても良い。もちろん、子供向けに特化したロック機構を抽出したいのであれば、子供関係キーワードを AND 演算すれば良い。

7.1.3 技術収集調査：硫化物系固体電解質を用いた全固体電池

3つ目の事例として、技術収集調査について取り上げる。全固体電池とは、既存のリチウムイオン電池では液体である電解質を固体にして、正極・負極・セパレータおよび電解質といった部材全てを固体で構成する電池のことである。固体電解質は全固体電池のコア技術であり、本例題ではこの固体電解質が硫化物（硫黄化合物）から構成されているものを網羅的に収集するための検索式を作成する。

固体電解質が硫化物系であり、ジルコニウムを含有している全固体リチウムイオン電池の先行文献を網羅的に収集する

関連性マトリックスは以下のようになる。背景技術に全固体リチウムイオン電池を置くことで、固体電解質の概念自体は背景技術に含めている。

表35　関連性マトリックス（例題：硫化物系固体電解質を用いた全固体電池）

背景技術 全固体リチウムイオンイオン電池		構成要素①	
		硫化物あり	硫化物なし
構成要素②	ジルコニウムあり	該当	参考②
	ジルコニウムなし	参考①	ノイズ

第7章 特定テーマに基づいた特許情報調査

　固体電解質が硫化物系であり、かつ、ジルコニウムを含有している該当文献が少ない場合は、参考①の硫化物系固体電解質までを参考として抽出する。

　以下に特許検索マトリックスを示す。関連性マトリックスの背景技術である全固体リチウムイオン電池は、特許検索マトリックスではリチウムイオン電池と固体電解質の2列に分けている。リチウムイオン電池は今回の調査対象テーマである固体電解質と、従来技術である液体電解質（電解液）に大別される。特許分類としてもリチウムイオン電池に関する分類があった上で、固体電解質や液体電解質と細分化されているので、背景技術①としてはリチウムイオン電池を取った。なお、以下のマトリックスでは固体電解質を背景技術②としているが、固体電解質を構成要素①としても良い。

調査観点		背景技術①	背景技術②	構成要素①	構成要素②
		リチウムイオン電池	固体電解質	硫化物	ジルコニウム
上位概念					
キーワード・同義語		リチウムイオン電池+リチウムイオン2次電池+リチウムイオン二次電池	固体電解質	硫化物+硫黄	ジルコニウム+ジルコニア
キーワード・同義語		全固体電池+固体電池+固体電解質電池			
IPC	サブクラス	H01M10/052			
	メイン				C01G25/00
	サブグループ		H01M10/0562	H01B1/10	
FI	サブクラス	H01M10/052			
	メイン				C01G25/00
	サブグループ		H01M10/0562	H01B1/10	
	フル		H01B1/06@A		
Fターム	テーマコード				
	Fターム		5H029AM11		
	Fターム		5G301CD01	5G301CA05	5G301CA28

図156　特許検索マトリックス
（例題：硫化物系固体電解質を用いた全固体電池）[193]

---

[193] 硫化物・硫黄化合物をヒットさせるためにS、ジルコニウムをヒットさせるためにZrをキーワードとして用いるケースもあるが、本例題では用いなかった。元素記号は文字数が少ないのでノイズがヒットしてしまう可能性が高い。もしもジルコニウムを含有する硫化物固体電解質の化学式等が分かっているのであれば、その化学式で全文検索すると良い。

7.1 検索式作成事例

　特許分類としては H01M10（二次電池；その製造）を中心に、H01B1（導電材料によって特徴づけられる導体または導電物体；導体としての材料の選択）や、ジルコニウムに関連する C01G25（ジルコニウム化合物）を選定している。

　特許検索マトリックスをベースに以下の 5 つの検索式のパターンを構築した。

パターン	検索キーの組み合わせ方	ヒット件数
A	キーワードのみ①	85
B	キーワードのみ②	97
C	特許分類とキーワードの掛け算①	440
D	特許分類とキーワードの掛け算②	126
E	特許分類のみ	35
	合計	495

A：キーワードのみ①：ヒット件数85件

		背景技術①	背景技術②	構成要素①	構成要素②
調査観点		リチウムイオン電池	固体電解質	硫化物	ジルコニウム
上位概念					
キーワード・同義語		リチウムイオン電池+リチウムイオン2次電池+リチウムイオン二次電池	固体電解質	硫化物+硫黄	ジルコニウム+ジルコニア
キーワード・同義語		全固体電池+固体電池+固体電解質電池			
IPC	サブクラス	H01M10/052			
	メイン				C01G25/00
	サブグループ	H01M10/0562		H01B1/10	
FI	サブクラス	H01M10/052			
	メイン				C01G25/00
	サブグループ	H01M10/0562		H01B1/10	
	フル		H01B1/06@A		
Fターム	テーマコード				
	Fターム		5H029AM11		
	Fターム		5G301CD01	5G301CA05	5G301CA28

第7章 特定テーマに基づいた特許情報調査

> [リチウムイオン電池/CL＋リチウムイオン2次電池/CL＋リチウムイオン二次電池/CL]*[固体電解質/CL]*[硫化物/CL＋硫黄/CL]*[ジルコニウム/TX＋ジルコニア/TX]

＜検索式作成の考え方＞

オーソドックスなキーワードのみの検索式であるが、キーワード範囲はリチウムイオン電池関連、固体電解質関連、硫化物関連は［請求の範囲］として、ジルコニウム関連は［全文］とした。

固体電解質の中でも無機固体電解質には酸化物系と硫化物系の2つがある。固体電解質の種類については、特許請求の範囲で記載されている可能性が高いため、硫化物関連キーワードは［請求の範囲］とした。一方、ジルコニウムは特許請求の範囲では遷移金属と記載されている可能性も高いため、［全文］とした。

B：キーワードのみ②：ヒット件数97件

		背景技術①	背景技術②	構成要素①	構成要素②
調査観点		リチウムイオン電池	固体電解質	硫化物	ジルコニウム
上位概念					
キーワード・同義語		リチウムイオン電池＋リチウムイオン2次電池＋リチウムイオン二次電池	固体電解質	硫化物＋硫黄	ジルコニウム＋ジルコニア
キーワード・同義語		全固体電池＋固体電池＋固体電解質電池			
IPC	サブクラス	H01M10/052			
	メイン				C01G25/00
	サブグループ		H01M10/0562	H01B1/10	
FI	サブクラス	H01M10/052			
	メイン				C01G25/00
	サブグループ		H01M10/0562	H01B1/10	
	フル		H01B1/06@A		
Fターム	テーマコード				
	Fターム		5H029AM11		
	Fターム		5G301CD01	5G301CA05	5G301CA28

> [全固体電池/CL＋固体電池/CL＋固体電解質電池/CL]*[硫化物/CL＋硫黄/CL]*[ジルコニウム/TX＋ジルコニア/TX]

7.1 検索式作成事例

<検索式作成の考え方>

　キーワードのみの検索式であり、硫化物関連キーワードとジルコニウム関連キーワードのキーワード範囲は検索式パターンAと同一である。リチウムイオン電池と固体電解質にまたがるキーワードとして　全固体電池＋固体電池＋固体電解質電池　を用いているが、これらのキーワードにはリチウムイオンの概念が含まれていない。全固体電池等のキーワードで検索しても、リチウムイオン電池以外の電池はほとんどヒットしないため、特にリチウムイオン関連で絞り込む必要はないと判断している。

C：特許分類とキーワードの掛け算①：ヒット件数440件

		背景技術①	背景技術②	構成要素①	構成要素②
調査観点		リチウムイオン電池	固体電解質	硫化物	ジルコニウム
上位概念					
キーワード・同義語		リチウムイオン電池+リチウムイオン2次電池+リチウムイオン二次電池	固体電解質	硫化物+硫黄	ジルコニウム+ジルコニア
キーワード・同義語		全固体電池+固体電池+固体電解質電池			
IPC	サブクラス	H01M10/052			
	メイン				C01G25/00
	サブグループ		H01M10/0562	H01B1/10	
FI	サブクラス	H01M10/052			
	メイン				C01G25/00
	サブグループ		H01M10/0562	H01B1/10	
	フル		H01B1/06@A		
Fターム	テーマコード				
	Fターム		5H029AM11		
	Fターム		5G301CD01	5G301CA05	5G301CA28

[H01M10/0562/IP＋H01M10/0562/FI]＊[硫化物/CL＋硫黄/CL]＊[ジルコニウム/TX＋ジルコニア/TX]

<分類定義>

H01M10/00	二次電池；その製造
H01M10/05	・非水電解質二次電池
H01M10/052	・・リチウム二次電池
H01M10/056	・・電解質の材料に特徴があるもの、例．無機電解質／

　　　　　　　有機電解質の混合
H01M10/0561　・・・無機物のみからなる電解質
H01M10/0562　・・・・***固体***
H01M10/0563　・・・・液体、例．Li-SOCl2電池
H01M10/0564　・・・有機物のみからなる電解質
H01M10/0565　・・・・ポリマー、例．ゲルタイプまたは固体タイプ

＜検索式作成の考え方＞
　特許分類の選定として、今回は硫化物系固体電解質であるため、H01M10/0562を選択している。これは無機物のみからなる電解質であり、かつ固体電解質であることを示している。一方、固体電解質にはポリマー系も存在するため、固体電解質を広く抽出する場合はH01M10/0565を利用することも検討する。
　検索式の掛け合わせとしては検索式パターンBの全固体電池関連キーワードをIPC・FIに置き換えているのみである。しかし、検索式パターンCのヒット件数は440件と検索式パターンBとは大きく乖離がある。これはリチウムイオン電池関連キーワード、固体電解質関連キーワード、および全固体電池関連キーワードの選択が甘いということを示している。検索式パターンCでヒットした特許・実用新案から特許検索マトリックスで選定していないキーワードを抽出・補足すると良いだろう。

D：特許分類とキーワードの掛け算：ヒット件数126件

		背景技術①	背景技術②	構成要素①	構成要素②
調査観点		リチウムイオン電池	固体電解質	硫化物	ジルコニウム
上位概念					
キーワード・同義語		リチウムイオン電池+リチウムイオン２次電池+リチウムイオン二次電池	固体電解質	硫化物+硫黄	ジルコニウム+ジルコニア
キーワード・同義語		全固体電池+固体電池+固体電解質電池			
IPC	サブクラス	H01M10/052			
	メイン				C01G25/00
	サブグループ		H01M10/0562	H01B1/10	
FI	サブクラス	H01M10/052			
	メイン				C01G25/00
	サブグループ		H01M10/0562	H01B1/10	
	フル		H01B1/06@A		
Fターム	テーマコード				
	Fターム		5H029AM11		
	Fターム		5G301CD01	5G301CA05	5G301CA28

```
[リチウムイオン電池/TX＋リチウムイオン２次電池/TX＋リチウ
ムイオン二次電池/TX]＊[H01B1/06@A/FI]＊[硫化物/CL＋硫黄/
CL]＊[ジルコニウム/TX＋ジルコニア/TX]
```

＜分類定義＞

H01B1/00	導電材料によって特徴づけられる導体または導電物体； 導体としての材料の選択
H01B1/02	・主として金属または合金からなるもの
H01B1/04	・主としてカーボン―シリコン混和物、カーボンまたはシリコンからなるもの
H01B1/06	・主として他の非金属物質からなるもの
_H01B1/06@A_	**_固体電解質_**
H01B1/06@Z	その他のもの
H01B1/08	・・酸化物
H01B1/10	・硫化物

第7章 特定テーマに基づいた特許情報調査

<検索式作成の考え方>

検索式パターンDでは固体電解質を表す特許分類であるH01B1/06@Aをベースに、キーワードを掛け合わせている。硫化物系固体電解質に絞り込むために、硫化物関連キーワードは[請求の範囲]としている。ジルコニウム関連キーワードは検索式パターンAでも述べたように特許請求の範囲では上位概念である遷移金属と記載されている可能性も高いため[全文]とした。また、リチウムイオン電池関連キーワードであるが、固体電解質を表す特許分類であるH01B1/06@Aをベースに用いており、固体電解質の用途は特許請求の範囲ではなく全文に記載される可能性が高いと考え、こちらも[全文]とした。

E:特許分類のみ:ヒット件数35件

		背景技術①	背景技術②	構成要素①	構成要素②
調査観点		リチウムイオン電池	固体電解質	硫化物	ジルコニウム
上位概念					
キーワード・同義語		リチウムイオン電池+リチウムイオン2次電池+リチウムイオン二次電池	固体電解質	硫化物+硫黄	ジルコニウム+ジルコニア
キーワード・同義語		全固体電池+固体電池+固体電解質電池			
IPC	サブクラス	H01M10/052			
	メイン				C01G25/00
	サブグループ		H01M10/0562	H01B1/10	
FI	サブクラス	H01M10/052			
	メイン				C01G25/00
	サブグループ		H01M10/0562	H01B1/10	
	フル		H01B1/06@A		
Fターム	テーマコード				
	Fターム		5H029AM11		
	Fターム		5G301CD01	5G301CA05	5G301CA28

[5G301CD01/FT] * [5G301CA05/FT] * [5G301CA28/FT]

<分類定義>

5G301	導電材料
5G301CD00	他の非金属物質の用途
5G301CD01	**・固体電解質**

5G301CA00 　　　　他の非金属物質の組成
5G301CA05 　　　　・・硫化物
5G301CA28 　　　　・・含Ｚｒ

＜検索式作成の考え方＞
　最後の検索式パターンはＦタームのみのAND演算である。特許検索マトリックスに示すようにリチウムイオン電池に関する概念がANDされていないが、ヒット件数が35件と少なく、発明の名称を一通り見てもノイズ混入は低いため、特にリチウムイオン電池に関する概念を掛け合わせていない。
　この検索式パターンＥではキーワードを一切利用しておらずＦタームのみの演算でヒットさせているので、固体電解質や硫化物、ジルコニウム関連で他のキーワードの言い回しがないかどうかをチェックするのに用いても良い。

　J-PlatPat論理式の形で１つにまとめると以下のようになり、495件がヒットする（2019年10月20日現在）。

> [リチウムイオン電池/CL＋リチウムイオン２次電池/CL＋リチウムイオン二次電池/CL]＊[固体電解質/CL]＊[硫化物/CL＋硫黄/CL]＊[ジルコニウム/TX＋ジルコニア/TX]＋[全固体電池/CL＋固体電池/CL＋固体電解質電池/CL]＊[硫化物/CL＋硫黄/CL]＊[ジルコニウム/TX＋ジルコニア/TX]＋[H01M10/0562/IP＋H01M10/0562/FI]＊[硫化物/CL＋硫黄/CL]＊[ジルコニウム/TX＋ジルコニア/TX]＋[リチウムイオン電池/TX＋リチウムイオン２次電池/TX＋リチウムイオン二次電池/TX]＊[H01B1/06@A/FI]＊[硫化物/CL＋硫黄/CL]＊[ジルコニウム/TX＋ジルコニア/TX]＋[5G301CD01/FT]＊[5G301CA05/FT]＊[5G301CA28/FT]

ヒットした発明の名称を見ると、

- ✓ 硫化物固体電解質
- ✓ 硫化物系固体電解質
- ✓ 硫化物系無機固体電解質

といったキーワードが見つかる。これは特許検索マトリックスの背景技術②と構成要素①にまたがるキーワードになる。また［分類コードランキング］をクリックすると、特許検索マトリックスで選択したH01M10、H01B1、C01G25以外に、

- ✓ H01M4　　電極
- ✓ H01B13　　導体またはケーブルの製造に特に適合した装置または方法
- ✓ C01B25　　りん；その化合物

のような分類も関連性が高いことが分かる。結果一覧からサブグループを特定して、検索式に追加した方が良ければ適宜追加する。
　また、ヒットした発明の名称の中に

- ✓ 高分子電解質用のジフェニルスルホン化合物、高分子電解質、高分子電解質の製造方法、膜電極接合体、及び、固体高分子形燃料電池
- ✓ プロトン伝導性材料及びその製造方法、並びに燃料電池の電解質膜
- ✓ ダイレクトメタノール型燃料電池用高分子電解質およびその用途
- ✓ 高分子電解質、膜電極接合体および燃料電池

のように燃料電池関連の特許が含まれていることが分かる。これらが全固体リチウムイオン電池とは全く関係のないノイズ特許であれば、NOT演算を用いて除外しても良い。その場合は、

7.1 検索式作成事例

> [[リチウムイオン電池/CL＋リチウムイオン２次電池/CL＋リチウムイオン二次電池/CL]*[固体電解質/CL]*[硫化物/CL＋硫黄/CL]*[ジルコニウム/TX＋ジルコニア/TX]＋[全固体電池/CL＋固体電池/CL＋固体電解質電池/CL]*[硫化物/CL＋硫黄/CL]*[ジルコニウム/TX＋ジルコニア/TX]＋[H01M10/0562/IP＋H01M10/0562/FI]*[硫化物/CL＋硫黄/CL]*[ジルコニウム/TX＋ジルコニア/TX]＋[リチウムイオン電池/TX＋リチウムイオン２次電池/TX＋リチウムイオン二次電池/TX]*[H01B1/06@A/FI]*[硫化物/CL＋硫黄/CL]*[ジルコニウム/TX＋ジルコニア/TX]＋[5G301CD01/FT]*[5G301CA05/FT]*[5G301CA28/FT]]-[燃料電池/TI＋燃料電池/AB＋燃料電池/CL]

のように元々の検索式を [ ] で囲み、末尾に －[燃料電池/TI＋燃料電池/AB＋燃料電池/CL]（タイトル・要約・クレームに燃料電池というキーワードが入っている特許・実用新案を除外）を付け加えれば良い。ただし NOT 演算を利用すると、本来欲しい先行文献も一緒に除外されてしまう可能性があるので利用する際は十分に留意する。

7.1.4 無効資料調査：セルフレジ（無人店舗）

　４つ目の事例としては無効資料調査を取り上げる。無効資料調査の場合は特許文献だけではなく、特許以外の文献（いわゆる学術文献など）を調査することも有効であるが、ここでは特許文献を対象にした無効資料調査について述べる。なお、本項では特許検索マトリックスを用いた検索式作成ではなく、無効資料調査を実施する際の、他の有用な検索テクニックについて紹介する。

　事例としてはセルフレジ関連の特許を取り上げる[194]。

---

[194] 株式会社アスタリスク「ユニクロ社に対する訴訟提起について」、http://asx.co.jp/news/?p=461

第7章 特定テーマに基づいた特許情報調査

表36 株式会社アスタリスクのセルフレジ関連保有特許

登録番号	発明の名称	出願日	FI
特許6469758	読取装置及び情報提供システム	2017/05/09	G07G1/12,331@D G07G1/00,311@D G07G1/00,301@G
特許6387478	読取装置、プログラム、及びユニット	2017/07/03	G06K7/015 G06T1/00,420@P G06T1/00,450@A
特許6518848	読取装置及び情報提供システム	2019/01/16	G07G1/00,311@D G07G1/00,301@G G07G1/12,331@D
特許6541143	読取装置及び情報提供システム	2019/04/19	G07G1/00,311@D G07G1/00,301@G G07G1/12,331@D
特許6532075	読取装置及び情報提供システム	2019/04/19	G07G1/00,311@D G07G1/00,311@Z G07G1/01,301@E

　株式会社アスタリスクは、株式会社ユニクロ（親会社　株式会社ファーストリテイリング）に対してセルフレジ関連特許を侵害しているとして2019年9月24日、東京地方裁判所に特許権侵害行為差止仮処分命令申立を行った。

　ここでは株式会社アスタリスクが保有するセルフレジ関連特許5件のうち、以下の特許6469758について無効化する際のステップや有用なツールについて紹介する。

特許6469758の特許請求の範囲1を無効化したい
【請求項1】
物品に付されたRFタグから情報を読み取る据置式の読取装置であって、
前記RFタグと交信するための電波を放射するアンテナと、
前記アンテナを収容し、前記物品を囲み、該物品よりも広い開口が上向きに形成されたシールド部と、

を備え、
前記シールド部が上向きに開口した状態で、前記RFタグから情報を読み取ることを特徴とする読取装置。

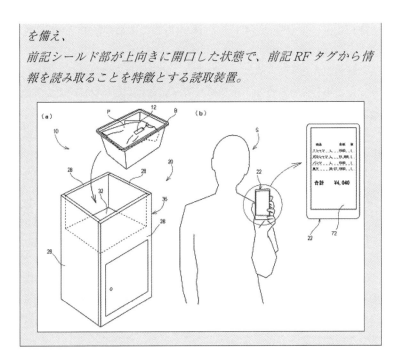

　無効資料調査を実施する場合は、出願前調査や技術収集調査とは異なり、下記のように事前に確認すべき事項がある。

- 調査基準日は？
- 権利状況はどうなっているのか？
- 審査経過は？検索報告書は出ているのか？
- 既に引例として挙げられている公報・技術文献は？
- パテントファミリー・海外対応特許はあるか？

　無効資料調査は対象特許の出願日または優先日を基準日として、その基準日以前に出願されたものまたは発行されたものを対象に調査を実施する。基準日をいつにするのか？また基準日以前に出願されたものを対象とするのか、基準日以前に発行されたものを対象とするのか、これは国ごとの特許法も踏まえた上で調査依頼者が設定しなければならない。

第7章 特定テーマに基づいた特許情報調査

　権利状況については、**4.1**で説明した方法で権利存続中であるか否か確認する（米国や欧州特許の場合は**4.3**や**4.4**を参照）。非常に稀であるが、無効資料調査を実施しようとした場合に無効化対象特許が既に権利消滅済みである場合もありうる。権利消滅済みであれば無効資料調査を実施する必要もないため、最初に権利状況を確認するのは必須である。

　権利状況と同様、**4.1**で説明した方法で包袋が J-PlatPat で閲覧可能かチェックし、閲覧可能であれば拒絶理由通知、意見書・補正書および検索報告書が含まれていないかどうかを確認する。どのような審査経過を経て登録になったのか、また審査の過程でどのような公報や技術文献が引例として利用されているかを確認する。引例として既に挙げられている公報以上に有効な先行文献を探す必要がある。また、検索報告書があれば、検索式から特許庁審査官または指定登録調査機関がどのようなキーワード・特許分類を用いて先行技術調査を実施したか検討する。無効資料調査を実施する場合、過去実施された調査範囲の中から有効な先行文献を抽出するのはなかなか厳しいため、特許庁審査官または指定登録調査機関がまだ調べていない範囲を中心に調査を行っていくと良い[195]。

　無効化したい特許のパテントファミリーを調べるのも重要である。Espacenet などのパテントファミリー情報が収録されているデータベースで調べ、海外対応特許が存在すれば、その海外対応特許の審査経過情報や引例、審査官による検索式などの情報を入手し、無効資料調査に役立てることができる。パテントファミリー調査については**4.2**を参照されたい。なおこの日本登録特許に対応特許はない。仮に対応特許に EP や PCT 出願があれば、それらのサーチレポートに掲載されている引例も検討すると良い。もちろん米国特許公報にも［56］References Cited に IDS 提示文献や審査官引例が掲載されている。

　無効資料調査の場合、極端なことを言ってしまえば母集団3件の集合の中から無効化に役立つ文献1件でも見つかれば良い[196]。本書で推奨している特許検索マトリックスをベースに検索式を構築して公報を読み込む正攻

---

[195] もちろん「調べていない範囲」には特許以外の学術文献・業界紙・カタログのような文献も含まれる。

7.1 検索式作成事例

法も重要であるが、ここでは無料で活用できる Google Patents の Find Prior Art（先行技術を探す）機能や J-GLOBAL の関連検索を用いた方法を紹介する。なお有料データベースを契約している場合、それぞれの有料データベースに搭載されている概念検索を試してみるのも良い。

　Google Patents は米国 Google 社が提供している無料の特許検索データベースであり、日米欧中韓や PCT などの特許情報を収録している。通常の検索エンジンと同じようにキーワードを入力するだけで、Google 独自のアルゴリズムで関連する先行文献を関連度順にソートして表示する。また、公報番号を入力すればその公報の内容を見ることが可能で、かつ自動的に無効資料調査を実施する Find Prior Art（先行技術を探す）という機能がある。ここでは特許6469758を用いて公報番号検索および Find Prior Art（先行技術を探す）機能を試してみる。

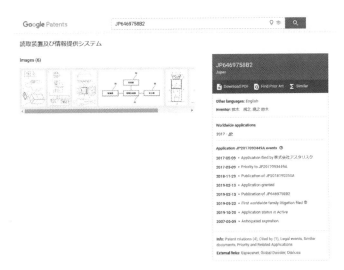

図157　Google Patents：JP6469758B2公報画面

---

[196] さすがに「母集団3件で調査をやります！」、とお客様に提示したことは過去に一度もない。しかし、お客様から「特許●●●●を無効化したいので見積書を作成していただけますか？」とご相談をいただき、事前検討・予備調査段階で非常に良い先行文献を見つかるケースも稀にある。

Google Patentsのトップページで公報番号　JP6469758B2　を入力する[197]。

［Find Prior Art］ボタンをクリックすると、自動的にキーワードや日付が抽出されて先行技術調査が実施される。

図158　Google Patent　Find Prior Arts：JP6469758B2　①

キーワードが自動的に設定されているが、自分で追加・修正・削除を行うことができるので、特徴的なキーワードなどを適宜追加すると良い。

また左下から、たとえば国を絞り込んだり（Patent Office）、言語（Language）で絞り込むことができる。なお、言語（Language）をJapnaeseとすると16件ヒットするが、以下の**図159**のように

---

[197] 特許6469758を入力しても、候補としてJP6469758B2が提示される。

7.1　検索式作成事例

図159　Google Patent　Find Prior Arts：JP6469758B2　②

特許だけではなく学術文献等の特許以外の文献もヒットしていることが分かる。

次に J-GLOBAL を用いた事例を示す。J-GLOBAL では各公報の詳細情報の右隣に関連検索画面があり

- この特許と内容が近い特許
- この特許と研究内容が近い研究者
- この特許と内容が近い文献
- この特許と内容が近い研究課題
- この特許の発明者または出願人と推定される研究者
- この特許が引用している特許
- この特許が引用している文献
- この特許を引用している特許

の8つが表示される。特許6469758の場合は以下のような表示となる[198]。

---

[198] J-GLOBAL のトップページ番号検索する際は出願番号または公開番号で検索すると良い。本事例の場合は2017-093449または2018-190255のいずれかで検索する。

第7章 特定テーマに基づいた特許情報調査

図160　J-GLOBAL　特許の詳細情報：特許6469758

　Google PatentsのFind Prior Art（先行技術を探す）と異なり、J-GLOBALの関連検索では日付限定などを行うことができないため、［もっと見る］ボタンから一覧を表示させて、調査基準日よりも前のものを確認しながら調査していかなければならない。
　その他、特許庁が知財インテリジェンスサービスとして紹介しているTechRadar Scope、PatentFieldなどの一部無料機能を活用することもできる。

7.1.5　侵害防止調査：ロボット掃除機の衝突防止機能

5つ目の例は侵害防止調査の事例を取り上げる。

> アイロボット社のルンバに代表されるロボット掃除機が普及している。ロボット掃除機において、レーザを用いて障害物を検知して、障害物に衝突しないように制御する機能について侵害防止の観点から調査を実施したい。

侵害防止調査の場合は、これまでの先行技術調査や無効資料調査などと異なり、どのような特許を抽出するか、またどのような特許をノイズと判断するか、調査初期段階における関連性マトリックスの策定が重要となる。

本事例では、ある会社Aが「ロボット掃除機の衝突防止機能」について実施しようとしているが、その実施に際して第三者の特許権を侵害していないか否かを確認する必要がある。その際、**表37**の検索式の作成方針マトリックスの該当であっても、どこまで含めるかが重要となる。つまり、障害物検知の手段がレーザでなかった場合に含めるか否かである。

表37　関連性マトリックス（例題：ロボット掃除機の衝突防止機能）①

背景技術 ロボット掃除機		構成要素①	
		障害物検知あり	障害物検知なし
構成要素②	衝突防止機能あり	該当	参考②
	衝突防止機能なし	参考①	ノイズ

またもう1つ重要な観点が、ロボット掃除機に限定するか否かである。背景技術としてロボット掃除機を置いているが、ロボット掃除機はドライバが介在しない自動運転車（自律走行車）と掃除機の機能を除けば同じ技術的特徴を有する。

表38　関連性マトリックス（例題：ロボット掃除機の衝突防止機能）②

背景技術 自動運転車・自律走行車		構成要素①	
		障害物検知あり	障害物検知なし
構成要素②	衝突防止機能あり	該当	参考②
	衝突防止機能なし	参考①	ノイズ

表38まで拡張して検索するか否かは、ケースバイケースであるが、本事例では**表37**の関連性マトリックスの該当を抽出するような検索式を作成する。ただし障害物検知の手段としては特にレーザに限定しないものとする。

侵害防止調査の場合は、登録特許、中でも権利存続中の登録特許を対象

にする点が先行技術調査や無効資料調査と異なっている[199]。J-PlatPatでは"権利存続中"の登録特許に限定することができないため、検索する際に検索オプションで"登録日ありで絞り込む"にチェックして、ヒットした公報の内容を確認すると同時に、4.1で説明したように経過情報から各特許の権利状況を確認する必要がある。また特許の権利存続期間は出願から20年であるため、出願日・国際出願日を用いて直近20年間に出願された特許に限定する。

図161に本例題の特許検索マトリックスを示す。表38のように調査対象範囲を拡張する際はキーワード／同義語の下にある上位概念の行に記入する。背景技術は掃除機だけではなく、ロボット（自動運転・自律走行）の2つとした。掃除機に主たる特徴がある先行文献（A47Lが付与される）でも、自動運転・自律走行に主たる特徴がある先行文献（G05Dが付与される）のいずれであってもヒットするように、キーワードとのAND演算の組み合わせを検討する。またこの例では自動運転・自律走行の衝突防止（G05D1/02@S）や、（障害物）検知および衝突防止にも該当の特許分類（G01S13/93など）が存在するので、丁寧に特許分類を抽出していくことが重要である。

調査観点		背景技術①	背景技術②	構成要素①	構成要素②
		掃除機	ロボット（自動運転・自律走行）	（障害物）検知	衝突防止
上位概念					
キーワード・同義語		掃除機+掃除器+清掃器+清掃機+クリーナ	ロボット+自走式+自律走行+自律移動+自律式移動	障害物*(検知+検出+感知+センサ+センシング)	衝突防止+衝突予防+衝突回避+衝突緩和+衝突抑制
IPC	サブクラス				
	メイン	A47L9/00			
	サブグループ				
FI	サブクラス				
	メイン	A47L9/00		G01S7/00	
	サブグループ			G01S13/93+G01S15/93+G01S17/93+G08G1/16	
	フル		A47L9/28@E		
	フル		G05D1/02@H		
	フル		G05D1/02@S		G05D1/02@S
Fターム	テーマコード				
	Fターム		5H301BB11	5H301GG05	5H301LL00

図161 特許検索マトリックス（例題：ロボット掃除機の衝突防止機能）

7.1 検索式作成事例

　検索式としては以下の5パターンを検討した。なお、日付限定を含めると煩雑になってしまうため以下で示す検索式では日付限定を行っていない点に留意されたい（以下では登録案件に限定していない）。

パターン	検索キーの組み合わせ方	ヒット件数
A	キーワードのみ	45
B	特許分類とキーワードの掛け算①	74
C	特許分類のみの演算①	8
D	特許分類のみの演算②	643
E	特許分類とキーワードの掛け算②	119
合計（ただし年度限定なし、公報種別限定なし）		749

A：キーワードのみ①：ヒット件数45件

調査観点			背景技術①	背景技術②	構成要素①	構成要素②
			掃除機	ロボット（自動運転・自律走行）	（障害物）検知	衝突防止
上位概念						
キーワード・同義語			掃除機+掃除器+清掃器+清掃機+クリーナ	ロボット+自走式+自律走行+自律移動+自律式移動	障害物*(検知+検出+感知+センサ+センシング)	衝突防止+衝突予防+衝突回避+衝突緩和+衝突抑制
IPC	サブクラス					
	メイン		A47L9/00			
	サブグループ					
FI	サブクラス					
	メイン		A47L9/00		G01S7/00	
	サブグループ				G01S13/93+G01S15/93+G01S17/93+G08G1/16	
	フル			A47L9/28@E		
	フル			G05D1/02@H		
	フル			G05D1/02@S		G05D1/02@S
Fターム	テーマコード					
	Fターム		5H301BB11		5H301GG05	5H301LL00

---

[199] 公開特許で生きているもの（審査請求期間内、審査中のもの等）も含めて侵害防止調査を実施する場合もある。

第7章 特定テーマに基づいた特許情報調査

> [掃除機/CL＋掃除器/CL＋清掃器/CL＋清掃機/CL＋クリーナ/CL]＊[ロボット/CL＋自走式/CL＋自律走行/CL＋自律移動/CL＋自律式移動/CL]＊[検知/CL＋検出/CL＋感知/CL＋センサ/CL＋センシング/CL]＊[衝突/CL]

＜検索式作成の考え方＞

キーワードのみの検索式である。キーワードを用いる際に以下の2つについて工夫した。1つは障害物検知については検知＋検出＋感知＋センサ＋センシングのみを用いて、障害物はあえて用いていない点、もう1つは衝突防止関連キーワードは衝突としてまとめた点である。

障害物検知については、検知＋検出＋感知＋センサ＋センシングなどがあれば、何かしらを検知しており、それが障害物である可能性は高い（特に衝突というキーワードとAND演算を行っているので）。そのためあえて障害物というキーワードは掛けていない。

また衝突防止関連については、本テーマでは積極的に衝突を促進するような技術はあまり考えられないので、衝突というキーワードがあれば防止、予防、回避などのキーワードがセットになるだろうという推定のもの、衝突のみにしている（近傍検索を用いるのも1つの手である）。

B：特許分類とキーワードの掛け算①：ヒット件数74件

調査観点		背景技術①	背景技術②	構成要素①	構成要素②
		掃除機	ロボット（自動運転・自律走行）	（障害物）検知	衝突防止
上位概念					
キーワード・同義語		掃除機+掃除器+清掃器+清掃機+クリーナ	ロボット+自走式+自律走行+自律移動+自律式移動	障害物*(検知+検出+感知+センサ+センシング)	衝突防止+衝突予防+衝突回避+衝突緩和+衝突抑制
IPC	サブクラス				
	メイン	A47L9/00			
	サブグループ				
FI	サブクラス				
	メイン	A47L9/00		G01S7/00	
	サブグループ			G01S13/93+G01S15/93+G01S17/93+G08G1/16	
	フル	A47L9/28@E			
	フル		G05D1/02@H		
	フル		G05D1/02@S		G05D1/02@S
Fターム	テーマコード				
	Fターム		5H301BB11	5H301GG05	5H301LL00

[A47L9/28@E/FI]＊[検知/CL＋検出/CL＋感知/CL＋センサ/CL＋センシング/CL]＊[衝突/CL]

＜分類定義＞

A47L9/00　　　吸引掃除機の細部または付属品、例．吸気を調節するかまたは振動作用を生じる機械的装置；吸引掃除機またはその部品に特に適用される収納装置；吸引掃除機に特に適用される運搬車

A47L9/28　　　・電気器機の設備、例．吸引掃除機の適用または取付け；電気装置による吸引掃除機の調整

A47L9/28@E　　・自走式掃除機

＜検索式作成の考え方＞

　FIとキーワードのAND演算である。FIは自動式掃除機という定義であり。背景技術①と背景技術②にまたがる分類である。これにキーワードをAND演算するが、障害物検知および衝突防止関連キーワードについては検索式パターンAで述べたのと同様である。

C：特許分類のみの演算①：ヒット件数8件

調査観点		背景技術①	背景技術②	構成要素①	構成要素②
		掃除機	ロボット（自動運転・自律走行）	（障害物）検知	衝突防止
上位概念					
キーワード・同義語		掃除機+掃除器+清掃器+清掃機+クリーナ	ロボット+自走式+自律走行+自律移動+自律式移動	障害物+(検知+検出+感知+センサ+センシング)	衝突防止+衝突予防+衝突回避+衝突緩和+衝突抑制
IPC	サブクラス				
	メイン	A47L9/00			
	サブグループ				
FI	サブクラス				
	メイン	A47L9/00		G01S7/00	
	サブグループ			G01S13/93+G01S15/93+G01S17/93+G08G1/16	
	フル	A47L9/28@E			
	フル		G05D1/02@H		
	フル		G05D1/02@S		G05D1/02@S
Fターム	テーマコード				
	Fターム		5H301BB11	5H301GG05	5H301LL00

[A47L9/28@E/FI]*[G01S13/93/FI ＋ G01S15/93/FI ＋ G01S17/93/FI ＋ G08G1/16/FI]

＜分類定義＞

A47L9/00	吸引掃除機の細部または付属品、例．吸気を調節するかまたは振動作用を生じる機械的装置；吸引掃除機またはその部品に特に適用される収納装置；吸引掃除機に特に適用される運搬車
A47L9/28	・電気器機の設備、例．吸引掃除機の適用または取付け；電気装置による吸引掃除機の調整
A47L9/28@E	**・自走式掃除機**
G01S13/00	電波の反射または再放射を使用する方式、例．レーダ方式；波長または波の性質が無関係または不特定の波の反射または再放射を使用する類似の方式
G01S13/93	**・・衝突防止目的のもの**
G01S15/00	音波の反射または再放射を使用する方式、例．ソナー方式

7.1 検索式作成事例

G01S15/93　　　・・衝突防止目的のもの
G01S17/00　　　電波以外の電磁波の反射または再放射を使用する方式、例.ライダー方式
G01S17/93　　　・・衝突防止目的のもの
G08G1/00　　　道路上の車両に対する交通制御システム
G08G1/16　　　・衝突防止システム

<検索式作成の考え方>
　検索式パターンCは特許分類のみの演算である。自走式掃除機のA47L9/28@Eに、衝突防止（障害物検知も含意している）G01S13/93＋G01S15/93＋G01S17/93＋G08G1/16をAND演算している。
　なお、障害物検知・衝突防止を行う必要のある掃除機は自走式・自律移動式であるので、掛け合わせるFIをA47L9/28@EではなくA47L9/00とメイングループにするのも1つの手である（なお、A47L9/28@EではなくA47L9/00にするとヒット件数は14件になる）。

D：特許分類のみの演算②：ヒット件数643件

調査観点		背景技術①	背景技術②	構成要素①	構成要素②
		掃除機	ロボット（自動運転・自律走行）	（障害物）検知	衝突防止
上位概念					
キーワード・同義語		掃除機＋掃除器＋清掃器＋清掃機＋クリーナ	ロボット＋自走式＋自律走行＋自律移動＋自律式移動	障害物*（検知＋検出＋感知＋センサ＋センシング）	衝突防止＋衝突予防＋衝突回避＋衝突緩和＋衝突抑制
IPC	サブクラス				
	メイン	A47L9/00			
	サブグループ				
FI	サブクラス				
	メイン	A47L9/00		G01S7/00	
	サブグループ			G01S13/93＋G01S15/93＋G01S17/93＋G08G1/16	
	フル		A47L9/28@E		
	フル		G05D1/02@H		
	フル		G05D1/02@S		G05D1/02@S
Fターム	テーマコード				
	Fターム		5H301BB11	5H301GG05	5H301LL00

[5H301BB11/FT] * [5H301GG05/FT] * [5H301LL00/FT]

第7章 特定テーマに基づいた特許情報調査

＜分類定義＞

5H301	移動体の位置、進路、高度又は姿勢の制御
5H301BB00	用途、移動体の種類
5H301BB11	・掃除機
5H301GG00	移動体上に設けられた検出手段
5H301GG05	・走行基準物、障害物、作業対象の検出手段
5H301LL00	衝突防止

＜検索式作成の考え方＞

　Fタームのみの演算である。Fターム5H301「移動体の位置、進路、高度又は姿勢の制御」内に、各調査観点に対応するFタームがあるので、AND演算を行う。ヒット件数もかなりあるため、これがロボット掃除機の衝突防止機能についての中心となる検索式だと考えられるが、あくまでもFターム5H301（FI適用範囲　G05D1/00-1/12@Z）をベースとした式であるため、A47L9/00やG01Sなどの異なる特許分類が主たる分野である場合についてもしっかりと検索式を作成しなければならない。

E：特許分類とキーワードの掛け算③：ヒット件数119件

調査観点		背景技術①	背景技術②	構成要素①	構成要素②
		掃除機	ロボット（自動運転・自律走行）	（障害物）検知	衝突防止
上位概念					
キーワード・同義語		掃除機+掃除器+清掃器+清掃機+クリーナ	ロボット+自走式+自律走行+自律移動+自律式移動	障害物*(検知+検出+感知+センサ+センシング)	衝突防止+衝突予防+衝突回避+衝突緩和+衝突抑制
IPC	サブクラス				
	メイン	A47L9/00			
	サブグループ				
FI	サブクラス				
	メイン	A47L9/00		G01S7/00	
	サブグループ			G01S13/93+G01S15/93+G01S17/93+G08G1/16	
	フル	A47L9/28@E			
	フル		G05D1/02@H		
	フル		G05D1/02@S		G05D1/02@S
Fターム	テーマコード				
	Fターム		5H301BB11	5H301GG05	5H301LL00

> [掃除機/TX＋掃除器/TX＋清掃器/TX＋清掃機/TX＋クリーナ/TX]＊[G05D1/02@S/FI]

<分類定義>

G05D1/00　　　　陸用、水用、空中用、宇宙用運行体の位置、進路、高度
　　　　　　　　または姿勢の制御、例．自動操縦
G05D1/02　　　　・二次元の位置または進路の制御
G05D1/02@R　　　保護・安全装置
G05D1/02@S　　**・衝突防止装置**

<検索式作成の考え方>

　FIとキーワードのAND演算であるが、背景技術①の掃除機をキーワードとしている。G05D1/02@Sは自動運転車・自律走行車の衝突防止装置であることから、その用途の1つである掃除機は要約や特許請求の範囲ではなく、全文中に記載される可能性が高いと考え、掃除機関係のキーワード範囲は［全文］としている。

　J-PlatPat論理式の形で表現すると以下のようになり、749件がヒットする（2019年10月20現在）。種別は　国内文献　を選択している。

> [掃除機/CL＋掃除器/CL＋清掃器/CL＋清掃機/CL＋クリーナ/CL]＊[ロボット/CL＋自走式/CL＋自律走行/CL＋自律移動/CL＋自律式移動/CL]＊[検知/CL＋検出/CL＋感知/CL＋センサ/CL＋センシング/CL]＊[衝突/CL]＋[A47L9/28@E/FI]＊[検知/CL＋検出/CL＋感知/CL＋センサ/CL＋センシング/CL]＊[衝突/CL]＋[A47L9/28@E/FI]＊[G01S13/93/FI＋G01S15/93/FI＋G01S17/93/FI＋G08G1/16/FI]＋[5H301BB11/FT]＊[5H301GG05/FT]＊[5H301LL00/FT]＋[掃除機/TX＋掃除器/TX＋清掃器/TX＋清掃機/TX＋クリーナ/TX]＊[G05D1/02@S/FI]

新しい J-PlatPat では論理式中に日付指定を入れることはできないため、検索オプションで［出願日］を選び、直近20年間を調査対象期間として設定する。また、登録になっている案件に限定するのであれば、同じく検索オプションの［登録案件検索］で"登録日ありで絞り込む"にチェックをつける。

上記検索式で1999年1月1日出願以降、登録案件に限定すると162件となる（2019年10月20日現在）。ただしこれには現在審査中や審査請求期間内の公開公報は含まれていないので、生きている特許を対象に調査をする場合は、日付指定や登録案件検索を行わず、公報1件1件の［経過情報］を確認の上、調べれば良い[200]。

7.1.6　技術動向調査：機械学習

検索式事例の最後に技術動向調査の例を取り上げる。現在第3次人工知能ブームで機械学習（マシンラーニング）や深層学習（ディープラーニング）に注目が集まっている。ここでは機械学習がどのような製品・サービスに適用されているのか把握するための特許出願動向の分析母集団を作成する。

> *機械学習がどのような製品・サービスに利用されているのか把握するための技術動向分析を実施するための分析母集団を作成する*

技術動向調査の場合、機械学習そのものの発明だけの特許集合を形成したいのか、それとも機械学習を用いた用途発明のように機械学習そのものの発明ではない部分も含めて集合を形成したいのか、どこまでを抽出範囲とするか決めなければならない。また、テーマとして機械学習と設定しているが、本当に機械学習だけで良いのか？たとえば第3次人工知能ブームの前提となっている第2次人工知能ブームのニューラルネットワーク関連の特許は含めなくて良いのか、近年注目を集めている深層学習・ディープラーニングは含めなくて良いのか？という点も実際に検索式を構築する前

---

[200] 侵害防止調査であっても、死んでいる特許（既に消滅している特許やみなし取り下げとなった特許など）を含めて調査を実施する場合もある。自社実施予定技術・サービスに関連する死んでいる特許があった場合、その特許の内容については既に公知であるため自由実施技術として利用することができるからである。

7.1 検索式作成事例

段階で確認しておく必要がある。

　今回はあくまでも機械学習そのものと機械学習の用途発明に着目して母集団を形成するものとする。本例題の特許検索マトリックスを**図162**に示す。

		背景技術	構成要素①
調査観点		人工知能	学習・訓練（機械学習）
上位概念			
キーワード・同義語		機械学習+マシンラーニング+マシン・ラーニング+マシーンラーニング+マシーン・ラーニング+教師あり学習+教師なし学習+強化学習+トランスダクション+トランスダクティブ推論+マルチタスク学習	
キーワード・同義語		人工知能	訓練データ+教師データ+学習器
IPC	サブクラス	G06N	
	メイン		
	サブグループ	G06N20/00+G06F15/18	
FI	サブクラス	G06N	
	メイン		
	サブグループ	G06N20/00+G06F15/18	
	フル	G06N3/08,140+G06N3/08,180	
Fターム	テーマコード		
	Fターム		

図162　特許検索マトリックス（例題：機械学習）

　背景技術は人工知能であり、構成要素①として学習・訓練を設定した。なお特許分類について、特許・実用新案分類照会（PMGS）キーワード検索において、FI/ファセット単位で「機械学習」で検索すると

表39　特許・実用新案分類照会（PMGS）キーワード検索結果

FI	定義
A61B1/045、614	‥‥**機械学習**、データマイニングまたは統計分析を行うもの、例．人工知能を用いた病変部抽出；クラスタ分析による病変部抽出
G05B13/00	適応制御系、すなわちあらかじめ指定された規準に対して最適である行動を行なうようにそれ自体を自動的に調整する系（G05B19/00が優先；**機械学習** G06N20/00）［2006.01］
G06N20/00	**機械学習**［2019.01］
G16B40/00	生物統計学に特に適合したICT；バイオインフォマティクスに関連した**機械学習**またはデータマイニングに特に適合したICT、例．知識発見またはパターン検出［2019.01］
G16C20/70	・**機械学習**、データマイニングまたはケモメトリックス［2019.01］

第7章 特定テーマに基づいた特許情報調査

のように特許検索マトリックスで用いた G06N20/00 以外にも A61B1/045,614、G05B13/00、G16C20/70 がヒットする。分類の定義より機械学習に関連することは間違いないが、機械学習ではない技術も混ざっていると予想される。本例題では機械学習の技術トレンドを把握するための母集団形成を主眼としているので、これらの特許分類は含めていない。

検索式としては以下の3パターンを検討した。

パターン	検索キーの組み合わせ方	ヒット件数
A	キーワードのみ	3,424
B	特許分類とキーワードの掛け算	837
C	特許分類のみ	7,594
合計		10,496

A:キーワードのみ:ヒット件数3,424件

		背景技術	構成要素①
調査観点		人工知能	学習・訓練（機械学習）
上位概念			
キーワード・同義語		機械学習+マシンラーニング+マシン・ラーニング+マシーンラーニング+マシーン・ラーニング+教師あり学習+教師なし学習+強化学習+トランスダクション+トランスダクティブ推論+マルチタスク学習	
キーワード・同義語		人工知能	訓練データ+教師データ+学習器
IPC	サブクラス	G06N	
	メイン		
	サブグループ	G06N20/00+G06F15/18	
FI	サブクラス	G06N	
	メイン		
	サブグループ	G06N20/00+G06F15/18	
	フル	G06N3/08,140+G06N3/08,180	
Fターム	テーマコード		
	Fターム		

[機械学習/CL ＋マシンラーニング/CL ＋マシン・ラーニング/CL ＋マシーンラーニング/CL ＋マシーン・ラーニング/CL ＋教師あり学習/CL ＋教師なし学習/CL ＋強化学習/CL ＋トランスダクション/CL ＋トランスダクティブ推論/CL ＋マルチタスク学習/CL]

7.1 検索式作成事例

＜検索式作成の考え方＞
　キーワードのみのオーソドックスなパターンである。機械学習（人工知能）の特許分類が付与されていないため、機械学習そのものというよりも、機械学習の用途発明を抽出するための検索式である。キーワード範囲は［請求の範囲］としているが、より網羅的な分析対象母集団を形成したい場合は［全文］でも良い。

B：特許分類とキーワードの掛け算：ヒット件数837件

		背景技術	構成要素①
調査観点		人工知能	学習・訓練（機械学習）
上位概念			
キーワード・同義語		機械学習+マシンラーニング+マシン・ラーニング+マシーンラーニング+マシーン・ラーニング+教師あり学習+教師なし学習+強化学習+トランスダクション+トランスダクティブ推論+マルチタスク学習	
キーワード・同義語		人工知能	訓練データ+教師データ+学習器
IPC	サブクラス	G06N	
	メイン		
	サブグループ	G06N20/00+G06F15/18	
FI	サブクラス	G06N	
	メイン		
	サブグループ	G06N20/00+G06F15/18	
	フル	G06N3/08,140+G06N3/08,180	
Fターム	テーマコード		
	Fターム		

［G06N/IP ＋ G06N/FI］*［訓練データ /AB ＋教師データ /AB ＋学習器 /AB ＋訓練データ /CL ＋教師データ /CL ＋学習器 /CL］

＜分類定義＞
G06N　　　　　特定の計算モデルに基づくコンピュータ・システム

＜検索式作成の考え方＞
　人工知能関連の特許分類 G06N に、機械学習の特徴である"学習"関連のキーワードを掛け合わせている。次の検索式パターン C では機械学習そのものの分類として G06N20/00 を用いるが、この分類は新しく設置さ

第7章　特定テーマに基づいた特許情報調査

れたばかりであり、過去遡及分に付与されていない可能性もあるので、再現率を高めるためにこのパターンBを設定した。

C：特許分類のみ：ヒット件数7,594件

調査観点		背景技術	構成要素①
		人工知能	学習・訓練（機械学習）
上位概念			
キーワード・同義語			機械学習+マシンラーニング+マシン・ラーニング+マシーンラーニング+マシーン・ラーニング+教師あり学習+教師なし学習+強化学習+トランスダクション+トランスダクティブ推論+マルチタスク学習
キーワード・同義語		人工知能	訓練データ+教師データ+学習器
IPC	サブクラス	G06N	
	メイン		
	サブグループ	G06N20/00+G06F15/18	
FI	サブクラス	G06N	
	メイン		
	サブグループ	G06N20/00+G06F15/18	
	フル	G06N3/08,140+G06N3/08,180	
Fターム	テーマコード		
	Fターム		

[G06N20/00/IP ＋ G06F15/18/IP ＋ G06N20/00/FI ＋ G06F15/18/FI ＋ G06N3/08,140/FI ＋ G06N3/08,180/FI]

＜分類定義＞

G06F	電気的デジタルデータ処理
G06F15/00	デジタル計算機一般
G06F15/18	・計算機自身がある動作期間で得た経験に応じてプログラムが変化されるもの；学習機械
G06N	特定の計算モデルに基づくコンピュータ・システム
G06N3/00	生物学的モデルに基づくコンピュータシステム
G06N3/08	・・学習方法
G06N3/08,140	・・・バックプロパゲーション
G06N3/08,180	・・・教師なし学習、例．競合学習
G06N20/00	**機械学習**

＜検索式作成の考え方＞

機械学習に関連する特許分類のみの OR 演算である。G06F15/18は旧分類であり、現在は存在しない（G06N20/00へ移動）。またそれ以外の分類については、機械学習そのものの分類や機械学習関連のキーワードが定義となっている特許分類である。

論理式を整えて検索すると、ヒット件数が10,496件となる（2019年10月20日現在）。

図163　J-PlatPat 論理式検索結果（例題：機械学習）

J-PlatPat 特許・実用新案検索メニューではヒット件数が3,000件以内にならないと結果一覧を表示できないため、検索オプションの日付指定から3,000件以内に調整する。

第7章 特定テーマに基づいた特許情報調査

図164 J-PlatPat 論理式検索結果②（例題：機械学習）

本例題では以下の4つの期間（公知日／発行日）で区切れば良い。

表40 日付指定による母集団分割（例題：機械学習）

日付パターン	開始日	終了日	ヒット件数
①		19931231	2,254
②	19940101	20011231	2,784
③	20020101	20161231	2,746
④	20170101		2,712

ヒットした母集団を MS Excel リスト化する方法については**8.2.3**を参照されたい。

7.2 検索式作成パターンのまとめと応用

7.1.1から7.1.6まで、無効資料調査の事例を除き、5つの検索式事例を紹介した。ここでは検索式作成パターンをまとめる。

先行技術調査、無効資料調査、技術収集調査または技術動向調査を行う際に、調査観点が背景技術、調査観点①（課題または技術的特徴）、調査観点②（技術的特徴）の3つから構成される場合、特許検索マトリックスが以下の**表41**のようにできたとする（すべてのセルが埋まることはないが、ここでは検索式作成パターンを説明するためにすべてのセルに検索キーが埋まったと仮定する）。

表41　検索式作成パターンのまとめ

検索キー	背景技術	調査観点① （課題または 技術的特徴）	調査観点② （技術的特徴）
キーワード （名称＋要約）	B-TA	KF1-TA	KF2-TA
キーワード （名称＋要約＋請求の範囲）	B-TAC	KF1-TAC	KF2-TAC
キーワード （全文）	B-FT	KF1-FT	KF2-FT
特許分類	BESTFIT-CLASS		
特許分類 IPC・FI・CPC （メイングループ）	B-MG	KF1-MG	KF2-MG
特許分類 IPC・FI・CPC （サブグループ）	B-SG	KF1-SG	KF2-SG
特許分類 FI・CPC （細分化：展開記号等）	B-FULL	KF1-FULL	KF2-FULL
特許分類 Fターム	B-FTM	KF1-FTM	KF2-FTM

このような場合、検索式の組み合わせパターンとしてミニマムパターンと標準パターン、拡張パターンを提示しておく（有料データベースでのコマンド検索的な表記としている）。太字・下線部が各パターンにおける母集団である。

第7章 特定テーマに基づいた特許情報調査

＜ミニマムパターン：特に出願前の先行技術調査＞

集合	検索式
＃1	BESTFIT-CLASS [201]
＃2	B-TA and KF1-TA and KF2-TA
＃3	B-MG and KF1-TAC and KF2-TAC
＃4	＃1 or ＃2 or ＃3

＜標準パターン＞

集合	検索式
＃1	BESTFIT-CLASS
＃2	B-TA and KF1-TA and KF2-TA
＃3	B-MG and KF1-TAC and KF2-TAC
＃4	＃1 or ＃2 or ＃3
＃5	B-SG and KF1-FT and KF2-FT
＃6	B-FULL and (KF1-TAC and KF2-TAC)
＃7	B-FTM and KF1-FTM and KF2-FTM
＃8	＃5 or ＃6 or ＃7
＃9	＃4 or ＃8

＜拡張パターン＞

集合	検索式
＃1	BESTFIT-CLASS
＃2	B-TA and KF1-TA and KF2-TA
＃3	B-MG and KF1-TAC and KF2-TAC
＃4	＃1 or ＃2 or ＃3
＃5	B-SG and KF1-FT and KF2-FT
＃6	B-FULL and (KF1-TAC and KF2-TAC)
＃7	B-FTM and KF1-FTM and KF2-FTM

---

[201] ミニマムパターンにBESTFIT-CLASSを含めるか否かはヒット件数次第。なお、BESTFIT-CLASSが存在するケースというのはそれほど多くない。

7.2 検索式作成パターンのまとめと応用

#8	#5 or #6 or #7
#9	B-MG and KF1-MG and KF2-FT
#10	B-MG and KF1-FT and KF2-MG
#11	B-FULL and (KF1-FULL or KF2-FULL)
#12	KF1-MG and B-TAC and KF2-TAC
#13	KF1-SG and B-FT and KF2-FT
#14	KF2-MG and B-TAC and KF1-TAC
#15	KF2-SG and B-FT and KF1-FT
#16	#9 or #10 or #11 or #12 or #13 or #14 or #15
#17	**#4 or #8 or #16**

　特許検索マトリックスを作成してしまえば、いろいろな検索キーの組み合わせを試すことができる。しかしあらゆる検索キーの組み合わせが精度・再現率向上に寄与するかというと必ずしもそうではない。上記で提示したのはあくまでも1つの型であり、本書を読んでいる皆様ご自身の組織・担当技術分野に応じてカスタマイズして利用していただきたい。

コラム　検索テーマが課題・目的の場合のアプローチ

　いま目の前に川があるとする。その川を渡りたいのだが、橋を使ってはいけない。実現可能かどうかはおいておき、さて読者の皆様はどのような手段で川を渡るだろうか？

　これは著者が検索式作成研修の際に用いる例題であり、特に検索テーマが課題・目的の場合のアプローチを考えてもらうためのものである。

　著者が知財業界に入社した2000年代前半に担当した調査・分析プロジェクトは、技術的な面に基づくものが圧倒的に多かった。しかし、昨今はSDGs（持続可能な開発目標）に代表されるような社会課題に基づいて特許情報調査・分析をするケースも増えつつある。そこで本コラムでは調査対象テーマが課題や目的の場合にどのようにアプローチすれば良いかを簡単に述べる。

　既に7.1.2の子供用安全ライターの事例でも述べているが、調査対象テーマが課題や目的の場合は、

- ✓ 課題・目的の同義語を抽出
- ✓ 課題・目的を解決するための技術を検討

の2つのアプローチを取る。課題・目的の同義語を抽出するのは、技術キーワードの同義語を抽出するプロセスをそれほど大きく変わらないので、6.5を参照すれば良い。一方、課題・目的を解決するための技術を検討というのは、どのような技術があるか既存の手段と新しい手段をアイデア出しすることに他ならない。アイデア出しを行う上で、他分野のFタームなどが参考になるケースもある。

　さて冒頭の橋以外の手段で川を渡る方法について思いついただろうか？

第 8 章
公報の読み方と調査結果のまとめ方

第 8 章　公報の読み方と調査結果のまとめ方

　第 6 章および第 7 章では、検索式構築の方法について述べてきた。本章では構築した検索式でヒットした特許の母集団をどのように読んでいくのか、また調査の種類別にどのように調査結果をまとめていけば良いのか、さらに機械翻訳等を活用した海外特許公報の効率的な読み方について説明する。

8.1　公報を読むための基礎知識

8.1.1　公報の構成と発明の理解

　ヒットした特許の母集団を読むにあたって公報の構成について理解する必要がある。次頁に特許公報の構成を模式的に示す。公報のフロントページ、つまり 1 ページ目には書誌的事項や要約が書いてある。そして、2 ページ目以降に【特許請求の範囲】（クレーム）や【発明の詳細な説明】、【図面】が掲載されている[202]。

　特許公報の構成を把握する際、「発明とは何らかの課題を解決するためのもの」であると認識すること、つまり「何か困ったこと・悩ましいことがあって、それを解決するためにこのような発明をしました」ということを理解するのが重要である。この重要なポイントを踏まえて特許公報の内容（＝発明の内容）を把握する読み方に入る。

---

[202] 登録公報では【要約】が掲載されていないため、1 ページ目の下半分から【特許請求の範囲】が掲載されている。また公開公報発行前に登録公報が発行される場合は、登録公報の【発明の詳細な説明】の後ろに【要約】が掲載されている。

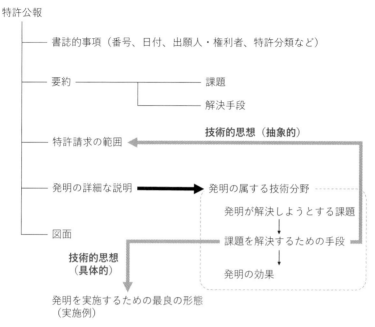

図165　特許公報の構成（特に公開特許公報）

　まず【要約】や【発明の属する技術分野】から公報で開示されている技術の概要を把握する。次に【発明の詳細な説明】の中に書いてある【発明が解決すべき課題】を読んで、どういう課題があるのか（つまりどういうことで困っているのか）把握する。この課題に対して、解決手段を述べているのが【発明の詳細な説明】の中に書いてある【課題を解決するための手段】になり、【課題を解決するための手段】を技術的思想として抽象的にまとめたものが【特許請求の範囲】になる。

　【課題を解決するための手段】を具体的に説明しているのが【発明を実施するための最良の形態】、【実施例】になる。特許法第36条第4項1号で定義されているように【発明の詳細な説明】はその発明の属する技術の分野における通常の知識を有する者（＝当業者）がその実施をすることができる程度に明確かつ十分に記載したものであること、が求められている。

> 第36条
> 4　前項第3号の発明の詳細な説明の記載は、次の各号に適合するものでなければならない。
> 一　経済産業省令で定めるところにより、その発明の属する技術の分野における通常の知識を有する者がその実施をすることができる程度に明確かつ十分に記載したものであること。

　抽象的な表現の【特許請求の範囲】と具体的な表現の【実施例】のいずれかで解決手段について理解をすれば、特許公報の内容（＝発明の内容）を理解することができる。上記は、あくまでも一般的な特許公報の読み方であり、特許公報1件1件の中身を把握・理解するための読み方である。どちらかと言えば技術者・開発者向けの特許公報の読み方、つまり、特許の技術的内容をより深く理解する読み方と言える。

8.1.2　調査種類別の公報の読み込み範囲

　公報の読み方には大きく分けると以下の2種類ある[203]。

- ✓　技術情報的な読み方
- ✓　権利情報的な読み方

　これは特許情報が技術情報であると同時に、権利情報でもあるという二面性を持っているためである。技術情報的な読み方は、これまで説明してきたような読み方で対応できる。しかし権利情報的な読み方[204]では、主に【特許請求の範囲】に記載された発明の技術的範囲を特定する必要がある

---

[203] 特許情報には権利的側面と技術的側面、そして経営的側面の3つがある。公報を読むという観点では権利的・技術的の2面となるが、分析対象資料としての特許には経営的側面もある。
[204] 新規性・進歩性の判断については工業所有権情報・研修館の資料（[工業所有権情報・研修館, 先行技術文献調査実務［第五版］, 2018]、[工業所有権情報・研修館, 特許文献検索実務（理論と演習）［第四版］, 2018]）や［高橋政治, 2019］、[永野, 2019] などを参照。

ので、注意深く読んでいく必要がある。特に読み方として重要なのは上位概念、下位概念を意識しながら読んでいくことである。

> *（特許発明の技術的範囲）*
> *第70条*
> 　*特許発明の技術的範囲は、願書に添付した特許請求の範囲の記載に基づいて定めなければならない。*
> *2　前項の場合においては、願書に添付した明細書の記載及び図面を考慮して、特許請求の範囲に記載された用語の意義を解釈するものとする。*
> *3　前二項の場合においては、願書に添付した要約書の記載を考慮してはならない。*

表42に調査種類別の読み込み範囲を示す[205]。**第7章**で取り上げた特許調査の種類別に読み込み範囲および読み方を示している。

表42　調査種類別の読み込み範囲

種類	読み込み範囲	読み方
先行技術調査	要約・実施例	権利情報的な読み方 （新規性・進歩性）
技術収集調査	要約・特許請求の範囲・実施例	技術情報的な読み方
無効資料調査	要約・実施例	権利情報的な読み方 （無効・有効／新規性・進歩性）
侵害防止調査	特許請求の範囲	権利情報的な読み方 （侵害・非侵害）
技術動向調査	要約・特許請求の範囲・実施例	技術情報的な読み方

---

[205] それぞれの調査において**表32**に示した読み込み範囲"しか"読まないわけではなく、適宜明細書全体を参照する。特に侵害防止調査の場合、特許請求の範囲（クレーム）の記載だけでは理解できないことがあるので、実施例等を参照しながら理解を進めている。

第8章 公報の読み方と調査結果のまとめ方

　出願前の先行技術調査、無効資料調査や侵害防止調査のような権利情報的な調査の場合は、【特許請求の範囲】の記載だけではなく新規性・進歩性や侵害・非侵害の概念についても理解しておく必要がある。ここでは詳細について説明しないが、参考として新規性・進歩性の判断手順例について図166に示す。

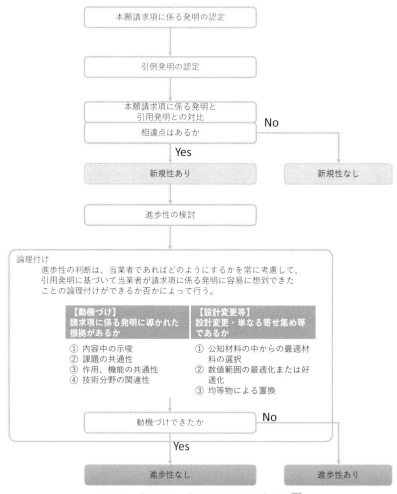

図166　新規性・進歩性の判断手順例[206]

8.2 公報の読み方[207]

8.2.1 公報のスクリーニングと精査

公報の構成および1件1件の公報の内容を把握するための読み方については、8.1.1で説明したが、実際の特許調査においては1つの案件において数百件から数千件程度の母集団を形成して読み込みを行わなければならない。**第7章**で挙げた検索事例のヒット件数は以下のようになる。

表43 検索式作成事例一覧

種類	事例のテーマ	想定される母集団・ヒット件数	実際のヒット件数
先行技術調査	橋梁点検用ドローン	100〜500件	86件
先行技術調査	子供用安全ライター	100〜500件	98件
技術収集調査	硫化物系固体電解質を用いた全固体電池	300〜1,000件	495件
無効資料調査	セルフレジ（無人店舗）	300〜1,000件	検索式作成なし
侵害防止調査	ロボット掃除機の衝突防止機能	500〜2,000件	749件
技術動向調査	機械学習	1,000件〜	10,496件

たとえば出願前調査の事例でヒットした86件の読み込みを実際に行っていく場合、1件1件の公報について精査していると公報読み込みだけで非常に多くの時間がかかってしまう。そのため、通常は

1. 1次スクリーニング　　例：86件から20件
2. 2次スクリーニング　　例：20件から10件
3. 精査　　　　　　　　例：10件について調査報告書作成

---

[206] 出所：［工業所有権情報・研修館, 先行技術文献調査実務［第五版］, 2018］。また［日本国特許庁, 特許・実用新案審査基準, 2019］の第Ⅲ部　特許要件　第2章　新規性・進歩性　第3節　新規性・進歩性の審査の進め方も参照されたい。
[207] 公報の読み方に特化した書籍はほとんどなく、［神谷, 2004］や［安河内 延原, 2014］が出版されている程度である。

のような3段階程度に公報読み込みのステップを分けるのが一般的である[208]。**表44**に公報読み込みのステップを示す。

表44　公報読み込みのステップ

ステップ	ステップの詳細
ステップ1 該当・ノイズ基準の明確化	● 関連性マトリックスの作成・確認
ステップ2 ノイズ公報の除去	● 1件当たり1～数分で確認 ● 調査対象技術と全く関連のないノイズ公報の除去 ● 公報の読み込み範囲は【発明の名称】、【要約】
ステップ3 関連性がある公報の選定	● 1件当たり数分～15分で確認 ● 1次スクリーニング段階で関連性があると判断した公報、または、判断がつかなかった公報の詳細読込 ● 公報の読み込み範囲は公報全体 ● 出願前調査や無効資料調査であれば関連度・カテゴリとしてX、Y、Aのような判断を行う（2.1.5参照）
ステップ4 精査・調査報告書作成	● 8.4で述べるような調査報告書をまとめるために、再度公報の内容を確認

　1次スクリーニングでは公報の読み込み範囲を【発明の名称】、【要約】（機械系や構造系の特許調査の場合は【図面】も1次スクリーニングの読み込み範囲に含めても良い）に限定し、1件当たり1～数分で調査対象技術と全く関連のないノイズ公報の除去のみを行う[209]。この1次スクリーニング段階では調査対象技術と全く関連のないノイズ公報の除去が目的であるの

---

[208] 絶版となってしまったが、［東 星野，特許調査とパテントマップ作成の実務，2011］にもスクリーニング方法について述べられている。「効率の良い文献チェックの方法とは、近い文献をピックアップしていくのではなく、関係ない文献を除いていきながら候補を絞り込む方法です。ふるいの目を細かくしながら繰り返しかけるイメージです。」と述べてあるがその通りである。もちろん母集団の件数が10～30件程度の少数の場合はわざわざ3段階に分ける必要はない。

[209] 1次スクリーニングでチェックする一般的な範囲を述べており、機械関係の特許調査であれば1次スクリーニングを図面のみで済ませてしまう場合もある。

で、ノイズか否か迷う公報があればノイズとは判断せずに2次スクリーニングまで判断を保留する。1次スクリーニング終了段階で、ヒット件数の10～30％程度に絞り込むと良い（70～90％をノイズとして除外する）。

2次スクリーニングでは、1次スクリーニング段階で関連性があると判断した公報、また、1次スクリーニング段階では関連性があるか否か判断がつかなかった公報、について【発明の名称】や【要約】だけではなく【特許請求の範囲】や【実施例】、【図面】も踏まえて詳細読み込みを行う。

第6章のマンホールの例を用いて、検索式の作成方針マトリックスと1次・2次スクリーニングの関係を説明する。

表45　関連性マトリックス（例：マンホールの蓋）

背景技術 マンホールの蓋		構成要素①	
		滑り止めあり	滑り止めなし
構成要素②	凹凸模様あり	該当	参考②
	凹凸模様なし	参考①	ノイズ

1次スクリーニングではヒットした母集団内の公報がノイズであるか否かを判断する。マンホールの蓋であることが前提なので、マンホールの蓋以外に関する特許であれば速やかにノイズと判断する。またマンホールの蓋に関する特許であっても凹凸模様かつ滑り止めに関する記載がなければノイズと判断する。公報によっては記載内容が曖昧でありすぐに判断できないものもある。そのような場合はいったん判断を保留し、2次スクリーニングで判断する。

2次スクリーニングでは、1次スクリーニングで残った該当候補（非ノイズ公報）の公報が「該当」、「参考①」、「参考②」であるか、またはノイズ公報であるか、読み込み範囲を拡張して判断する。出願前調査や無効資料調査であれば関連度・カテゴリとして

X：関連性が高い文献であり、この文献単独で新規性・進歩性がないと判断できるもの
Y：関連性がある文献であり、他の文献との組合せにより進歩性がない

　　　　と判断できるもの
　　A：対象特許に関して技術的背景を述べている文献であり、参考程度の
　　　　もの

のような判断を行っていく。

　最後の精査は、関連度・カテゴリや関連性が高い文献について後述するような調査報告書をまとめるために、再度公報の内容を確認するフェーズである。

　ここまで述べた1次スクリーニング、2次スクリーニング、精査というステップはあくまでも一般的な先行技術調査や無効資料調査に関するものである。7.1.2の課題ベース型先行技術調査の場合、【発明の名称】および【要約】で公報がノイズでないと判断できたら、【要約】の【解決手段】や【課題を解決するための手段】を集中的に見ていけばよい。また7.1.6の技術動向調査の場合は、関連度のみの判断ではなく、課題や解決手段、用途など様々な分類項目を事前に設定して、公報のスクリーニングを行いながら該当する分類項目へチェックしていく。

8.2.2　公報のスクリーニング手順

　公報をスクリーニングする際、ヒットした母集団全体を読み込んでいく場合と、ヒットした母集団の一部ずつ（検索式でヒットした集合ごと）読み込んでいく場合の2通りがある。ここでは7.1.1の出願前調査の事例でヒットした86件を例にして、2通りのスクリーニングの方法について述べていく。

　J-PlatPat 特許・実用新案検索の論理式検索で検索を行った後に一覧表示すると、**図167**のような画面が表示される。

8.2 公報の読み方

No.	文献番号	出願番号	出願日	公知日	発明の名称	出願人/権利者	FI	各種機能
1	特開2019-174398	特願2018-065644	2018/03/29	2019/10/10	かぶり厚検査方法及びかぶり厚検査装置	公益財団法人鉄道総合技術研究所	G01B7/06@M G01N27/72 B64C39/02 他	経過情報 OPD URL
2	特開2019-167729	特願2018-055858	2018/03/23	2019/10/03	構造物の補修装置、及び補修方法	前田建設工業株式会社	E01D22/00@A	経過情報 OPD URL
3	特開2019-158793	特願2018-049006	2018/03/16	2019/09/19	ひび割れ調査装置	公益財団法人鉄道総合技術研究所	G01N21/88@Z E01D22/00@A G01B11/30@A 他	経過情報 OPD URL
4	特開2019-148860	特願2018-031599	2018/02/26	2019/09/05	無人飛行体、無人飛行体の飛行経路作成方法およびプラント制御システム	東芝三菱電機産業システム株式会社	G05D1/10	経過情報 OPD URL
5	特開2019-144191	特願2018-030606	2018/02/23	2019/08/29	橋梁などの構造物を検査するための画像処理システム、画像処理方法及びプログラム	株式会社市川工務店	G01B11/00@H E01D22/00@A G01B11/30@A 他	経過情報 OPD URL

図167　J-PlatPatの検索結果一覧（スクリーニング①）

　J-PlatPatでは文献番号、出願番号、出願日、公知日、発明の名称で公報の並べ替え（ソート）ができる。デフォルトでは公報は公知日が新しいものから古いものへ順番に表示される。有料データベースを利用している場合は、出願人・権利者や特許分類でもソートできる[210]。

　ヒットした母集団全体を読み込んでいく場合には、一番上に表示されている公報リンクをクリックして、**図168**のような各文献の公報内容を確認しながら非ノイズかノイズかの判断を行っていく。

---

[210] 商用データベースを利用しているのであれば、著者個人としては出願人・権利者→出願番号でソートすることをオススメしたい。出願人・権利者でソートすることで、いったん出願人・権利者ごとの塊を形成し、その後に出願人・権利者の塊の中を出願番号でソートすることで、時系列的に似たような出願が並ぶのでスクリーニングしやすくなる。なお複数の技術要素が関連するようなハイブリッド車のような技術分野であれば、出願番号ではなく筆頭IPCまたは筆頭FIをキーにして並べ替えするのも有効である。

第8章　公報の読み方と調査結果のまとめ方

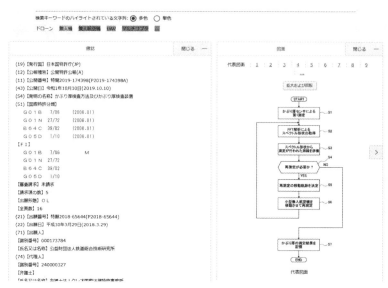

図168　J-PlatPatの検索結果一覧（スクリーニング②）

　関連性ありと判断した公報があれば、公報番号（通常は公開番号）をメモ帳やMS Excelに控えておく。公報番号の転記ミスをすると再度母集団全体を読み直さなければならなくなるので、番号違いがないことを十分にチェックする必要がある。ヒットした母集団全体を読み込んでいく場合には、全体（ここでは86件）について1件目から順番に内容を確認して1次スクリーニングを行い、その後ノイズ公報を除外した母集団を対象に、2次スクリーニングを実施する。2次スクリーニングを行う場合はチェックしなければいけない公報の数が絞られているので、J-PlatPatの特許・実用新案番号照会/OPDに控えておいた公報番号を転記して2次スクリーニングを行っていけば良い。

　次にヒットした母集団の一部（検索式でヒットした集合ごと）ずつ読み込んでいく場合について説明する。**7.1.1**で作成した検索式は

8.2 公報の読み方

[ドローン/CL＋無人機/CL＋無人航空機/CL＋UAV/CL＋マルチコプタ/CL＋マルチロータ/CL＋クワッドコプタ/CL＋クワッドロータ/CL]*[点検/CL＋保守/CL＋メンテナンス/CL＋老朽化/CL＋計測/CL＋測定/CL]*[橋/CL＋高架/CL]＋[B64C27/08/IP＋B64C39/02/IP＋G05D1/10/IP＋B64C27/08/FI＋B64C39/02/FI＋G05D1/10/FI]*[点検/CL＋保守/CL＋メンテナンス/CL＋老朽化/CL＋計測/CL＋測定/CL]*[橋/CL＋高架/CL]＋[ドローン/TX＋無人機/TX＋無人航空機/TX＋UAV/TX＋マルチコプタ/TX＋マルチロータ/TX＋クワッドコプタ/TX＋クワッドロータ/TX]*[E01D22/00@A/FI＋2D059GG39/FT]＋[5H301AA06/FT]*[5H301BB10/FT]*[橋/TX＋高架/TX]

であるが、この検索式は

[ドローン/CL＋無人機/CL＋無人航空機/CL＋UAV/CL＋マルチコプタ/CL＋マルチロータ/CL＋クワッドコプタ/CL＋クワッドロータ/CL]*[点検/CL＋保守/CL＋メンテナンス/CL＋老朽化/CL＋計測/CL＋測定/CL]*[橋/CL＋高架/CL]
　＋
[B64C27/08/IP＋B64C39/02/IP＋G05D1/10/IP＋B64C27/08/FI＋B64C39/02/FI＋G05D1/10/FI]*[点検/CL＋保守/CL＋メンテナンス/CL＋老朽化/CL＋計測/CL＋測定/CL]*[橋/CL＋高架/CL]
　＋
[ドローン/TX＋無人機/TX＋無人航空機/TX＋UAV/TX＋マルチコプタ/TX＋マルチロータ/TX＋クワッドコプタ/TX＋クワッドロータ/TX]*[E01D22/00@A/FI＋2D059GG39/FT]
　＋
[5H301AA06/FT]*[5H301BB10/FT]*[橋/TX＋高架/TX]

の4つの検索式ブロックから構成されている。ヒット件数を確認すると次のようになる。

第8章 公報の読み方と調査結果のまとめ方

パターン	検索キーの組み合わせ方	ヒット件数
A	キーワードのみ	4
B	特許分類とキーワードの掛け算①	9
C	特許分類とキーワードの掛け算②	38
D	特許分類とキーワードの掛け算③	44
合計		86

　公報の確認・スクリーニングは時間がかかるため、可能な限り効率的に行うことが望ましい。この検索式の場合、1つ目と2つ目の検索式はヒット件数が10件未満であるので、まずこの2つの集合から読み始めると良い。

　具体的にはJ-PlatPat特許・実用新案検索で1つ目と2つ目の検索式ブロックだけで検索を行い、ヒットした11件についてスクリーニングを行う。

テキスト検索対象
● 和文　○ 英文

文献種別　　　　　　　　　　　　　　　　　　　詳細設定 ＋
☑ 国内文献 (all)　□ 外国文献　□ 非特許文献

論理式
[ドローン/CL+無人機/CL+無人航空機/CL+UAV/CL+マルチコプタ/CL+マルチロータ/CL+クワッドコプタ/CL+クワッドロータ/CL]*[点検/CL+保守/CL+メンテナンス/CL+老朽化/CL+計測/CL+測定/CL]*[橋/CL+高架/CL]+
[B64C27/08/IP+B64C39/02/IP+G05D1/10/IP+B64C27/08/FI+B64C39/02/FI+G05D1/10/FI]*[点検/CL+保守/CL+メンテナンス/CL+老朽化/CL+計測/CL+測定/CL]*[橋/CL+高架/CL]

図169　J-PlatPatの検索結果（母集団の一部スクリーニング方法①）

　スクリーニングが終わったら、次の検索式ブロックに移る。3つ目の検索式を次に読み込むと決めた場合、既に1つ目と2つ目の検索式ブロックでヒットした公報は読んでいるので、**図170**のように3つ目の検索式ブロックから1つ目の検索式ブロックをNOT演算（J-PlatPat論理式検索では　－　）を行えばよい。

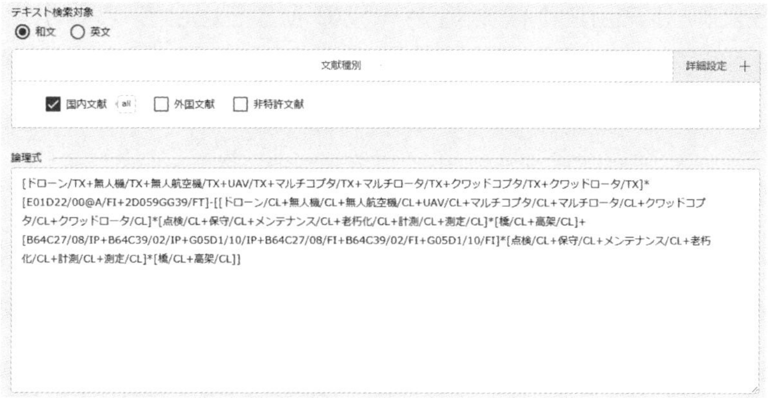

8.2 公報の読み方

図170 J-PlatPatの検索結果（母集団の一部スクリーニング方法②）

論理式で表現すると、

[ドローン/TX＋無人機/TX＋無人航空機/TX＋UAV/TX＋マルチコプタ/TX＋マルチロータ/TX＋クワッドコプタ/TX＋クワッドロータ/TX]＊[E01D22/00@A/FI＋2D059GG39/FT]－[[ドローン/CL＋無人機/CL＋無人航空機/CL＋UAV/CL＋マルチコプタ/CL＋マルチロータ/CL＋クワッドコプタ/CL＋クワッドロータ/CL]＊[点検/CL＋保守/CL＋メンテナンス/CL＋老朽化/CL＋計測/CL＋測定/CL]＊[橋/CL＋高架/CL]＋[B64C27/08/IP＋B64C39/02/IP＋G05D1/10/IP＋B64C27/08/FI＋B64C39/02/FI＋G05D1/10/FI]＊[点検/CL＋保守/CL＋メンテナンス/CL＋老朽化/CL＋計測/CL＋測定/CL]＊[橋/CL＋高架/CL]]

となる。3つ目の検索式ブロックで新たにヒットするのは31件である。同様に、4つ目の検索式ブロックを読み込む際は1つ目、2つ目と3つ目の検索式ブロックをNOT演算すれば重複せずに効率的に読み込みを実施することができる。

8.2.3　J-PlatPat 検索結果一覧の MS Excel リスト化[211]

技術動向調査のようにヒット件数が数百件や1,000件を超えるような場合、かつ、公報スクリーニング・読み込み終了後に出願人・権利者や日付データを用いて統計解析・パテントマップ作成を行う場合、特許リストが必要となる。

J-PlatPat 特許・実用新案検索では文献番号（公開番号または登録番号）、出願番号、出願日、公知日、発明の名称、出願人/権利者（ただし筆頭のみ一覧に表示）、FI（ただし最大3つまで一覧に表示）といった項目が検索結果一覧に表示されるようになった。適合率・精度の高い集合（＝ノイズ混入率が低い集合）を形成すれば、J-PlatPat でヒットした母集団をそのままリスト化して、統計解析・パテントマップ作成することも可能である。ここでは J-PlatPat 特許・実用新案検索の検索結果一覧を MS Excel でリスト化する方法について説明する[212]。以下のような2足歩行ロボットの特許検索マトリックスを踏まえて作成した論理式を例に説明する。

		背景技術	構成要素①
調査観点		ロボット	2足（歩行）
キーワード・同義語	階層	ロボット	2足+二足+2脚+二脚+人型+人間型+ヒューマノイド
IPC	サブクラス	B25J	
	メイン		
	サブグループ		
FI	サブクラス	B25J	
	メイン		
	サブグループ		
	フル		B25J5/00@F
Fターム	テーマコード	3C707+5H301	
	Fターム		3C707WA03+3C707WA13
	Fターム	5H301BB14	

論理式

[ロボット/TI+ロボット/AB+B25J/IP+B25J/FI]*[2足/AB+二足/AB+2脚/AB+二脚/AB+人型/AB+人間型/AB+ヒューマノイド/AB]+[3C707WA03/FT+3C707WA13/FT]+[B25J5/00@F/FI]

図171　J-PlatPat 検索結果一覧 MS Excel リスト化に用いる事例

---

[211] 2019年5月の J-PlatPat 機能改善で特許・実用新案検索メニューからの CSV リスト出力機能が新たに追加されたが、この機能を利用するためには事前申請が必要な点、また1回あたりのリスト出力最大件数が100件しかないため、本書では検索結果一覧をコピーして MS Excel リスト化する方法について説明する。

8.2 公報の読み方

　J-PlatPat 特許・実用新案検索メニューの論理式入力画面で論理式検索を行い、検索結果一覧表示する[213]。

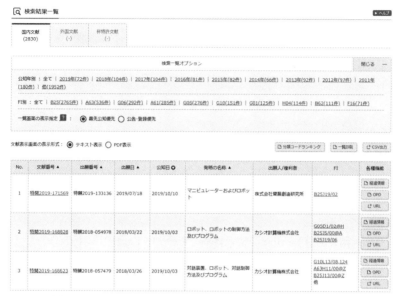

図172　J-PlatPat の検索結果一覧の MS Excel リスト化①

　次に、**図173**のように表頭の「No.」や「文献番号▲」から最後の2829行目までマウスを使って範囲選択し[214]、コピー（Ctrl + C）する。

---

[212] Excel/CSV リストまでダウンロードできる無料の特許検索データベースはあまりないが、Espacenet や Google Patents の他、DEPATISnet（ドイツ特許庁）、lens.org がある。

[213] 本書の二足歩行ロボットの事例ではヒット件数が2,829件であり、J-PlatPat で1回に表示可能件数の3,000件以内となっている。もしも、3,000件を超えてしまうような場合は、検索オプションの日付指定で［公知日／発行日］で母集団を2つに区切って、MS Excel 上で1つのリストに統合すれば良い。

[214] 現行の J-PlatPat では最初から最後尾（この事例では2,829件目）まで表示されていないので、いったん最後尾まで表示させた上で範囲選択を行うと良い。また上記の表頭から最後尾までマウスでドラッグする以外の方法としては、表頭から数行目までを範囲選択し、最後尾までジャンプし、［一覧上部へ］ボタンの下あたりで Shift ＋クリックして、リスト全体の範囲選択を行う方法がある。

第 8 章　公報の読み方と調査結果のまとめ方

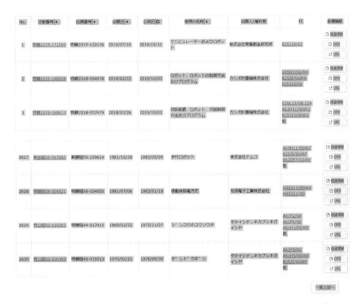

図173　J-PlatPat の検索結果一覧の MS Excel リスト化②

そして MS Excel を起動し、[ホーム] タブの貼り付けオプションから [貼り付け先の書式に合わせる]（貼り付けのオプションの右側のアイコン）をクリックすると**図174**のように Excel に特許リストがテキスト[215]として貼り付けられる。

図174　J-PlatPat の検索結果一覧の MS Excel リスト化③

8.2 公報の読み方

テキスト上で貼り付けたら、[データ]→[並べ替え]で、最優先されるキーを No. として並べ替える(その際、最優先されるキーが先頭行になっていなければ、**図176**の右上にある[先頭行をデータの見出しとして使用する]にチェックをつける)。

図175　J-PlatPat の検索結果一覧の MS Excel リスト化④

並べ替えを終えると以下のような二足歩行ロボット2,829件の特許リストになる。しかし、この状態ではリスト末尾に不要なデータが残っているので、2,831行目以降のデータは削除する。

---

[215] 通常の貼り付け（Ctrl+V）だと、J-PlatPat 検索結果一覧の書式（太字、セルの結合、ハイパーリンクなど）がそのまま残った状態で貼り付けてしまうため、その後のリスト加工がやりにくくなってしまう。

図176　J-PlatPat の検索結果一覧の MS Excel リスト化⑤

8.3　海外特許公報の読み方

8.3.1　海外特許公報を査読する際のアプローチ

　海外特許検索においてヒットした公報を、英語をはじめとした各国オリジナル言語で読むのに越したことはないが、可能な限り日本語で読んで省力化したいという想いはあるだろう。ここでは以下の**図177**に示す3つの方法について説明する。それぞれの方法には特徴があるので、目的に応じて使い分けると良い。いずれも技術動向の把握やノイズ除去フェーズのスクリーニングには適しているが、1件1件のクレームを精査しなければならない権利侵害や有効・無効性判断においてオリジナル言語（または人手翻訳[216]）で確認する必要がある。

---

[216]　最近の AI による機械翻訳の精度向上は目覚ましいので、近い将来にゼロベースでの人手翻訳サービスはなくなるかもしれない（参考：[那須川, 2017]、[辻井, 2018]）。

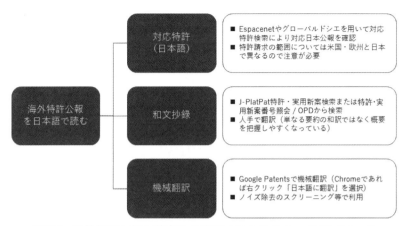

図177 海外特許公報を効率的に査読するための3つのアプローチ

1つ目のアプローチである海外特許の日本対応特許はEspacenetやJ-PlatPatのOPD（ワン・ポータル・ドシエ）、Google Patentsなどのファミリー情報から確認することができる。特許請求の範囲については各国の審査の過程で補正されている可能性もあるので、海外特許と日本特許の内容がまったく同一ではないこともありうるが、概要を把握するのであれば十分であろう。調査方法については4.2のパテントファミリー調査を参照されたい。

2つ目の和文抄録、3つ目の機械翻訳によるアプローチについて次項にて説明する。

8.3.2 和文抄録[217]の活用

和文抄録とはJ-PlatPatに収録されており、

- ✓ 米国公開特許明細書和文抄録・特許明細書和文抄録
- ✓ 欧州公開特許明細書和文抄録
- ✓ 中国特許和文抄録[218]

---

[217] 和文抄録の収録状況についてはJ-PlatPatトップページ下部の［文献蓄積情報］から確認可能

の３種類ある。抄録という名前がついているが、Abstract の単純な日本語訳ではなく、以下の**図178**に示すように実施例の内容も加味した独自の日本語抄録となっている。

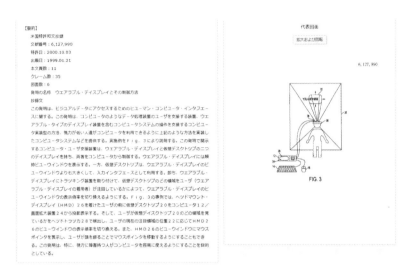

図178　和文抄録の例

すべての海外文献について和文抄録が作成されているわけではないが、和文抄録があれば発明の概要を把握するのに役立つ。和文抄録を確認する方法として、対象特許番号がわかっている場合、J-PlatPat の特許・実用新案番号照会 /OPD から発行国・地域 / 発行機関および番号種別を選択して、番号を入力して［検索］する。

---

[218] 中国特許和文抄録データの詳細については　https://www.j-platpat.inpit.go.jp/html/c2000/japanese_abstract_of_chinese_patent.pdf　を参照

図179　J-PlatPat 特許・実用新案番号照会/OPD から和文抄録を閲覧①

検索結果一覧から公報番号のリンクをクリックすると個別の文献表示画面になる。ページ上部の［和文抄録］のリンクをクリックすると、和文抄録を閲覧することができる。

図180　J-PlatPat 特許・実用新案番号照会/OPD から和文抄録を閲覧②

特定の特許番号からではなく、和文抄録ベースで米国・欧州・中国特許の調査を実施したい場合は、J-PlatPat 特許・実用新案検索メニューにおいてテキスト検索対象を和文、文献種別を外国文献として検索すれば良い。

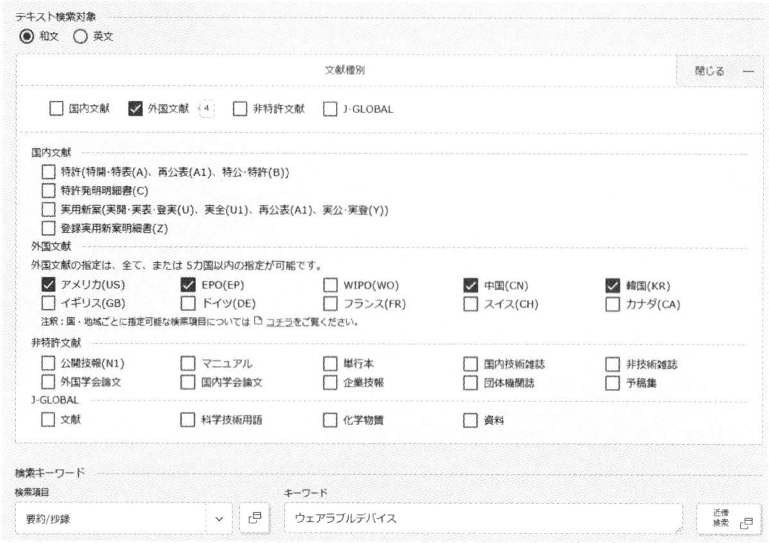

第 8 章　公報の読み方と調査結果のまとめ方

図181　J-PlatPat 特許・実用新案検索メニューから和文抄録を閲覧

　上述の通り、ヒットした外国文献の個別の文献表示画面上部にある［和文抄録］をクリックすることで和文抄録を閲覧することができる。

8.3.3　機械翻訳の活用

　3つ目のアプローチは機械翻訳の活用である。Google をはじめとして各社とも機械翻訳サービスを提供しており、その精度は年々向上している。ここでは機械翻訳を活用した海外特許公報の査読効率化について説明する。

　Google の提供するブラウザ Chrome を用いて、Google Patents で海外特許を検索した際に、ウェブサイト上で右クリックをすると［日本語に翻訳（T）］というメニューが表示されるので、選択すればウェブサイト全体、つまり特許明細書が日本語に翻訳される。

8.3 海外特許公報の読み方

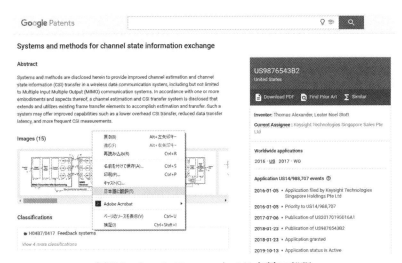

図182　Google Patents 上で日本語に翻訳

英語に限らず、ドイツ語、フランス語、中国語や韓国語から日本語に翻訳することも可能であるが、Google Patents が自動的に各国語から英語へ翻訳してしまっていると[219]、右クリックで［日本語に翻訳（T）］を選択されてもタイトルと要約部分しか日本語に翻訳されない。

図183　Google Patents 上で日本語に翻訳

そのような場合は、公報番号下にある［Other language］で各国オリジナル言語を選択した上で、右クリックで［日本語に翻訳（T）］を選択す

---

[219] Description や Claims のところに "translated from Chinese" のように表示されていると、各国語から英語へ自動的に翻訳されている。

337

第 8 章　公報の読み方と調査結果のまとめ方

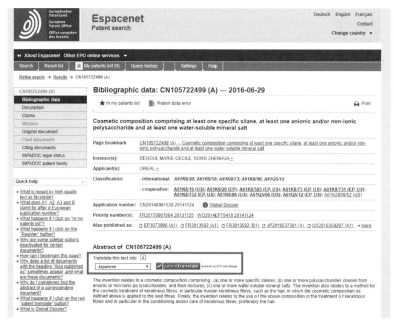

図184　Espacenet の patenttranslate 機能

ると日本語に翻訳される。

　その他に活用できる機械翻訳としては、Espacenet の patenttranslate 機能や WIPO の自動翻訳などがある。WIPO の自動翻訳では WIPO Translate 以外にも Google、マイクロソフトの Bing、中国の Baidu の翻訳エンジンを選択することができる。

8.3 海外特許公報の読み方

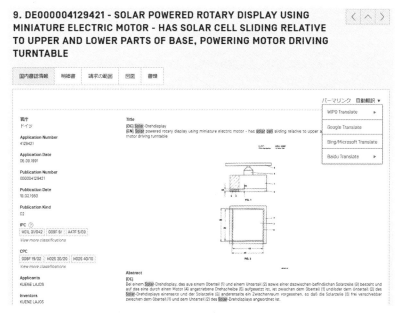

図185　WIPO の自動翻訳機能

　また、抽出した特許公報の要約や実施例の一部などのテキストをコピー＆ペーストして翻訳するツールとしては WIPO Translate やみらい翻訳、Google 翻訳がある。

　WIPO Translate は翻訳する言語ペア（Language pair）を選択すると同時に、翻訳対象の技術分野（Domain）をプルダウンメニューから選択することで、翻訳の質を向上させている。

図186　WIPO Translate

　みらい翻訳は国立研究開発法人情報通信研究機構（NICT）の研究成果を利用した機械翻訳であり、お試し翻訳は無料で利用可能である[220]。

---

[220] 無料サービスで翻訳可能な言語ペアは日本語⇒英語・中国語・イタリア語・スペイン語・ドイツ語・フランス語・ポルトガル語・ロシア語、英語⇒日本語など。

8.3 海外特許公報の読み方

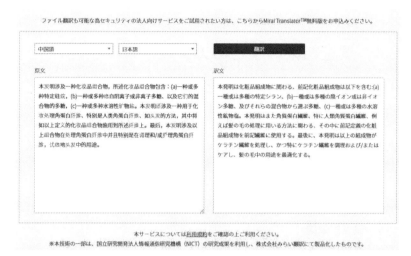

図187　みらい翻訳　お試し翻訳

　Google 翻訳も WIPO Translate やみらい翻訳と同様、ウェブ上でのテキスト翻訳が可能である。

図188　Google 翻訳（テキスト・ドキュメント）

さらに Google 翻訳では［ドキュメント］ファイルをアップロードすることで、ファイルごとの機械翻訳を行うことも可能である[221]。

8.4 調査結果のまとめ方

8.4.1 調査報告書に記載すべき事項

どのような種類の特許調査を行った場合であっても、調査結果を調査報告書として取りまとめる必要がある。調査報告書に記載すべき事項は、特許調査の種類ごとで異なる点もあるが、下記のような点については共通している。

- 調査事項・調査対象技術
- 調査対象国
- 調査対象資料
- 調査対象期間
- 検索式および使用したデータベース
- 調査担当者・調査実施日

調査事項や調査対象技術を記載するのは当然のことである。ここには調査対象技術として含めるべき公報や除外するべき公報（＝ノイズ公報）について記載する。また調査の途中で参考として含めた公報などもあれば記載しておく。関連性マトリックスを用いて該当とした公報・ノイズとした公報や、関連度（○、△、×）の説明を行っても良いだろう。

調査対象国や調査対象資料、調査対象期間は特許調査を行う上で必ず記載すべき事項であり、調査開始前の調査設計段階でも留意すべき事項である。国については日本、米国、EP のように国・地域ごとを指定する場合もあるが、最近の有料データベースでは様々な国・地域をファミリーベースで検索できるようになっているので、国限定なしという場合もありうる。

---

[221] アップロードできるファイル形式は doc、docx、odf、pdf、ppt、pptx、ps、rtf、txt、xls、xlsx。

このような場合、調査対象資料も有料データベースに収録されている特許だけではなく、国によっては実用新案や意匠も調査対象資料として含まれる[222]。調査対象期間も必ず記載しておく必要がある。出願日または優先日ベースで調べたのか発行日ベースで調べたのか、また最新更新日はいつまでか等、日付・期間関係の記録は次に調査結果をアップデートする際には必ず必要になる。特許調査には1回のみで完結する調査もあるが、SDI・ウォッチングのように定期的に同じ検索式でヒットする公報をチェックしていく調査もある。仮に年に1回のアップデートを行う調査があった場合、前年度の何月何日発行分までを調査したのかが不明だと、安全サイドで前年度と一部重複した範囲まで調査を行わなければならない。

　検索式およびデータベースもセットで記載する必要がある。検索式のみ記載されていても、検索式の演算子・検索項目はデータベース特有のため他のデータベースでは再現できない。また、調査結果を他部門・他者へ提供する際は、検索式内の分かりにくい検索項目（特に近接演算などはデータベースごとに演算子が異なるので注記を入れておくと良いだろう）については説明を付記しておくと良い。

　最後の調査担当者および調査実施日も、誰がいつ調査したのか記録を取っておく必要がある。仮に調査担当者が分からないと、調査報告書に書かれていない点について確認したい場合に誰に質問すれば良いのか分からなくなってしまう。

　上記の共通記載事項にはないが、全体の調査所感・コメントなどを記載しても良いだろう。

　次項以降は出願前調査、無効資料調査、侵害防止調査、技術収集調査・技術動向調査それぞれに特有な調査結果のまとめ方について述べていく。以下説明する調査結果については基本 MS Excel でまとめることができるが、MS Word や MS Power Point を用いてまとめても問題はない。

---

[222] 本書ではあまり触れていないが、出願前の先行技術調査や無効資料調査の場合は学術文献が調査対象資料になる場合もある。そのような場合も調査対象資料としてどのような文献（または文献データベース）を用いたか記載しておく必要がある。

8.4.2 出願前調査

出願前の先行技術調査の報告書の例を図189～192に示す。この調査報告書例は工業所有権情報・研修館が実施している研修で用いられているテキストに掲載されているレポートサンプルである。

1ページ目に本願発明の特徴や備考、2ページ目に検索論理式、3ページ目にスクリーニングサーチ結果、そして最後に本願とスクリーニングサーチ結果で抽出した先行文献の対比を行っている。まだ【特許請求の範囲】まで完成しておらず発明提案書や想定クレームレベルであれば、1ページ目の本願発明の特徴については可能な限り詳細を明確化する必要がある。

なお3ページ目のスクリーニングサーチ結果と本願とスクリーニングサーチ結果の対比については1ページにまとめることもできる。

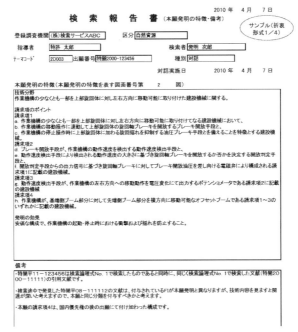

図189 出願前調査のレポート例①：本願発明の特徴・備考（出所：[工業所有権情報・研修館，検索の考え方と検索報告書の作成［第19版］, 2018]）

8.4 調査結果のまとめ方

図190 出願前調査のレポート例②：検索論理式（出所：[工業所有権情報・研修館，検索の考え方と検索報告書の作成［第19版］，2018]）

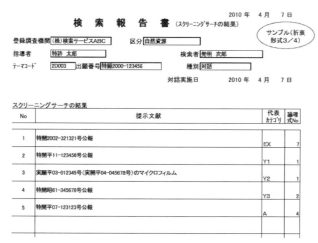

図191 出願前調査のレポート例③：スクリーニングサーチの結果（出所：[工業所有権情報・研修館，検索の考え方と検索報告書の作成［第19版］，2018]）

第 8 章　公報の読み方と調査結果のまとめ方

図192　出願前調査のレポート例④（出所：[工業所有権情報・研修館，検索の考え方と検索報告書の作成［第19版］，2018]）

　他の出願前調査のレポートサンプルとしては中小企業等特許情報分析活用支援事業ウェブサイトに掲載されている特許情報分析会社等リストを参照すると良い[223]。

---

[223] https://ip-bunseki.inpit.go.jp/topNaviColumn_02/list.html

8.4.3 無効資料調査

無効資料調査の場合、**表46**のように対象特許と調査の結果抽出した先行文献を対比する対比表（クレームチャートなどとも呼ぶ、[梶田邦之, 2019] を参照）を作成するのが一般的である。対象特許のクレームを構成要件ごとに分かち書きし、その分かち書きした構成要件ごとに先行文献から関連記載箇所を抜粋して対比させる。

表46　無効資料調査のレポート例①

対象特許	先行文献1	先行文献2
特許2984862	特開平XX-XXXX	特開平XX-XXXX
名刺電子ファイリング装置	XXXXXX	YYYYYY
権利者：日立製作所	ABC CORP	DEF INC
出願日：1991年5月29日	1989年M月D日	1989年M月D日
優先日：―		
公開日：1992年12月4日	1991年M月D日	1991年M月D日
登録日：1999年10月1日		
関連度・カテゴリ	○	○
【請求項1】名刺画像と姓名等の名刺に書かれた名刺情報とを対応付けて電子的に記録すると共に取り出して電子的に表示する名刺電子ファイリング装置において、	[0023]、Fig,5 xxxxxxxxxxx	[0003] 〜 [0005] xxxxxxxxxxx
名刺の各登録項目のデータベースを参照し同じ項目内容を持つ名刺同士の関係情報を生成する関係情報生成手段と、	[0056]、Fig,10 xxxxxxxxxxx	[0031] xxxxxxxxxxx
前記名刺同志の関係情報を電子的に記憶する名刺同志関係情報記憶手段と、		[0023]、Fig,5 xxxxxxxxxxx
前記名刺同志の関係情報を検索して指定された名刺に関係する名刺についての名刺画像や名刺情報を検索し取り出す検索手段と、	[0053]、Fig,9 xxxxxxxxxxx	
を具備することを特徴とする名刺電子ファイリング装置。	[0002] xxxxxxxxxxx	[0003] xxxxxxxxxxx

先行文献1件ごとに対象特許の対象クレームとの関連性を示す◎、○、△などの関連度・カテゴリを付与する場合もある。また、以下の**表47**のように、より詳細に構成要件ごとのセルに◎、○、△などの関連度・カテゴリを付与する場合もある。

表47　無効資料調査のレポート例②

対象特許		先行文献1
特許2984862		特開平XX-XXXX
名刺電子ファイリング装置		XXXXXX
権利者：日立製作所		ABC CORP
出願日：1991年5月29日		1989年M月D日
優先日：－		
公開日：1992年12月4日		1991年M月D日
登録日：1999年10月1日		
関連度・カテゴリ	○	
【請求項1】名刺画像と姓名等の名刺に書かれた名刺情報とを対応付けて電子的に記録すると共に取り出して電子的に表示する名刺電子ファイリング装置において、	○	[0023]、Fig,5 xxxxxxxxxxxx
名刺の各登録項目のデータベースを参照し同じ項目内容を持つ名刺同士の関係情報を生成する関係情報生成手段と、	○	[0056]、Fig,10 xxxxxxxxxxxx
前記名刺同志の関係情報を電子的に記憶する名刺同志関係情報記憶手段と、	×	
前記名刺同志の関係情報を検索して指定された名刺に関係する名刺についての名刺画像や名刺情報を検索し取り出す検索手段と、	△	[0053]、Fig,9 xxxxxxxxxxxx
を具備することを特徴とする名刺電子ファイリング装置。	◎	[0002] xxxxxxxxxxxx

8.4.4　侵害防止調査・クリアランス調査（FTO）

　侵害防止調査で用いる調査報告書のフォーマットは、無効資料調査と類似している。無効資料調査の場合は左端に無効化したい対象特許およびそのクレームを掲載するが、侵害防止調査の場合は、左端に実施予定技術（イ号[224]）を記入する。また、無効資料調査においては先行文献内の実施例の記載や図面と無効化対象特許のクレームの対比を行うのが一般的であるが、侵害防止調査では先行文献のクレームと実施予定の発明との対比を行う。特許権侵害にあたるかどうかの判断は

> （特許権の侵害とは）
> 特許権の侵害にあたるかどうかの判断にあたっては、特許発明が保護される範囲を定める必要があります。もし特許発明が保護される範囲が不明確であったら、第三者はどのような行為が特許権の侵害にあたるのか予測することができず、法的安定性が損なわれます。そこで、特許発明が保護される範囲は、特許出願の際に特許庁長官に提出した願書に添付した特許請求の範囲（「クレーム」と言います。）の記載を基準に定められ、特許請求の範囲に記載された文言によって限定されるのが原則です。
>
> 　そして、特許発明はクレームに記載された構成要件（発明を特定するために必要な構成要素を言います。）によって一体として構成されるものであるため、特許権侵害が成立するためには、対象製品または対象方法が構成要件のすべてを充足することが必要であり、侵害態様が特許発明の構成要件を一部でも欠く場合には、特許権侵害は成立しません。対象製品が特許侵害にあたるかどうかは、文言の

---

[224] "イ号製品"とは、権利侵害の有無が問題となる係争対象物をいう。主として、侵害訴訟において用いられる用語である。現物そのものではなく、文章と図面にて表現され特定された物でなければならない。イ号物件とも呼ばれ、これらを省略して"イ号"と呼ばれることもある。方法の特許権侵害においては、"イ号方法""イ号製法"などとも呼ばれる（出所：知的財産用語辞典）

> 解釈によって判断されます(「文言侵害」と言います。)。特許権侵害においてはこの文言侵害が原則です[225]。

が原則であるが、社内弁理士または顧問弁理士に適宜相談しながら侵害・非侵害の判断を行うことが好ましい。なお、侵害防止調査にあたっては、一般的には権利存続中の登録特許や今後権利化される可能性のある公開特許（審査請求期間内または係属中）を対象に実施するため[226]、調査報告書には抽出した先行文献の権利状況（権利存続中、未審査請求、審査中など）を記載しておくと良い。

8.4.5 技術収集調査および技術動向調査

技術収集調査や技術動向調査の場合、特許調査の結果抽出される件数は出願前調査や無効資料調査、侵害防止調査と比べると多い。よって、検索式でヒットした母集団全体のリストを予めダウンロードしておき、あらかじめ設定しておいた技術的特徴や課題、用途、各種パラメータなどの分類項目やノイズ・非ノイズを示す関連度のセルへ、各公報を読み込んで○・×などのフラグ付けを行っていくと良い。

---

[225] 出所：特許権の侵害とは
http://www.meti.go.jp/policy/ipr/infringe/about/patent.html
[226] 侵害防止調査を行う際、生きている特許（権利存続中、審査中、審査請求期間内）を対象に実施することが一般的であるが、死んでいる特許（既に権利消滅、みなし取り下げなど）も含めて実施することもある。死んでいる特許から実施予定技術（イ号）と同一の構成が見つかれば、公知技術を利用していることとなり、特許権侵害にはならない

8.4 調査結果のまとめ方

表48 技術収集調査のレポート例①

公報番号	関連度	分類A	分類B	分類C	出願人・その他書誌
特開昭63-XXXXXX	O	O	O		ABC
特開平05-XXXXXX	O		O		DEF
特開平10-XXXXXX	O			O	DEF
特開2000-XXXXXX	O	O			GHI
特開2005-XXXXXX	O			O	ABC
特開2010-XXXXXX	N				GHI
特開2015-XXXXXX	N				JKL
特開2020-XXXXXX	O		O		XYZ

　J-PlatPat特許・実用新案検索メニューでの検索結果一覧のMS Excelリスト化については**8.2.3**に述べてある。有料データベースであれば、特許リストのダウンロード機能は充実しているので、各データベースのマニュアルを参照いただきたい。

　表49は**8.2.3**でリスト化したJ-PlatPatの特許データに関連度や発明のポイントなどの列を挿入したレポートリストサンプルである。

表49 技術収集調査のレポート例②

No.	文献番号	関連度 O:該当 N:ノイズ	発明の主題					XXXXX	YYYYY	発明の名称	出願人/権利者
			構造	制御	材料	サービス	その他				
1	特開2019-076992									関節構造およびその関節	カワダロボティクス株式
2	実登3221252									玩具用二足歩行ロボット	中村　素弘
3	特開2018-202607									指が改良されたヒューマ	ソフトバンク・ロボティ
4	特開2018-185747									非線形システムの制御方	トヨタ自動車株式会社
5	特開2018-149629									ヒューマノイドロボット	株式会社国際電気通信基
6	実登3215842									2足歩行ロボットブロッ	田村　明
7	実登3214749									ペーパークラフト二足歩	星野　建二
8	特開2018-015824									ロボットを操作する装置	公立大学法人会津大学
9	特開2017-202535									歩行制御方法、歩行制御	パナソニック株式会社
10	再表2017/175532									ヒューマノイドロボット	株式会社日立製作所
11	特開2017-153896									玩具用二足歩行ロボット	中村　素弘
12	特開2017-150663									アクチュエータ装置、ニ	株式会社国際電気通信基
13	特開2017-150609									減速装置	学校法人千葉工業大学
14	特表2019-512287									支持構造	リノン、ロドルフ
15	特開2017-140678									駆動装置及び駆動装置の	カシオ計算機株式会社

　技術動向調査ではパテントマップを作成することが求められる。本書は特許情報調査に焦点を当てているため、パテントマップについての詳細は拙著（[野崎, 特許情報分析とパテントマップ作成入門　改訂版, 2016]）または他の参考書籍・文献を参照していただきたい。

コラム　意匠調査データベースと検索テクニック

　特許情報を調査対象資料とした場合の検索テクニックについて解説することが本書の主たる目的であるが、本コラムで意匠調査を行う場合のデータベースや検索テクニックについても簡単に紹介したい[227]。

　日本意匠調査を行う場合は、J-PlatPat の意匠検索メニューを用いる。

図193　J-PlatPat の意匠検索メニュー

　意匠調査ではキーワードのみの検索では大量のモレが発生してしまう（再現率が低い）ため、意匠分類を用いて検索を行う必要がある。日本意匠には日本意匠分類・Dタームが付与されているため、この分類を特定して検索を行う。日本意匠調査の流れとしては以下のようになる。

---

[227] 調査も含めた意匠全般の実務については［藤本, 2019］を、また意匠調査については［恩田 森, 2019］を参照されたい。また古い資料になるが、企業における意匠調査の実態については［糸井, 2003］が8業態の戦略的特性についてアンケート分析より明らかにしている。

コラム　意匠調査データベースと検索テクニック

1．調査対象テーマに関する日本意匠分類を特定するため、J-PlatPat意匠検索メニューを用いてキーワード予備検索を行う
2．意匠分類照会メニューから関連すると思われる日本意匠分類の定義を確認する
3．J-PlatPat意匠分類照会メニューを用いて、調査対象テーマに関連する日本意匠分類で検索する
4．ヒットした意匠図面を1件1件目視で確認する

以下に簡単に「こたつ」を例に日本意匠調査の流れを説明する。調査対象はこたつそのものであり、こたつ布団やこたつ板などは含めないものとする。

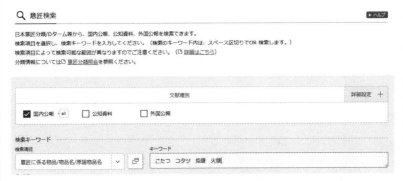

図194　こたつに関する日本意匠調査例①　キーワード検索

最初に検索項目を【意匠に係る物品／物品名／原語物品名】として、キーワードを用いて予備検索を行う。「こたつ」の場合、カタカナや漢字のバリエーションがあるので、上記のように4つ入力し［検索］ボタンを押す。

第 8 章　公報の読み方と調査結果のまとめ方

図195　こたつに関する日本意匠調査例②　検索結果一覧

　検索結果一覧が表示され、検索オプションに日本意匠分類・D タームのランキングが表示される。「こたつ」の例ではヒットした97件中、D4-120が36件付与されていることが分かる。ヒットした意匠の図面と照らし合わせながら見ても、D4-120は電気こたつ関係であり、C1-13やC1-141はこたつ掛ふとん関係、D7-11はこたつ板関係であることが推測できる。

　「こたつ」に関連する日本意匠分類・D タームが特定できたので、次に意匠分類照会メニューを用いて、D4-120の定義を確認する。

コラム　意匠調査データベースと検索テクニック

図196　こたつに関する日本意匠調査例③
日本意匠分類・Dタームの定義確認

　分類定義よりD4-120は「こたつ」そのものであることが分かる。D4-129は「こたつ」そのものではないが、「こたつ部品」であるため念のために抽出しておく。なお、D7-11の定義は「置卓」、C1-141（C-13は旧分類）の定義は「掛け布団」となるので、「こたつ」そのものではないため、本検索では用いない。

第 8 章　公報の読み方と調査結果のまとめ方

図197　こたつに関する日本意匠調査例④
日本意匠分類・D タームによる検索

　「こたつ」関連の日本意匠分類・D タームとして抽出した D4-120 と D4-129 を用いて、意匠検索メニューで検索を行う。検索項目は【日本意匠分類/D ターム】であり、ハイフンを除いて　D4120　D4129　と入力して［検索］ボタンを押す。

　【日本意匠分類/D ターム】でヒットするのは2005年出願以降に限定されているため、いったん　D4120　D4129　でヒットした意匠のスクリーニングが終了したら、今度は【日本意匠分類/D ターム】の右側にある［旧分類変換］をクリックする。

コラム　意匠調査データベースと検索テクニック

図198　こたつに関する日本意匠調査例⑤
旧日本意匠分類による検索

　すると　D4120　D4129　が旧日本意匠分類のフォーマットへ変換される（ここでは　D4-120　D4-129）。旧日本意匠分類へ変換したら［検索］ボタンを押して、検索結果を表示させる（本書執筆時点では現行の日本意匠分類・Dタームで25件、旧日本意匠分類で687件ヒット）。

　J-PlatPatの意匠検索メニューの一覧表示には以下のように3つの表示形式がある。デフォルトは［代表図と簡易書誌］であり、その他［代表図と書誌］、［全図］の形式が準備されている。1件1件の文献表示から詳細を確認する場合は、［代表図と書誌］をMS Excelに貼り付けて意匠リストを作成すると良いだろう。またざっと一通りスクリーニングを行いたい場合は［全図］が適している[228]。

---

[228] ここでは意匠の類比判断については述べない。詳しく知りたい方は［笹野拓馬, 2018］や［原田雅美, 2016］などを参照されたい。

第8章　公報の読み方と調査結果のまとめ方

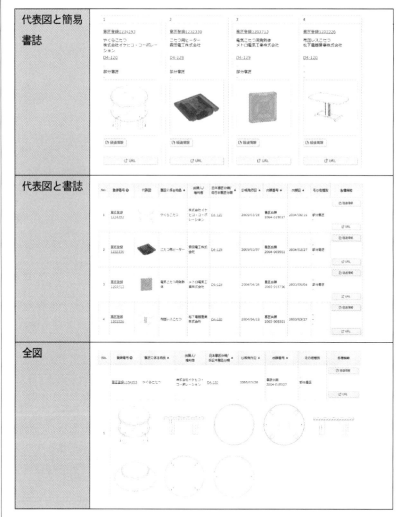

図199　J-PlatPat 意匠検索　一覧画面の表示形式

　以上、日本意匠調査の検索方法について簡単に説明してきた。海外意匠について調査する場合、J-PlatPat 意匠検索メニューには外国公報として米国意匠公報・韓国意匠公報が収録されているが収録国が十分ではないので、以下に示す DesignView を用いると良い。DesignView は EUIPO（欧

州連合知的財産庁、以前の名称は OHIM—欧州共同体商標意匠庁—）が2012年11月より提供している意匠検索データベースであり、日本・米国・欧州共同体意匠・中国・韓国・国際意匠など60以上の国・地域を収録している。

図200　DesignView グローバル意匠検索データベース

　海外意匠調査を行う場合も、上述した日本意匠調査を行う流れと変わらないが、海外意匠調査の場合は日本意匠分類・Dタームが利用できず、国際意匠分類であるロカルノ分類を利用する必要がある。ロカルノ分類は日本意匠分類・Dタームよりも非常に分解能が粗いため、大量の意匠がヒットしてしまう。そのため、海外意匠調査ではある程度まとまった意匠公報を効率的にスクリーニングする必要がある。

　その他、海外意匠調査については日本国特許庁の特許情報提供サービスに関する調査報告書ウェブサイト内にある「利用目的に応じた海外特許情報サービスのアクセス方法について」（出所：[日本国特許庁，平成28年度高度な特許情報サービスの普及活用に関する調査，2018]）が参考になる。米国・欧州・中国・韓国・ドイツ・インドネシア・ベトナム・マレーシアにおける意匠の動向調査、出願前調査、侵害防止調査、権利状況調査、無

効資料調査の留意点についてコンパクトにまとめている。また［日本国特許庁，世界の産業財産権制度および産業財産権侵害対策概要ミニガイド］には意匠検索ミニガイドや、特に新興国調査を行う上で参考リンクが掲載されている。

第 9 章
特許情報調査スキルを磨くために

第9章　特許情報調査スキルを磨くために

本書の最終章として、まずビッグデータ・人工知能時代を迎えて特許情報調査・分析などの情報業務が今後どのようになっていくか述べた上で、特許情報調査スキルを磨いていくための代表的な方法について説明する。本章で説明している方法はスキル向上の一例であり、いずれも即効性があるものではない。継続的かつ不断の努力が必要であることは言うまでもない。

9.1　特許情報業務の今後

先行技術調査や無効資料調査・侵害防止調査（FTO）などの特許情報調査やIPランドスケープに代表されるような特許情報を中心とした分析・解析業務は今後どうなっていくのだろうか。著者が考える特許情報業務の今後について、スマイルカーブを用いて説明する。

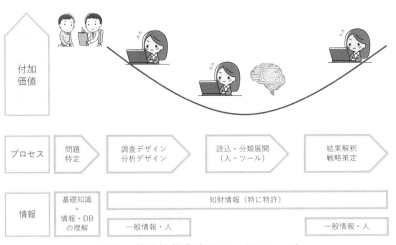

図201　特許情報業務のスマイルカーブ

スマイルカーブとは人が笑ったときの口の形のように、両端が少し上がった曲線のことであり、ある業界・業種において上流と下流は高い付加価値を持ち、高い利益率を上げることができるが、中流部分は付加価値が低く、利益を上げにくいことを意味する。

このスマイルカーブを特許情報業務にあてはめたのが図201である。プロセスとして「問題特定」、「調査デザイン・分析デザイン」、「読込・分類展開（人・ツール）」、「解釈・戦略策定」の4つのフェーズがある。この中で付加価値が高い業務は最初の「問題特定」、「調査デザイン・分析デザイン」および「解釈・戦略策定」である。一方、前述したように人工知能を活用した特許調査支援ツールが多数登場してきているため、特許公報を1件1件読む「読込（人・ツール）」フェーズについては、今後付加価値が落ちていくだろう（もちろん、人が公報を1件もチェックせずに済むということはないだろうが）。

本書では特許情報調査・分析を行う上での母集団形成・検索式作成、つまり調査デザイン・分析デザインと、その前提となる基礎知識・データベースの使い方を中心に解説してきたが、人工知能やRPA（ロボティック・プロセス・オートメーション）技術の導入・発展にともなって、最初の「問題特定」がより一層重要性を増してくることは強調しておきたい。「問題特定」については、依頼主の真の依頼内容（特許情報調査・分析を通じて何を達成したいのか）を把握するためのヒアリング・コミュニケーションスキルだけではなく、依頼主の曖昧模糊としたリクエストに対して、依頼内容を整理・体系化し、過去の経験や体験を踏まえた提案力が必要とされる[229]。

9.2 セミナー・研究会へ参加する

特許情報調査スキルを磨く上で外部セミナーや研究会に参加し、自分のスキル・レベルを客観的に把握することは重要である。**表50**は著者の把

---

[229] 参考書籍としては［安宅, 2010］、［内田, 仮説思考, 2006］、［内田, 論点思考, 2010］などがある。

握している特許情報調査に関連するセミナー・研究会である。また外部セミナー会社が行っているセミナー等についてはパテントサロンや、技術情報協会、情報機構[230]といったセミナー会社のウェブサイトをチェックされたい。

表50　特許情報調査関係のセミナー・研究会主催団体

組織名	URL
日本知的財産協会 専門委員会活動 研修	http://www.jipa.or.jp/katsudou/iinkai_katsudou/chousa.html http://www.jipa.or.jp/kensyu/oshirase/index.html
日本知財学会	https://www.ipaj.org/
情報科学技術協会（INFOSTA） OUG・SIGなど	委員会・研究活動：http://www.infosta.or.jp/research/ 研修会・セミナー：http://www.infosta.or.jp/seminars/
ATIS（技術情報サービス協会）	http://www.atis.gr.jp/
EPI協議会	http://jea-ip.info/
PLASDOC協議会 PLASDOCオンライン研究会	http://plasdoc.sakura.ne.jp/ http://plasdoc.sakura.ne.jp/online.html
アジア特許情報研究会	https://sapi.kaisei1992.com/
知財AI活用研究会	http://www.ipfine.com/deskbee/AI.html

アジア特許情報研究会[231]では、特に中国・東南アジアをはじめとした特許情報関係について研究することができる。またアイ・ピー・ファイン株

---

[230] パテントサロン：http://www.patentsalon.com/event/index.html
技術情報協会：http://www.gijutu.co.jp/
情報機構：http://www.johokiko.co.jp/
[231] アジア特許情報研究会のウェブサイトには様々な情報が掲載されているので、定期的にチェックすると良い。また2018年にはアジア特許情報研究会設立10周年記念講演会も開催され、記念講演会スライド資料や寄稿文などもウェブサイトから見ることができる（著者の記念講演会スライド資料は非開示のため掲載されていないが、寄稿文「知財情報分析における変化と不変～アジア特許情報研究会10周年に寄せて～」は閲覧可能である。）。

式会社が主催している知財 AI 活用研究会ではアイ・ピー・ファイン株式会社が開発した人工知能を使った R&D 知財 AI システム「Deskbee」を研究に利用することが可能である。

9.3 文献・カンファレンス資料をウォッチングする

特許情報調査関係の定期刊行物やカンファレンスには以下のようなものがある。特に「知財管理」や「情報の技術と科学」には特許情報調査関係の論考が比較的多く掲載されるので定期的にチェックすると良い。また**表51**に掲載した定期刊行物のほとんどは無料で閲覧可能である[232]。

表51　特許情報調査関係の定期刊行物・カンファレンス主催団体

定期刊行物	URL
World Patent Information	http://www.sciencedirect.com/science/journal/01722190
知財管理	http://www.jipa.or.jp/kikansi/chizaikanri/
情報の技術と科学	https://www.jstage.jst.go.jp/browse/jkg/-char/ja
研究技術計画	https://www.jstage.jst.go.jp/browse/jsrpim/-char/ja
パテント	https://www.jpaa.or.jp/info/monthly_patent/patent/
特技懇	https://tokugikon.smartcore.jp/tokugikon_shi
特許研究	https://www.inpit.go.jp/jinzai/study/
Japio YEAR BOOK	http://www.japio.or.jp/00yearbook/
カンファレンス主催団体	
PIUG - Patent Information Users Group	http://www.piug.org/

---

[232] 本書の初版では『情報管理』誌を掲載していたが、残念ながら2018年3月をもって休刊となってしまった。なお、World Patent Information と知財管理以外は無料で全文が閲覧可能である（『情報の技術と科学』誌は、刊行後6カ月程度経過すると CiNii で PDF が無料で閲覧できるようになる）。

IPI-ConfEx	http://www.ipi-confex.com/
EPO主催カンファレンス East meets West、Search Matters、PATLIBなど	http://www.epo.org/learning-events/events/conferences.html
特許・情報フェア＆コンファレンス	http://www.pifc.jp/

　本書の参考文献一覧には可能な限り入手しやすい書籍・文献およびウェブサイト上からダウンロードできるドキュメント情報を掲載した。本書中に引用していない場合であっても掲載している参考文献があるので、本書を通読された後は参考文献の中から興味のある文献やドキュメントを探して読んでいただきたい。

9.4　特許検索競技大会・Patent Olympiadに出場する

　特許検索スキルを定量的に計ることは難しいが、1つの方法としては特許検索競技大会への出場がある。特許検索競技大会とは2007年に関西特許情報センター振興会の50周年記念事業としてスタートしたものであり、2013年以降は工業所有権協力センター（通称：IPCC）が主催している。特許検索競技大会は

> J-PlatPatや商用DBを用いた実際の検索作業を含む問題等を通じて、特許調査の実務能力を競う大会です。　初級者・学生向けのベーシックコースとプロ向けのアドバンストコースがあり、成績優秀者・優秀団体の表彰や成績に応じたレベル認定が受けられます。
> 本大会は、特許調査能力の客観評価、優秀者・優秀団体の顕彰等を通して、特許調査に関する技術の普及啓発を促すことにより、我が国のイノベーションの促進に寄与することを目的としています。[233]

---

[233]　出所：https://www.ipcc.or.jp/public/ （現在ベーシックコースはスチューデントコース）

であり、2018年の大会にはスチューデントコース・アドバンストコース合わせて510名が参加している。出題内容等は**表52**の通りである。

表52　特許検索競技大会のコース別制限時間と出題内容

コース	制限時間	出題内容
スチューデント	1.5時間	特許情報に関する基本的な知識を学びながら、特許情報検索を体験できる問題です。主催者が用意するPCを使用して解答します。解答に際しては、特許情報へ気軽にアクセスできる検索ツールであるJ-PlatPatを利用します。なお、Google等のウェブサイトの利用も可能です。
アドバンスト	4時間	①共通問題：特許調査実務で必要とされる知識や判断力を問う問題 ②選択問題：商用特許検索データベースを用いて実際に特許検索、文献（英語文献を含む）のスクリーニングを行う問題 ※選択問題は特許調査に関する以下の3分野から1分野を選択し解答します。問題は特殊な技術的専門知識を問うものではありません。 ⅰ）電気分野 ⅱ）機械分野 ⅲ）化学・医薬分野

　スチューデントコースは学生や企業の出願担当者・研究者等の初級者向けであり、特許情報に関する知識・技能の習得を目的としている。一方、アドバンストコースは実際に特許調査業務に関わっている実務者を対象としたコースであり、筆記試験だけではなくデータベースを用いた演習形式の試験もあり、特許調査を担うサーチャーが実務で行う調査内容により近い出題内容となっている。両コースで一定のレベルをクリアした場合には認定証が交付されるので、特許調査初心はまずスチューデントコースの認定取得を目指し、順次アドバンストコースのブロンズ、シルバー、ゴールド認定を目指すのを1つのスキル向上の目標としても良いだろう。

　なお、特許検索競技大会後には毎年フィードバックセミナーが開催されており、問題の回答や検索方法などの解説を行うので（大会参加者は無料でフィードバックセミナーに参加でき、フィードバックセミナーのテキストも配布される）、自分の回答と模範解答を照らし合わせて振り返りを行

うことができる。

　また2018年9月にはイタリア・ミラノにおいて特許検索競技大会の海外版であるPatent Olympiad[234]が初めて開催された。このPatent OlympiadはCEPIUG（Confederacy of European Patent Information User Groups：欧州特許情報ユーザーグループ連盟）の10周年記念イベントとして催されたが[235]、2019年10月にはルーマニア・ブカレストで第2回も行われていることから今後も継続的に開催されるものと予想される。

　特許調査・特許検索だけに限定されない検定として、情報科学技術協会（通称：INFOSTA）が主催している検索技術者検定（旧：情報検索能力試験）がある。検索技術者検定には1級から3級まであり、情報検索業務に従事している情報プロフェッショナル（インフォプロと呼ぶ）[236]に必要なスキル、知識、コミュニケーション能力、プレゼンテーション能力などを計るものである[237]。

9.5　他者の検索式を評価する

　スキル向上のために他者の作成した検索式を評価する、つまり「自分であればこういうキーワードも追加するだろうな」、「この特許分類も加えた方が良いのでは」、「この特許分類とキーワードのAND演算は参考になるな」等、自分の目線で採点してみると良い。

　特許調査会社へ調査案件を外部委託しているのであれば、特許調査会社の作成した検索式を評価して、不明な点があれば質問・確認してみると良い。また調査案件を外部委託する機会がない場合であれば、J-PlatPatの［経過情報］から検索報告書を探しだし、特許庁審査官または指定登録調査機関が作成した先行技術調査検索式を評価すると良い。

---

[234]　Patent Olympiad ウェブサイト：https://patentolympiad.org/
[235]　日本からも何名かPatent Olympiadに参加し、日本技術貿易株式会社のスタッフが準優勝した（出所：［日本技術貿易株式会社, 2018］）。
[236]　昔はインフォプロではなくサーチャーと呼んでいた。現在でも特許調査従事者のことをサーチャーと呼ぶことが多い。
[237]　検索技術者検定の詳細については　http://www.infosta.or.jp/examination/　を参照されたい。

なお、昨今ウェブサイト上で特許情報分析に関する解説記事等が掲載されることが多いが、分析対象母集団（＝検索式）について明示されていないことが多い。分析においては分析対象母集団によって得られるインサイトが大きく変わってしまうため、どのような検索式を用いているのか確認することを習慣化するとともに、もしも開示されていないのであれば、注意してその分析結果を活用すべきである[238]。

9.6 他者へ検索式作成方法を教える

よく言われることであるが「教えることが一番の学び」である。ある程度特許情報調査・検索式構築スキルを身に着けた方は、ぜひともその知識・スキルを他者へ教えたり、ツイッターやFacebook、LinkedInなどのSNSを通じて情報発信にチャレンジしていただきたい。他者へ教えることで、自らの知識・スキルを見直す良い機会が得られるはずである[239]。

他企業・他組織がどのような情報検索教育を実施しているか参考にするのも良いだろう（例として最近の論考としては［橋間, 2019］や［和田, 2019］などがある。ほかに［岡本, 2004］、［下川, 2007］、［菅原, 2009］、［中村, 企業における情報検索業務者（サーチャー）の育成, 2013］、［佐藤久., 2012］、［山崎, 2012］、［武田 高, 2012］、［臼井, 2012］、［竹原, 2012］、［原, 2013］、［長池, 2013］、［平尾, 2013］、［西頭, 2015］のような先行文献がある）。

9.7 その他

著者が今でも時折トレーニングとしてやっていることに、ニュース記事

---

[238] WIPOが2019年1月にリリースした人工知能関係のレポートを題材に「分析条件により異なる結果｜WIPO・人工知能に関する技術トレンドレポート」というブログ記事を書いているので参照いただきたい（URL：https://ameblo.jp/e-patent/entry-12437219399.html）。

[239] 情報を自分だけで囲い込んでしまう方がいるが、著者はむしろ積極的に情報発信することで、知識やスキルもより一層磨かれると考えている。同様のことは［長谷川, 1997］、［津田, 2014］、［成毛, 2018］などでも述べられている。

で取り上げられた製品・サービスや、お店で手に取った商品（特に特許出願中などと記載があるもの）について、J-PlatPat や Google Patents を用いてその製品・サービスや商品に関する特許を探す方法がある。このような製品だと「こういう特許分類が付与されるんだ」、「こういうキーワードを用いて表現するんだな」などの気づきがある。

なお、検索式を構築する際には、特許分類を用いる必要があるが、少なくとも自分が担当している技術分野については IPC・FI のサブクラスやメイングループレベルまでは時間がある際に眺めて覚えるようにしている[240]。

企業においては特許情報調査そのものが目的となることはなく、何かしらのビジネス上の目的を達成するために特許情報調査を行う。特許調査担当者なので、特許情報のことだけ調べれば良いという時代ではなくなっており、ソーシャルメディアを含めてビジネス情報などの特許以外の情報についての知識・スキルも習得することが望ましい。最近は、ビジネス情報調査に関する書籍や文献が数多くあるので参照されたい（書籍としては拙著［野崎, 調べるチカラ「情報洪水」を泳ぎ切る技術, 2018］のほか、［小島 史., 2000］、［上野, 情報調査力のプロフェッショナル, 2009］、［喜多, 2011］、［津田, 2014］［石渡, 2017］、［高辻, 2017］、［宮尾 アクセンチュア製造流通本部一般消費財業界グループ, 2017］、などがある。また文献としては情報管理誌に連載されていた［上野 佳., インフォプロによるビジネス調査－成功のカギと役立つコンテンツ, 2014～2015］などが参考になる）。またビジネス情報以外に、学術文献調査のスキルも重要である（例として［角田, 非特許文献調査について, 2017］、［伊藤 民., 2013］、［佐藤, ほか, 2005］、［吉井, 森, 原田, 時実, 2015］、［学術情報探索マニュアル編集委員会, 2006］、［時実, 2005］、［藤田 節., 自分でできる情報探索, 1997］）。

---

[240] 著者は"IPCトーク"と呼んでいるのだが、街中を歩いている際に、「信号機だとあの IPC かな」、「駅中のデジタルサイネージだとビジネスモデルの特許分類も付与されるかな」などと頭の中で考えたりしている。特許分類は英数字の組み合わせであって、どうしても馴染みにくいので、なるべく親しむ機会を持つには良い方法だと思っているが、度が過ぎると職業病になってしまうかもしれない。

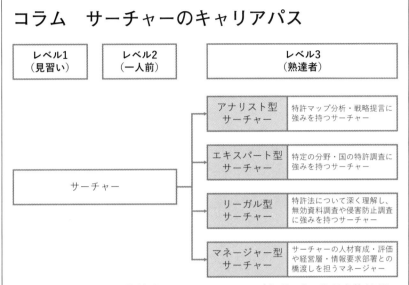

図202　サーチャーの複線型のキャリアルート（出所：[工業所有権情報・研修館, 特許調査従事者の現状と今後に関する調査研究報告書, 2012]、[月野, 2012] をベースに著者作成）

　特許情報業務に従事しているスタッフのキャリアパスとしては図202のようなものが上げられる。レベル1（見習い）からレベル2（一人前）となって、1人で独立して調査案件を遂行・完結できるようになった後のレベル3としては、アナリスト型、エキスパート型、リーガル型、マネージャー型の4タイプに分かれる[241]。

　アナリスト型は先行技術調査や無効資料調査、侵害防止調査のような調査よりもむしろ特許分析・パテントマップ作成スキルを身につけて特許情報を戦略的に活用し、研究開発部門だけではなく、経営層や事業部門へ戦略提言を行えるタイプである（いわゆる日本で言うところの「IPランドスケープ」）。求められる知識・スキルとしては、特許情報調査に関する知

---

[241] リーガル型サーチャーについては工業所有権情報・研修館の報告書には言及されていないが、著者が独自に加えた。

識・スキルだけではなく、経営に関する知識（フレームワーク、戦略論、ビジネスモデル）や高度な資料作成能力、そしてコミュニケーションスキルが挙げられる[242]。

エキスパート型は上述の通り、特定の技術分野などについて深い専門知識を有するか、東南アジアや中南米といった特定の国々についての知識・スキルを有している。特定の技術分野に通暁したサーチャーというのは、もともと研究開発部門・技術部門で研究者・技術者の経験を有しているスタッフが向いており、その特定技術分野の技術発展の歴史や全世界にどのような競合他社やベンチャー・スタートアップ、大学・研究機関があるか把握していることが求められる。一方、一部の国・地域について専門性を有しているスタッフについては、一般的にデータベースベンダーから提供されている特許検索データベースでは収録が十分ではないことを、各国特許庁データベースや各国の現地調査会社などの情報を通じ、経験を踏まえて把握している。幸い日本においては研修会やセミナーが整備されており、特許庁やJETRO、アジア特許情報研究会が情報発信をしているので、新興国における特許調査については以前に比べると飛躍的に情報入手が容易になっている。

リーガル型は特許法をはじめとした知的財産法について深い知識および実務経験を有している。新規性・進歩性の判断や無効・有効鑑定、侵害・非侵害鑑定などの法的判断も行うことができるサーチャーであり、昨今弁理士の資格を有したサーチャーも増えている。弁理士資格を有していれば、特許調査サービスだけではなく鑑定サービスもシームレスに提供可能なため、今後リーガル型サーチャーは増加していくものと考えている。

最後のマネージャー型は特許情報調査や分析の知識・スキルを有しつつも、スタッフの指導や社内教育プログラムの作成・監修を行うと同時に、知的財産部門以外の部門との調整をはかるスキルをもった人材であり、企

---

[242] 拙著「特許情報分析とパテントマップ作成入門 改訂版」の「第9章 特許情報分析スキルを磨くために」も参照。特許情報を戦略的に活用するためには、特許以外の知識・スキル涵養が重要であり、経営コンサルタントが書いた本などが参考になる（例えば［ジャグディシュ・N・シース アンドリュー・ソーベル, 2009]、[岸田, 2015]、[エドガー, 2017]）。

業においては知財部門における情報関連グループのマネージャーがこれに該当する。マネージャー型には一部エキスパート型と重複しているところもあり、他部門への情報発信および他部門との調整スキルが必要とされる。

今後、求められるサーチャー（インフォプロ）像については、サーチャー・インフォプロ実務家の方々のリレーエッセイ「インフォプロってなんだ？私の仕事，学び，そして考え」や3i研究会メンバー座談会記事などを参照されたい[243]。

---

[243] ［リレーエッセー, 2009～］、［伏見，ほか，3i研究会「情報を力に変えるワークショップ」（前編）　メンバーが語るその活動と魅力, 2014］、［伏見，ほか，3i研究会「情報を力に変えるワークショップ」（後編）　メンバーが語るその活動と魅力, 2014］および［山﨑，長田，佐藤，戸塚, 2019］を参照。

図表一覧

図一覧

- 図1　特許情報調査に求められる知識・スキル……………………… 2
- 図2　特許検索マトリックスと関連性マトリックス………………… 5
- 図3　良い検索式を測る指標－適合率・精度と再現率－…………… 10
- 図4　検索のアプローチ（投網アプローチ・銛やアプローチ）…… 12
- 図5　1次情報とn次情報……………………………………………… 19
- 図6　組織を取り巻く各種情報源……………………………………… 20
- 図7　研究の着想と実施に非常に重要な知識源（日米欧3極出願特許、%）（出所：［長岡貞男 塚田尚稔, 2007］）………………… 21
- 図8　特許出願から特許取得までの流れと公報（出所：［日本国特許庁, 知的財産権制度説明会（初心者向け）テキスト］）………… 22
- 図9　各国公報フロントページ（左：旧ソビエト連邦　右：タイ）… 28
- 図10　EP公開系公報の種別コード…………………………………… 32
- 図11　EPOサーチレポートの例………………………………………… 33
- 図12　拡大された先願（特許法第29条の2）………………………… 40
- 図13　主要国の2017年実用新案出願件数（出所：［WIPO, World Intellectual Property Indicators - 2018, 2018］）……………… 43
- 図14　海外出願ルート：直接出願ルート……………………………… 46
- 図15　海外出願ルート：パリルート…………………………………… 47
- 図16　海外出願ルート：パリルート（EPCルート利用）…………… 48
- 図17　海外出願ルート：PCTルート…………………………………… 50
- 図18　Euro-PCT時におけるEPOの通知……………………………… 50
- 図19　海外出願ルート：PCTルート（下：ダイレクトPCT利用）… 51
- 図20　対応特許とパテントファミリー………………………………… 52
- 図21　知財活動・研究開発活動と特許調査…………………………… 59
- 図22　2009年に拒絶されていされた特許出願の理由で引用された公開特許（公開された発明）公報の分布（出所：［日本国特許庁, 特許行政年次報告書2011年版, 2011］）……………………… 61

図表一覧

図23　日本人の日本国特許庁への特許出願が最終処分されるまでの過程2005年度（出所：［日本国特許庁，特許行政年次報告書2007年版, 2007］）··················62
図24　検索式の構成··················72
図25　審査官フリーワードの例··················74
図26　審査官フリーワードによる検索例··················74
図27　特許・実用新案分類照会（PMGS）における一覧表示（上）・FIハンドブック（下）··················82
図28　IPC、FIおよびFタームの関係（出所：［工業所有権情報・研修館，国際特許分類、FI、Fタームの概要とそれらを用いた先行技術調査, 2018］）··················84
図29　Fタームの例（5H601：上　リスト表示、下：リスト印刷）···85
図30　FI・Fターム更新情報の確認··················88
図31　各国特許庁のCPC採用状況（出所：［Nelson, Pierre, Dimple, 2019］）··················89
図32　CPCの構成（出所：［EPO/USPTO, CPC trifold, 2011］）·········91
図33　CPC・CPC2000シリーズとIPC・FI··················93
図34　番号検索メニューの例（J-PlatPat）··················106
図35　構造化検索メニューの例（WIPO Patentscope）··················107
図36　エキスパート検索メニューの例（USPTO　PatFT）············108
図37　概念検索メニューの例（PatentSQUARE）··················109
図38　引用・被引用特許ツリー（PatentSQUARE）··················112
図39　米国特許公報フロントページの審査官引用・発明者引用文献···113
図40　WIPO Patentscope Chemical compounds search ···············116
図41　演算子 AND・OR・NOT ··················117
図42　J-PlatPatの近傍検索入力支援画面 ··················121
図43　英語検索における語尾変化とトランケーション··················123
図44　J-PlatPat 特許・実用新案番号照会／OPD ··················129
図45　J-PlatPat 特許・実用新案番号照会／OPD　検索結果一覧 ···130
図46　J-PlatPat 特許・実用新案番号照会／OPD　文献表示画面 ···131

図47 J-PlatPat 特許・実用新案番号照会／OPD　文献表示画面から PDF ダウンロード ……………………………………… 132
図48 J-PlatPat　文献単位 PDF 表示／ダウンロード ……………… 132
図49 J-PlatPat 特許・実用新案番号照会／OPD　文献表示画面から経過情報 ……………………………………………………… 133
図50 J-PlatPat　経過情報照会－経過記録（カテゴリ別表示） …… 134
図51 J-PlatPat　経過情報照会－経過記録（時系列表示） ………… 135
図52 J-PlatPat　経過情報照会－登録情報……………………………… 135
図53 J-PlatPat　経過情報照会－出願情報……………………………… 136
図54 J-PlatPat　経過情報照会から OPD（ワン・ポータル・ドシエ）へ ……………………………………………………………… 137
図55 J-PlatPat　OPD（ワン・ポータル・ドシエ）照会画面 …… 137
図56 Espacenet－高度の検索（Advanced Search）画面での番号入力 ……………………………………………………………… 140
図57 Espacenet－JP2006334885A の番号検索結果 ………………… 140
図58 Espacenet－JP2006334885A の書誌データ …………………… 141
図59 Espacenet－JP2006334885A のパテントファミリーリスト … 142
図60 Espacenet－JP2006334885A のパテントファミリーCSV リスト ……………………………………………………………… 143
図61 Google Patents　トップページ ………………………………… 144
図62 Google Patents　公報表示画面（US2009051745A1）………… 145
図63 USPTO　Public PAIR 番号入力画面 …………………………… 147
図64 USPTO　Public PAIR の結果表示画面 ………………………… 147
図65 USPTO　Public PAIR の包袋ダウンロード画面 ……………… 148
図66 USPTO　年金支払い状況確認画面① …………………………… 149
図67 USPTO　年金支払い状況確認画面② …………………………… 150
図68 Google Patents から USPTO Assignment（権利譲渡確認画面）へ ……………………………………………………………… 151
図69 USPTO Assignment による検索結果画面① …………………… 151
図70 USPTO Assignment による検索結果画面② …………………… 152
図71 Espacenet　EP1890882の書誌データ ………………………… 153

図72　Espacenet　EP1890882のINPADOCリーガルステータス … 154
図73　European Patent Register　EP1890882の概要 …………… 155
図74　European Patent Register　EP1890882のLegal status …… 156
図75　European Patent Register　EP1890882の包袋 …………… 156
図76　Espacenet　WO2006129882の書誌データ ……………… 157
図77　Espacenet　WO2006129882のINPADOCリーガルステータス ………………………………………………………………… 158
図78　WIPO Patentscope　簡易検索画面での番号入力 ………… 159
図79　WIPO Patentscope　WO2006129882書誌データ ………… 159
図80　WIPO Patentscope　WO2006129882の各国移行状況 …… 160
図81　WIPO Patentscope　PCT出願各国移行データの収録範囲 … 161
図82　近傍検索の文字数設定（日本語、検索範囲：名称・要約・請求の範囲） ……………………………………………………… 162
図83　近傍検索のワード数設定（英語、検索範囲：名称・要約・請求の範囲） ……………………………………………………… 163
図84　カタカナ出願人名とアルファベット出願人名（TDKの例）… 168
図85　J-PlatPat 特許・実用新案検索画面での出願人・権利者検索… 171
図86　Google Patents　Advanced Search ① ……………………… 172
図87　Google Patents　Advanced Search ② ……………………… 173
図88　Espacenet　Advanced Searchでの出願人・権利者検索 …… 174
図89　Espacenet　Advanced Searchでの出願人・権利者検索（国指定） ……………………………………………………………… 175
図90　WIPO Patentscope　構造化検索での出願人・権利者検索（国指定） ……………………………………………………………… 176
図91　J-PlatPat 特許・実用新案検索による発明者検索（近傍検索入力支援画面） …………………………………………………… 178
図92　J-PlatPat 特許・実用新案検索による発明者検索（近傍検索の利用） ……………………………………………………………… 178
図93　J-PlatPat 特許・実用新案検索による発明者検索（旧字体の対応） ……………………………………………………………… 179
図94　USPTO・PatFT　Advanced Searchでの発明者検索 ……… 180

図95　Espacenet　Advanced Search での発明者検索 …………… 182
図96　米国特許権利譲渡調査用データベース：Patent Assignment Search ……………………………………………………… 183
図97　米国特許権利譲渡調査用データベース詳細検索画面：Patent Assignment Search ………………………………………… 183
図98　Assignment Search の検索例（Emerson Electric から日本電産への権利譲渡）………………………………………… 184
図99　Assignment Search の検索結果①（Emerson Electric から日本電産への権利譲渡）…………………………………… 185
図100　Assignment Search の検索結果②（Emerson Electric から日本電産への権利譲渡）………………………………… 185
図101　Assignment Search の検索結果③（Emerson Electric から日本電産への権利譲渡）………………………………… 186
図102　Assignment Search の検索結果例（Nidec の特許購入）…… 187
図103　J-PlatPat 利用時に注意すべき点（特許分類　NOT　キーワード演算）……………………………………………… 188
図104　関連性マトリックスと特許検索マトリックス ……………… 193
図105　関連性マトリックス・特許検索マトリックス記入例（例：マンホールの蓋）……………………………………………… 194
図106　調査対象テーマの明確化 ……………………………………… 196
図107　調査対象テーマの明確化（例：マンホールの蓋）………… 197
図108　関連性マトリックス・特許検索マトリックス記入例（ステップ1終了後）………………………………………………… 199
図109　検索キー（キーワード・特許分類）の探し方フロー ……… 200
図110　キーワードを探すための予備検索 …………………………… 202
図111　Google Patents を用いたキーワード予備検索 ……………… 205
図112　J-GLOBAL を用いたキーワード・同義語探し …………… 206
図113　JST シソーラス map を用いたキーワード・同義語探し…… 207
図114　キーワード・同義語を探すための予備検索①（文献種別：J-GLOBAL）……………………………………………… 208

図115　キーワード・同義語を探すための予備検索②（文献種別：
　　　J-GLOBAL）……………………………………………………… 208
図116　キーワード・同義語を探すための予備検索③（文献種別：
　　　J-GLOBAL）……………………………………………………… 209
図117　特許検索マトリックス記入例（ステップ3キーワード抽出
　　　終了後）…………………………………………………………… 210
図118　検索キー（キーワード・特許分類）の探し方フロー ……… 210
図119　検索結果一覧−背景技術　AND　構成要素①（課題・目的）
　　　 ……………………………………………………………………… 212
図120　J-PlatPat 分類コードランキングから特許分類を探す① …… 213
図121　J-PlatPat 分類コードランキングから特許分類を探す② …… 214
図122　J-PlatPat 分類コードランキングから特許分類を探す③ …… 214
図123　J-GLOBAL から F タームを探す① ……………………………… 215
図124　J-GLOBAL から F タームを探す② ……………………………… 216
図125　特許・実用新案分類照会（PMGS）…………………………… 217
図126　特許・実用新案分類照会（PMGS）：FI ハンドブック　…… 218
図127　特許・実用新案分類照会（PMGS）：F タームリスト ……… 219
図128　特許・実用新案分類照会（PMGS）：F タームリスト印刷 … 220
図129　特許・実用新案分類照会（PMGS）：F ターム解説 ………… 221
図130　特許・実用新案分類照会（PMGS）・キーワード検索 ……… 222
図131　特許・実用新案分類照会（PMGS）・キーワード検索の例 … 222
図132　特許・実用新案分類照会（PMGS）・FI キーワード検索結
　　　果の例（マンホール）………………………………………… 223
図133　特許検索マトリックス記入例（ステップ3特許分類抽出終
　　　了後）…………………………………………………………… 224
図134　特許分類の階層構造（FI：H01M2/00の例）………………… 227
図135　特許検索マトリックスと演算子 AND・OR の関係 ………… 232
図136　キーワードと特許分類の組み合わせた場合のキーワード範
　　　囲の設定目安　………………………………………………… 233
図137　検索式作成　パターン1：キーワードのみ ………………… 234
図138　検索式作成　パターン2：特許分類のみ …………………… 235

図139	検索式作成　パターン3：特許分類とキーワードの組み合わせ	237
図140	J-PlatPat 特許・実用新案検索　検索キー入力	239
図141	J-PlatPat 特許・実用新案検索　論理式へ展開	240
図142	J-PlatPat 特許・実用新案検索　論理式で検索	243
図143	初心者向け特許検索マトリックス	244
図144	初心者向け特許検索マトリックス(例題：マンホールの蓋)	245
図145	J-PlatPat 検索結果一覧（例題：マンホールの蓋）	246
図146	英語キーワードを探すサイト（Weblio 英語例文検索）	248
図147	英語キーワードを探すサイト（WIPO Pearl）	249
図148	英語キーワードを探すサイト(WIPO Pearl：コンセプトマップ)	249
図149	CPC ランキング機能（Lens.org）	250
図150	国内外の分類の対応関係参照ツール	251
図151	特許検索マトリックス（例題：橋梁点検用ドローン）	256
図152	キーワードの選ぶ際の考え方①	264
図153	キーワードの選ぶ際の考え方②	265
図154	特許検索マトリックス（例題：子供用安全ライター）	266
図155	特許検索マトリックス（例題：子供用安全ライター・ロック機構）	272
図156	特許検索マトリックス（例題：硫化物系固体電解質を用いた全固体電池）	274
図157	Google Patents：JP6469758B2公報画面	287
図158	Google Patent　Find Prior Arts：JP6469758B2　①	288
図159	Google Patent　Find Prior Arts：JP6469758B2　②	289
図160	J-GLOBAL　特許の詳細情報：特許6469758	290
図161	特許検索マトリックス（例題：ロボット掃除機の衝突防止機能）	292
図162	特許検索マトリックス（例題：機械学習）	301
図163	J-PlatPat 論理式検索結果（例題：機械学習）	305
図164	J-PlatPat 論理式検索結果②（例題：機械学習）	306

図165	特許公報の構成（特に公開特許公報）	316
図166	新規性・進歩性の判断手順例	318
図167	J-PlatPat の検索結果一覧（スクリーニング①）	323
図168	J-PlatPat の検索結果一覧（スクリーニング②）	324
図169	J-PlatPat の検索結果（母集団の一部スクリーニング方法①）	326
図170	J-PlatPat の検索結果（母集団の一部スクリーニング方法②）	327
図171	J-PlatPat 検索結果一覧 MS Excel リスト化に用いる事例	328
図172	J-PlatPat の検索結果一覧の MS Excel リスト化①	329
図173	J-PlatPat の検索結果一覧の MS Excel リスト化②	330
図174	J-PlatPat の検索結果一覧の MS Excel リスト化③	330
図175	J-PlatPat の検索結果一覧の MS Excel リスト化④	331
図176	J-PlatPat の検索結果一覧の MS Excel リスト化⑤	332
図177	海外特許公報を効率的に査読するための3つのアプローチ	333
図178	和文抄録の例	334
図179	J-PlatPat 特許・実用新案番号照会／OPD から和文抄録を閲覧①	335
図180	J-PlatPat 特許・実用新案番号照会／OPD から和文抄録を閲覧②	355
図181	J-PlatPat 特許・実用新案検索メニューから和文抄録を閲覧	336
図182	Google Patents 上で日本語に翻訳	337
図183	Google Patents 上で日本語に翻訳	337
図184	Espacenet の patenttranslate 機能	338
図185	WIPO の自動翻訳機能	339
図186	WIPO Translate	340
図187	みらい翻訳　お試し翻訳	341
図188	Google 翻訳（テキスト・ドキュメント）	341
図189	出願前調査のレポート例①：本願発明の特徴・備考（出所：［工業所有権情報・研修館，検索の考え方と検索報告書の作成［第19版］, 2018]）	344

図190 出願前調査のレポート例②：検索論理式（出所：［工業所有権情報・研修館，検索の考え方と検索報告書の作成［第19版］，2018］） …………………………………………… 345

図191 出願前調査のレポート例③：スクリーニングサーチの結果（出所：［工業所有権情報・研修館，検索の考え方と検索報告書の作成［第19版］，2018］） ………………………………… 345

図192 出願前調査のレポート例④（出所：［工業所有権情報・研修館，検索の考え方と検索報告書の作成［第19版］，2018］）……… 346

図193 J-PlatPatの意匠検索メニュー ……………………………… 352

図194 こたつに関する日本意匠調査例① キーワード検索 ……… 353

図195 こたつに関する日本意匠調査例② 検索結果一覧 ………… 354

図196 こたつに関する日本意匠調査例③ 日本意匠分類・Dタームの定義確認 ……………………………………………… 355

図197 こたつに関する日本意匠調査例④ 日本意匠分類・Dタームによる検索 ……………………………………………… 356

図198 こたつに関する日本意匠調査例⑤ 旧日本意匠分類による検索 …………………………………………………………… 357

図199 J-PlatPat意匠検索 一覧画面の表示形式 ………………… 358

図200 DesignView グローバル意匠検索データベース …………… 359

図201 特許情報業務のスマイルカーブ …………………………… 362

図202 サーチャーの複線型のキャリアルート（出所：［工業所有権情報・研修館，特許調査従事者の現状と今後に関する調査研究報告書，2012］、［月野，2012］をベースに著者作成） ………… 371

表一覧

表1 3つのコアスキルと対応する章 ………………………………… 4

表2 人工知能を搭載した主な特許情報調査・分析ツール ………… 14

表3 公報の主な種別コード …………………………………………… 29

表4 現行の日米欧中韓・WO公報の主な種別コード ……………… 30

表5 出願公開制度と実体審査・審査請求制度の有無 ……………… 41

表6 パテントファミリーの公報発行日① …………………………… 57

表7	パテントファミリーの公報発行日②	58
表8	主な調査種類別留意事項	70
表9	検索対象別の特許調査の種類	71
表10	キーワード範囲とその特徴	75
表11	キーワードの種類・範囲とヒット件数	77
表12	IPCの階層構造とヒット件数の関係	79
表13	FIの例とヒット件数の関係①	81
表14	Fタームの例	86
表15	CPCの付与状況（出所：[USPTO, EPO, 2019]）	90
表16	データベースの種類（収録国、無料・有料）	100
表17	データベースの種類（レコード収録単位）	102
表18	あるパテントファミリーの例	103
表19	Espacenetの日本公報番号入力形式	139
表20	Google Patents公報表示画面に掲載される書誌データ	145
表21	海外企業の出願人名義の揺れ	169
表22	発明者名義によるヒット件数の違い（例：スティーブ・ジョブス）	181
表23	特許情報調査のステップ	195
表24	関連性マトリックス（例：マンホールの蓋）	198
表25	同義語検討ルール	205
表26	関連性マトリックス（例：マンホールの蓋）	229
表27	関連性マトリックスの効用（例：マンホールの蓋）	230
表28	検索式の基本パターン	231
表29	キーワードのみの検索式におけるキーワード範囲の設定目安	232
表30	関連性マトリックス（例：マンホールの蓋）	236
表31	J-PlatPat論理式作成における検索項目	240
表32	検索式作成事例一覧	254
表33	関連性マトリックス（例題：橋梁点検用ドローン）	255
表34	関連性マトリックス（例題：子供用安全ライター）	266
表35	関連性マトリックス（例題：硫化物系固体電解質を用いた全固体電池）	273

表36	株式会社アスタリスクのセルフレジ関連保有特許	284
表37	関連性マトリックス（例題：ロボット掃除機の衝突防止機能）①	291
表38	関連性マトリックス（例題：ロボット掃除機の衝突防止機能）②	291
表39	特許・実用新案分類照会（PMGS）キーワード検索結果	301
表40	日付指定による母集団分割（例題：機械学習）	306
表41	検索式作成パターンのまとめ	307
表42	調査種類別の読み込み範囲	317
表43	検索式作成事例一覧	319
表44	公報読み込みのステップ	320
表45	関連性マトリックス（例：マンホールの蓋）	321
表46	無効資料調査のレポート例①	347
表47	無効資料調査のレポート例②	348
表48	技術収集調査のレポート例①	351
表49	技術収集調査のレポート例②	351
表50	特許情報調査関係のセミナー・研究会主催団体	364
表51	特許情報調査関係の定期刊行物・カンファレンス主催団体	365
表52	特許検索競技大会のコース別制限時間と出題内容	367

引用文献・参考文献

Adams, S.（2004）. Certification of the patent searching profession--a personal view. World Patent Information, 26（1）, 79–82.

Adams, S.（2012）. Survey of PCT search reports and the importance of the internet as a source of non-patent literature. World Patent Information, 34（2）, 112–123.

Adams, S.（2018）. Is the full text the full answer? – Considerations of database quality. World Patent Information, 54（Supplement）, S66-S71.

Annies, M.（2009）. Full-text prior art and chemical structure searching in e-journals and on the internet – A patent information professional's perspective. World Patent Information, 31（4）, 278–284.

Badger, E.（2008）. Techniques for analyzing literature search results. World Patent Information, 30（4）, 326–334.

Barnard, J. M., & Wright , M. P.（2009）. Towards in-house searching of Markush structures from patents. World Patent Information, 31（2）, 97–103.

Bart DegrooteHeldPierre.（2018）. Analysis of the patent documentation coverage of the CPC in comparison with the IPC with a focus on Asian documentation. World Patent Information, 54（Supplement）, S78-S84.

Bernd GoersLançon, Heide GötzEveline.（2018年）. How to search the indescribable - Search concepts for products requiring parametric and/or product-by-process definitions. World Patent Information, 54（Supplement）, S51-S58.

Couteau, O.（2014）. Forward searching – A complement to keyword- and class-based patentability searches. World Patent Information, 37, 33–38.

Deboys, J.（2004）. Decision pathways in patent searching and analysis. World Patent Information, 26（1）, 83–90.

DjavanDeClercq, Ndeye-FatouDiop, DevinaJain, B.（2019年）. Multi-label classification and interactive NLP-based visualization of electric vehicle patent data. World Patent Information, 58.

Drift, J. v.（1991）. Effective strategies for searching existing patent rights. World Patent Information, 13（2）, 67-71.

Dulken, S. v. (2014). Do you know English? The challenge of the English language for patent searchers. World Patent Information, 39, 35–40.

DydenkoIgor. (2018). Searching claims comprising non-technical features at the European Patent Office. World Patent Information, 54 (Supplement), S44-S50.

Emmeline MarttinDerrienAnne-Cécile. (2018). How to apply examiner search strategies in Espacenet. A case study. World Patent Information, 54 (Supplement), S33-S43.

Endacott, J., & Poolman, R. (2015). Looking for insights – Quality control initiatives for enhancing patent searches. World Patent Information, 35 (1), 3-7.

EPO. (2013年5月7日). Patent Information Conference 2013. 参照先: https://www.epo.org/learning-events/events/conferences/2013/emw2013/programme.html

EPO. (2013年5月8日). PATLIB2013. 参照先: https://www.epo.org/learning-events/events/conferences/2013/patlib/programme.html

EPO. (2014年12月2日). Asian patent information. 参照先: http://www.epo.org/searching/asian.html

EPO. (2014年5月5日). East meets West 2014. 参照先: https://www.epo.org/learning-events/events/conferences/2014/emw2014/programme.html

EPO. (2014年5月30日). PATLIB2014. 参照先: https://www.epo.org/learning-events/events/conferences/2014/patlib/programme.html

EPO. (日付不明). East meets West 2013. 参照先: http://www.epo.org/learning-events/events/conferences/2013/emw2013/programme.html

EPO/USPTO. (2011年10月). CPC trifold. 参照先: Cooperative Patent Classification: http://www.cooperativepatentclassification.org/publications/cpctrifold.pdf

EPO/USPTO. (2013年11月). CPC coverage. 参照先: Cooperative Patent Classification: http://www.cooperativepatentclassification.org/publications/CpcCoverageNovember13.pdf

European Commission. (2007). Why researchers should care about patents. 参照

先 : Investing in European Research: https://ec.europa.eu/invest-in-research/pdf/download_en/patents_for_researchers.pdf

Flávia Maria Lins MendesCastor, Roseli Monteiro, Fabio Batista Mota, Leonardo Fernandes Moutinho RochaKamaiaji. (2019). Mapping the lab-on-a-chip patent landscape through bibliometric techniques. World Patent Infomation, 59.

Gex-ColletAdrian. (2018). Attitude and process – Key aspects for improving search performance. World Patent Information, 54 (Supplement), S11-S17.

Hitchcock , D. . (2013). Patent Searching Made Easy: How to Do Patent Searches on the Internet & in the Library. Nolo.

Hunt, D., Long, N., & Rodgers, M. (2007). Patent Searching: Tools & Techniques. Wiley.

Kazenske, E. R. (2003). The future of prior art searching at the United States patent and trademark office. World Patent Information, 25 (4), 283–287.

Koji MeguroOsabeYoshiyuki. (2019). Lost in Patent Classification. World Patent Information, 57, 70-76.

LahortePhilippe. (2018). Inside the mind of an EPO examiner. World Patent Information, 54 (Supplement), S18-S22.

Lara AgostiniNosella, Mehari Beyene TeshomeAnna. (2019). Towards the development of scales to measure patent management. World Patent Information, 58.

Leonidas AristodemouTietzeFrank. (2018年12月). The state-of-the-art on Intellectual Property Analytics (IPA) : A literature review on artificial intelligence, machine learning and deep learning methods for analysing intellectual property (IP) data. World Patent Information, 55, 37-51.

List, J. (2007). How drawings could enhance retrieval in mechanical and device patent searching. World Patent Information, 29 (3), 210–218.

List, J. (2010). An A to X of patent citations for searching. World Patent Information, 32 (4), 306–312.

List, J. (2012). Review of machine translation in patents – Implications for search. World Patent Information, 34 (3), 193–195.

LoveniersKris. (2018). How to interpret EPO search reports. World Patent Information, 54 (Supplement), S23-S28.

Materne, A., & Sleightholme, G. (2014). Methods of ranking search results for searches based on multiple search concepts carried out in multiple databases. World Patent Information, 36, 4–15.

Montecchia, T., Russoa, D., & Liu, Y. (2013). Searching in Cooperative Patent Classification: Comparison between keyword and concept-based search. Advanced Engineering Informatics, 27 (3), 335–345.

NelsondasNeves, PierreHeld, DimpleBodawala. (2019年2月19日). 6th EPO-USPTO CPC Annual Meeting with National Offices. 参照先: https://www.cooperativepatentclassification.org/publications/Presentations/EPOUSPTOCPCAnnualMeeting2019.pdf

Oltra-Garcia, R. (2012). Efficient situation specific and adaptive search strategies: Training material for new patent searchers. World Patent Information, 34 (1), 54–61.

Oltra-GarciaRicardo. (2018). Efficient searching with situation specific and adaptive search strategies: Training material for patent searchers. World Patent Information, 54 (Supplement), S29-S32.

Péter KovácsBotka, Árpád FigyelmesiGábor. (2019年6月). Automatic generation of Markush structures from specific compounds. World Patent Information, 57, 59-69.

S.ClarkeNigel. (2018). The basics of patent searching. World Patent Information, 54 (Supplement), S4-S10.

Schwander, P. (2000). An evaluation of patent searching resources: comparing the professional and free on-line databases. World Patent Information, 22 (3), 147–165.

Scott, J. R. (2007). When is a search not a search? The EPO approach. World Patent Information, 29 (2), 108–116.

Stefano AngelucciJavier Hurtado-Albir, Alessia Volpe. (2018). Supporting global initiatives on climate change: The EPO's "Y02-Y04S" tagging scheme. World Patent Information, 54 (Supplement), S85-S92.

Tannebaum, W., & Rauber, A. (2015). Learning keyword phrases from query logs of USPTO patent examiners for automatic query scope limitation in patent searching. World Patent Information, 41, 15-22.

United States Patent and Trademark Office. (日付不明). PTRC Program Tutorials. 参照先: http://www.uspto.gov/products/library/ptdl/tutorials.jsp

United States Patent and Trademark Office. (日付不明). Seven Step Strategy. 参照先: http://www.uspto.gov/products/library/ptdl/services/step7.jsp

USPTO, EPO. (2019年5月23日). CPC Annual Report 2017-2018. 参照先: https://www.cooperativepatentclassification.org/publications/AnnualReports.html

Wilson, D. K. (2007). Creating and managing a patent information group in a global environment. World Patent Information, 29 (2), 136-139.

WIPO. (2015年3月). WIPO IP Statistics Data Center. 参照先: http://ipstats.wipo.int/ipstatv2/

WIPO. (2018). World Intellectual Property Indicators – 2018. 参照先: WIPO: https://www.wipo.int/publications/en/details.jsp?id=4369&plang=EN

Wolter, B. (2012). It takes all kinds to make a world – Some thoughts on the use of classification in patent searching. World Patent Information, 34 (1), 8-18.

Xie, Z., & Miyazakia, K. (2015). Evaluating the effectiveness of keyword search strategy for patent identification. World Patent Information, 35 (1), 20-30.

Yamauchia, I., & Nagaoka, S. (2015). Does the outsourcing of prior art search increase the efficiency of patent examination? Evidence from Japan. Research Policy, 44 (8), 1601-1614.

Yves VerbandtVadotEls. (2018). Non-patent literature search at the European Patent Office. World Patent Information, 54 (Supplement), S72-S77.

青木博通. (2019). 世界の商標制度. 情報の科学と技術, 69 (10), 471-479.

赤壁幸江, 小山裕史. (2009). ここがポイント！中国特許調査. 日本パテントデータサービス.

阿川佐和子. (2012). 聞く力―心をひらく35のヒント. 文藝春秋.

秋良直人, 岩山真. (2013). 類似画像検索と概念検索を統合した特許検索システムの構築. Japio YEAR BOOK 2013, 188-191.

東智朗, 星野裕司. (2011). 特許調査とパテントマップ作成の実務. オーム社.
東智朗, 尼崎浩史. (2015). できるサーチャーになるための 特許調査の知識と活用ノウハウ. 2015.
安宅和人. (2010). イシューからはじめよ. 英治出版.
尼崎浩史. (2014). 無効審判において新規性なしと判断された事件から考察する精度の高い調査方法. パテント, 67 (1), 43-58.
安藤俊幸. (2015). テキストマイニングを用いた効率的な特許調査方法. Japio YEAR BOOK 2015, 230-237.
安藤俊幸. (2016). 機械学習を用いた効率的な特許調査方法. Japio YEAR BOOK 2016, 150-161.
安藤俊幸. (2016). 機械学習を利用した効率的な特許調査方法. 第13回情報プロフェッショナルシンポジウム, (ページ: C23).
安藤俊幸. (2017). 機械学習を用いた効率的な特許調査方法. Japio YEAR BOOK 2017, 230-241.
安藤俊幸. (2018). 機械学習を用いた効率的な特許調査方法. Japio YEAR BOOK 2018, 238-249.
安藤俊幸, 桐山勉. (2017). 機械学習を用いた効率的な特許調査. 第14回情報プロフェッショナルシンポジウム, (ページ: A31).
安藤俊幸, 桐山勉. (2019). 分散表現学習を利用した効率的な特許調査. 第16回情報プロフェッショナルシンポジウム, (ページ: 31-36).
安藤俊幸. (2019). 機械学習を用いた効率的な特許調査方法. Japio YEAR BOOK 2019, 240-251.
飯沼光夫. (1985). 新規事業開発のための情報収集と活用法. 日本能率協会.
井海田隆. (2014). 特許分類に関する国際的な動向の続きと特許庁の取り組み. Japio YEAR BOOK 2014, 74-81.
井海田隆. (2015). 特許分類に関する現在の状況. Japio YEAR BOOK 2015, 108-113.
池田紀子, 田中一成. (2015). 特許文書からの化学物質情報の抽出. Japio YEAR BOOK 2015, 280-287.
池田紀子, 田中一成. (2016). 特許文書から抽出した化学物質情報の知識化. Japio YEAR BOOK 2016, 204-209.
石田由利子. (2004). エンドユーザー教育と検索システムの選択. 情報の科学と技

　　　　術, 54（5）, 240-247.
石渡佑矢. (2017). デジタル時代の基礎知識『リサーチ』. 翔泳社.
糸井久明. (2003). 企業における意匠調査と意匠登録出願の実態と問題点：製造業
　　　　を対象とするアンケート分析 (3). デザイン学研究, 50 (2), 91-100.
伊東秀夫. (2009). 特許情報サービスにおける画像検索. 特技懇, 252, 66-70.
伊藤徹男. (2010). 特許情報における原語検索の必要性と自動翻訳によるサポート.
　　　　情報管理, 53（11）, 600-609.
伊藤徹男. (2014). 網羅的な中国特許調査のための「中国語の拾い方」. Japio
　　　　YEAR BOOK 2014, 142-151.
伊藤徹男. (2018). PATENTSCOPE による ASEAN 特許調査概要. Japio YEAR
　　　　BOOK 2018, 168-177.
伊藤徹男. (2019). ASEAN・東アジア特許調査における PATENTSCOPE の徹底活
　　　　用. Japio YEAR BOOK 2019, 184-193.
伊藤徹男. (2019). アジア・新興国特許調査における原語抽出法. 第16回情報プロ
　　　　フェッショナルシンポジウム, （ページ：103-106）.
伊藤民雄. (2013). インターネットで文献探索 2013年版. 日本図書館協会.
乾智彦. (2018). IP ランドスケープの基礎と現状. パテント, 71（9）, 89-98.
井上直子. (2011). たまに使う各国特許庁 Web サイトの紹介：トルコ編. 情報の科
　　　　学と技術, 61（12）, 507-510.
井上直子. (2012). たまに使う各国特許庁 Web サイトの紹介：イスラエル編. 情報
　　　　の科学と技術, 62（4）, 177-180.
岩永利彦. (2017). エンジニア・知財担当者のための特許の取り方・守り方・活か
　　　　し方. 日本能率協会マネジメントセンター.
岩本圭介. (2017). ディープラーニングによる特許文献からの技術用語抽出. Japio
　　　　YEAR BOOK 2017, 242-247.
岩本圭介. (2018). 機械学習による特許分類モデルを「解釈」するための試み.
　　　　Japio YEAR BOOK 2018, 250-255.
上田篤盛. (2016). 戦略的インテリジェンス入門. 並木書房.
上田篤盛. (2019). 武器になる情報分析力. 並木書房.
上田篤盛. (2019). 武器になる情報分析力. 並木書房.
上野佳恵. (2009). 情報調査力のプロフェッショナル. ダイヤモンド社.

上野佳恵．(2014〜2015)．インフォプロによるビジネス調査－成功のカギと役立つコンテンツ．情報管理．参照先：https://jipsti.jst.go.jp/johokanri/list/?mode=2&recomend=1

上野千鶴子．(2018)．情報生産者になる．筑摩書房．

臼井裕一．(2012)．特許情報教育の現状と課題：特許調査の担い手とその教育はいかにあるべきか．情報の科学と技術，62（4），148-152．

内田和成．(2006)．仮説思考．東洋経済新報社．

内田和成．(2010)．論点思考．東洋経済新報社．

内田和成．(2011)．プロの知的生産術．PHP研究所．

内田和成．(2018)．右脳思考．東洋経済新報社．

宇野毅明，野崎篤志，那須川哲哉，小川延浩．(2016)．人工知能が知財業務に及ぼす影響．パテント，69（15），10-18．

エドガー・H・シャイン．(2017)．謙虚なコンサルティング．英治出版．

江畑謙介．(2004)．情報と国家．講談社．

大嶋洋一．(2004)．エンジニアのための知的財産権概説―先行技術調査、明細書の書き方、審査プロセスまで、実務に役立つ特許マニュアル．CQ出版．

太田文徳，橋本武彦，井手康裕，遠藤優希，周興喜，柳井孝仁，．．．，青野祥博．(2018)．人工知能（AI）を用いた化学分野における無効資料調査・先行技術文献調査への活用検討．情報の科学と技術，68（9），470-476．

太田良隆．(2013)．CHCプロジェクトの現状およびその行く末について．情報の科学と技術，63（7），277-281．

太田良隆．(2013)．CPC（Cooperative Patent Classification）について．特技懇，270，34-47．

太田良隆．(2013)．特許分類に関する国際的な動向．Japio YEAR BOOK 2013，98-103．

太田良隆．(2013)．特許分類に関する国際的な動向　五庁共通ハイブリッド分類プロジェクトをはじめとして．情報管理，56（3），133-139．

岡崎輝雄．(2008)．特許統計データベースの課題－OECD特許統計タスクフォースの取り組み－．特技懇，97-105．

岡本和彦．(2004)．宇部興産（株）におけるエンドユーザ教育―研究開発本部における「情報検索アドバイザー制度」―．情報管理，47（1），15-19．

小川延浩, 宇野毅明. (2016). オープンソースソフトウェアを活用した特許情報の検索・分析システムの構築 －特許情報の普及活用へオープンソースソフトウェアが果たす役割－. パテント, 69（7）, 18-24.

小川勝男, 金子紀夫, 齋藤幸一. (2016). 技術者のための特許実践講座. 森北出版.

小川裕子. (2003). 審査官による先行技術文献調査と無料で使えるユニークなデータベースの活用法. 情報管理, 46（9）, 575-586.

小川裕子. (2004). 特許検索に使われるデータベースとシステム. 情報の科学と技術, 54（5）, 214-223.

小川裕子. (日付不明). DB航海士. 参照先: http://dbkokaishi.net/

小川裕子, 深井澄二. (2000). 特許データベースの選び方. 情報の科学と技術, 50（4）, 226-233.

沖砂緒理. (2015). データベース、検索システムについての現状と課題. 情報の科学と技術, 65（7）, p308-312.

オキーフ, マイケル. (1999). 全文テキストよりはるかに優れた特許抄録. 情報の科学と技術, 49（5）, 232-235.

奥村学. (2012). 特許情報処理：言語処理的アプローチ. コロナ社.

越智泰子. (2004). 特許検索に関する情報交換ができる団体. 情報の科学と技術, 54（5）, 254-259.

小畑浩. (2014). 各国特許庁の特許情報整備状況. Japio YEAR BOOK 2014, 98-105.

小原一郎. (2011). 国際的な特許分類調和の動向と五庁共通ハイブリッド分類プロジェクト. 情報管理, 54（2）, 73-78.

恩田誠, 森有希. (2019). 日本における意匠調査のプロセスと留意点—意匠調査の「縦軸」と「横軸」を意識して—. 知財管理, 69（3）, 330.

科学技術振興機構. (2009年4月21日). 研究開発戦略策定のためのハンドブック. 2015年5月11日, 参照先: 科学技術振興機構: http://www.jst.go.jp/crds/pdf/methodology/handbook.pdf

学術情報探索マニュアル編集委員会. (2006). 理・工・医・薬系学生のための学術情報探索マニュアル. 丸善.

梶田邦之. (2019). 今更聞けないシリーズ：No.146 クレームチャートを作成するための留意事項について. 知財管理, 69（6）, 849-854.

金子敏幸. (2011). たまに使う各国特許庁Webサイトの紹介：台湾編. 情報の科学

と技術, 61 (10), 425-428.

上森まり子. (1995). 引例を利用した関連技術調査法:引用特許と被引用特許. 情報の科学と技術, 45 (10), 494.

神谷恵理子. (2004). 実践的特許公報の読み方. 情報科学技術協会.

川上和久. (1994). 情報操作のトリック その歴史と方法. 講談社.

川原英昭. (2018). J-PlatPat 特許・実用新案検索の調査精度が飛躍的に向上. パテント, 71 (14), 99-107.

韓月紅. (2014). 画像内容に基づく意匠検索システムの応用. JAPIO YEAR BOOK 2014, 152-155.

菊田桃子. (2012). たまに使う各国特許庁 Web サイトの紹介:オーストラリア編. 情報の科学と技術, 62 (8), 352-356.

菊地修. (2019). ナブテスコの知的財産経営戦略における IP ランドスケープの実践. 情報の科学と技術, 69 (7), 298-304.

岸田雅裕. (2015). コンサルティングの極意. 東洋経済新報社.

技術情報協会. (2019). IP ランドスケープの実践事例集. 技術情報協会.

喜多あおい. (2011). プロフェッショナルの情報術. 祥伝社.

北川道成. (2015). 化学分野における特許調査の現状と課題. 情報の科学と技術, 65 (7), p296-301.

木方庸輔, 西尾元宏, 長岡敏. (2009). 特許情報を企業の知財戦略に活用するために (1)特許検索ポータルサイト. 情報処理, 52 (6), 343-350.

桐山勉. (2011). 特許情報検索と解析の将来展望. Japio YEAR BOOK 2011, 146-153.

桐山勉. (2011). 特許調査の実践と技術50. 情報科学技術協会.

桐山勉. (2012). 特許情報検索と解析の将来展望. Japio YEAR BOOK 2012, 138-143.

桐山勉. (2013). 特許情報検索と解析の将来展望. Japio YEAR BOOK 2013, 164-169.

桐山勉. (2014). 特許情報検索と解析の将来展望. Japio YEAR BOOK 2014, 136-141.

桐山勉. (2015). 特許情報検索と解析の将来展望. Japio YEAR BOOK 2015, 174-183.

桐山勉. (2016). 特許情報検索と解析の将来展望. Japio YEAR BOOK 2016, 90-99.

桐山勉. (2017). 知財情報検索と解析の将来展望. Japio YEAR BOOK 2017, 156-165.

桐山勉. (2018). 知財情報検索と解析の将来展望. Japio YEAR BOOK 2018, 156-167.

桐山勉. (2019). 知財情報検索と解析の将来展望. Japio YEAR BOOK 2019, 160-171.

桐山勉, 安藤俊幸. (2017). 特許情報と人工知能(AI):総論. 情報の科学と技術,

67（7），340-349.

桐山勉，長谷川正好，川島順，都築泉，藤城享，田中宣郎，...濱崎聡子．(2009)．初心者のサーチャーは何故、特許情報の検索で困るのか？ 第6回情報プロフェッショナルシンポジウム予稿集，81-84.

桐山勉，長谷川正好，藤城享，都築泉，川島順，田中宣郎，...藤嶋進．(2010)．特許情報調査の教育方法の研究．第7回情報プロフェッショナルシンポジウム予稿集，79-82.

桑嶋健一．(2006)．不確実性のマネジメント 新薬創出のR&Dの「解」．日経BP社．

経済産業省．(2007)．知財人材スキル標準．参照先：http://www.meti.go.jp/policy/economy/chizai/ipss/

工業所有権情報・研修館．(2006)．科学技術研究者のための特許文献検索システムに関する調査研究報告．参照先：https://www.inpit.go.jp/info/houkoku/

工業所有権情報・研修館．(2014年8月13日)．特許調査従事者の現状と今後に関する調査研究報告書．参照先：https://www.inpit.go.jp/jinzai/topic/topic100011.html

工業所有権情報・研修館．(2018年7月1日)．検索の考え方と検索報告書の作成［第19版］．参照先：https://www.inpit.go.jp/jinzai/kensyu/kyozai/kensaku.html

工業所有権情報・研修館．(2018年4月)．国際特許分類、FI、Fタームの概要とそれらを用いた先行技術調査．参照先：https://www.inpit.go.jp/jinzai/kensyu/kyozai/index.html

工業所有権情報・研修館．(2018年4月1日)．先行技術文献調査実務［第五版］．参照先：https://www.inpit.go.jp/jinzai/kensyu/kyozai/index.html

工業所有権情報・研修館．(2018年6月20日)．特許文献検索実務（理論と演習）［第四版］．参照先：https://www.inpit.go.jp/jinzai/kensyu/kyozai/index.html

工業所有権情報・研修館．(2019年8月21日)．パンフレット・マニュアル・講習会テキスト等の提供．参照先：https://www.inpit.go.jp/j-platpat_info/reference/

工業所有権情報・研修館．(日付不明)．IP・eラーニングの提供．参照先：http://www.inpit.go.jp/jinzai/ipe_learning/

工業所有権情報・研修館．(日付不明)．特許・実用新案分類照会（PMGS）．参照先：J-PlatPat: https://www.j-platpat.inpit.go.jp/p1101

工業所有権法研究グループ．(2016)．知っておきたい特許法－特許法から著作権法まで．朝陽会．

小島浩嗣．(2017)．技術者・研究者のための 特許検索データベース活用術．秀和システム．

小島史彦．(2000)．リサーチャーの仕事．日本能率協会マネジメントセンター．

小林英司．(2015)．特許分類の自動推定に向けた取り組み．Japio YEAR BOOK 2015, 272-275.

小林哲雄．(2011)．知的財産部門における調査担当との効率的な協力体制を目指して:『通訳』としての権利化担当の役割．情報の科学と技術, 61（7）, 276-281.

小林伸行, 黒田潔, 鈴木順行, 大島優香．(2013)．複素環化合物の特許調査に関する考察 REGISTRY/MARPAT/DCR の構造検索比較．情報管理, 56（8）, 515-524.

小林誠．(2017)．知財戦略と IP ランドスケープ．IP ジャーナル, 3, 2-11.

小林万喜男．(2012)．たまに使う各国特許庁 Web サイトの紹介：タイ編．情報の科学と技術, 62（6）, 261-264.

小林万喜男．(2012)．たまに使う各国特許庁 Web サイトの紹介：マレーシア編．情報の科学と技術, 62（3）, 121-125.

菰田文男, 那須川哲哉．(2014)．技術戦略としてのテキストマイニング．中央経済社．

近藤裕之．(2016)．特許分類の自動推定の取り組み．Japio YEAR BOOK 2016, 188-191.

近藤裕之．(2018)．特許文献への分類付与と付与根拠の推定．Japio YEAR BOOK 2018, 16-23.

齋田真一．(2013)．社会人のための情報解釈力．産業能率大学出版部．

酒井美里．(2007)．特許検索手法のマニュアル化と検索ノウハウの伝達．情報管理, 50（9）, 569-577.

酒井美里．(2011)．特許サーチャーが, はじめの一歩で身につけたい, 7 つの知識とスキル．情報の科学と技術, 61（4）, 154-159.

酒井美里．(2013)．CPC（共通特許分類）の始動と特許情報検索への影響．Japio YEAR BOOK 2013, 208-213.

酒井美里．(2013)．欧州と米国の新しい特許分類CPC．情報の科学と技術, 63（7），292-297．

酒井美里．(2014)．情報認知面からみた検索者のためのセルフチェック．Japio YEAR BOOK 2014, 174-179．

酒井美里．(2015)．知財部員のための侵害予防調査－検索着手前に考慮すべき点と検索式作成のテクニック－．知財管理, 65（2），266-278．

酒井美里．(2015)．特許調査入門　改訂版．発明推進協会．

榊原隆文, 笹野遼平, 高村大也, 目黒光司, 奥村学．(2017)．付与根拠箇所推定に基づく特許文書へのＦターム付与．言語処理学会 第23回年次大会, (ページ: 454-457)．

佐々木啓子．(2012)．知的情報分析による索引作成とその意義　CA作成における特許分析を中心に．情報管理, 55（7），472-480．

佐々木俊尚．(2011)．キュレーションの時代「つながり」の情報革命が始まる．筑摩書房．

笹野拓馬．(2018)．今更聞けないシリーズ：No.131　意匠の調査と類否判断．知財管理, 68（5），696-701．

佐藤久雄．(2012)．エンドユーザへの特許情報教育．情報の科学と技術, 62（4），159-163．

佐藤俊彦, 飯田康人, 石田裕美子, 今宿芳郎, 小林正樹, 関奈緒子, . . . 村上香子．(2005)．特許に効く国内誌．情報管理, 48（9），570-582．

佐渡誠．(2018)．「ゴール仮説」から始める問題解決アプローチ．すばる舎．

株式会社ジー・サーチ．(2019年3月17日)．科学技術文献情報データベース「JDream Ⅲ」へのIPC付与について．参照先: https://www.g-search.jp/topics/2019-03-07-000673.html

株式会社ジー・サーチ．(2019年2月)．知財戦略に活かす学術文献 ～特許分類を学術文献に付与！学術情報の新たな活用～．参照先: https://jdream3.com/session/ipc_2019.html

塩澤正和．(2016)．特許分類に関する最新動向．Japio YEAR BOOK 2016, 38-43．

静野健一．(2015)．特許調査、特に権利調査における現状と課題．情報の科学と技術, 65（7），p284-289．

嶌谷芳彦, 中村栄, 米田晴幸．(2008)．特許情報の戦略的活用について～旭化成にお

ける戦略データベースの構築とその活用〜.情報管理,51(7),457-468.
志村勇.(2007).企業からみた情報の変遷とサーチャーに対する期待.情報管理,50(6),363-366.
下川公子.(2007).企業における特許・文献調査のエンドユーザー教育〜味の素株式会社での取り組み例〜.情報管理,50(11),738-744.
下川公子.(2015).特許調査の現状と課題.情報の科学と技術,65(7),p276-283.
ジャグディシュ・N・シース,アンドリュー・ソーベル.(2009).選ばれるプロフェッショナル.英治出版.
情報科学技術協会・OUG特許分科会.(2002).ひとりでできる特許調査.情報科学技術協会.
菅原好子.(2009).企業内情報調査部門の組織再構築 三井化学(株)知的財産部・情報調査センターユニットの活動内容.情報処理,52(3),133-141.
杉光一成.(2019).IPランドスケープ総論〜定義に関する一考察〜.情報の科学と,69(7),282-291.
鈴木愛子,涌井利果,都築泉.(2019).アジア・新興国特許調査における無料データベースの実力検証.第16回情報プロフェッショナルシンポジウム,(ページ:97-102).
鈴木祥子.(2019).特類似特許分析にみる、特許分析へのAI活用の現状と可能性.Japio YEAR BOOK 2019, 50-57.
鈴木仁一郎.(1996).外国特許の調査(特にUSPの調査)での引用特許(CT)の利用.情報の科学と技術,46(6),377-378.
鈴木利之.(2004).特許法を知る.情報の科学と技術,54(5),229-234.
鈴木利之.(2007).特許電子図書館を使った先行技術調査.パテント,60(6),7-21.
鈴木利之.(2010).効率的で漏れのない特許調査(後編).知財管理,61(2),303-308.
鈴木利之.(2010).効率的で漏れのない特許調査(前編).知財管理,61(1),125-134.
住田一男,樽井伸司.(2009).多言語横断検索技術について.特技懇,252, 71-82.
関口和一.(2006).情報探索術.日本経済新聞社.
総務省.(2018).平成30年版情報通信白書.
多賀和宏.(2019).特許庁におけるAI技術を活用した業務支援ツール導入に向けた取組について.Japio YEAR BOOK 2019, 22-27.
高木善幸.(2011).グローバル化と特許情報検索.情報管理,54(2),93-96.

高木善幸. (2011). グローバル戦略の中での特許情報利用. 情報管理, 54 (11), 676-679.

高辻成彦. (2017). アナリストが教える リサーチの教科書. ダイヤモンド社.

高橋昭公. (2004). 特許情報における主題情報の検索：概念検索とその限界. 情報の科学と技術, 54 (7), 355-362.

高橋政治. (2019). 今更聞けないシリーズ：No.145 新規性判断の基礎. 知財管理, 69 (6), 843-848.

高山秀一. (2015). 特許情報検索の現状と今後の可能性. Japio YEAR BOOK 2015, 168-173.

高山秀一. (2016). 知財情報検索の現状と今後の可能性. Japio YEAR BOOK 2016, 84-89.

武田領子, 高仁子. (2012). 昭和電工（株）におけるエンドユーザーへの情報調査教育：知財マインド向上への取り組み. 情報の科学と技術, 62 (4), 164-170.

竹原信善. (2012). 特許情報検索者のための教育課程について：キヤノン技術情報サービス（株）での事例. 情報の科学と技術, 62 (4), 153-158.

田中一成, 池田紀子. (2017). オープンデータを用いた化学特許情報活用へのアプローチ. Japio YEAR BOOK 2017, 206-211.

田中成彦. (2018). 特許検索競技大会への参加の意義とは？ Japio YEAR BOOK 2018, 116-121.

田辺千夏. (2012). 特許情報検索の現状と今後. Japio YEAR BOOK 2012, 132-137.

谷岡一郎. (2000). 「社会調査」のウソ. 文藝春秋.

谷岡一郎. (2015). 科学研究とデータのからくり. PHP研究所.

谷川英和. (2013). 特許と情報学 - 特許実務における情報学の貢献と研究者等の特許活動 -. 情報処理, 54 (3), 192-199.

谷川英和, 太田貴久. (2015). 特許検索式提案システムについて. Japio YEAR BOOK 2015, 214-219.

谷川英和, 渡辺俊規, 増満光, 難波英嗣. (2011). 特許調査の高品質化・高効率化のための特許検索式の自動提案技術. Japio YEAR BOOK 2011, 160-165.

田畑文也. (2019). 中国、韓国特許へのCPC特許分類の付与状況の検証. 第16回情報プロフェッショナルシンポジウム, (ページ：113-118).

田畑文也, 石田政司, 水町保宏. (2011). 英語・原語によるハイブリット検索：—

PatBase, QPAT（Orbit.com），Discover による英語・原語ハイブリット検索の検討—. 第 8 回情報プロフェッショナルシンポジウム予稿集, 59-63.
為永恵二郎. (1980). 特許の国際分類. テレビジョン学会誌, 34（1）, 58-62.
褚冲, 大谷美智子. (2019). AI を含むデータサイエンス技術による特許情報の活用方法の向上　−DWPI と Derwent Innovation 搭載のスマートサーチとテキストクラスタリングを利用して−. 情報の科学と技術, 69（5）, 210-215.
月野洋一郎. (2012). 特許調査従事者（サーチャー）の育成に向けて. Japio YEAR BOOK 2012, 100-105.
辻井潤一. (2018). 人工知能と言語処理の現状と展望. Japio YEAR BOOK 2018, 74-81.
辻井潤一. (2019). 日本の人工知能—将来の展望. Japio YEAR BOOK 2019, 12-21.
津田大介. (2014). ゴミ情報の海から宝石を見つけ出す これからのソーシャルメディア航海術. PHP 研究所.
都築泉. (2014). 特許情報分野の研鑽の場の在り方. Japio YEAR BOOK 2014, 124-131.
都築泉. (2016). 海外の特許情報学会の状況，および情報検索担当者への提言. 知財管理, 66（12）, 1624.
都築泉. (2019). 特許情報分野の研究会活動を考える. Japio YEAR BOOK 2019, 146-153.
堤宏守, 藤野泰行. (2006). 修士論文における特許検索結果を用いた研究テーマ設定とその実践. 工学・工業教育研究講演会講演論文集 平成 18 年度, 500-501.
角田朗. (2012 年 9 月 14 日). PA 会 新人研修セミナー「特許情報調査」（後半）. 参照先: http://www.tsunoda-patent.com/doc/2012PAkai_kenshu2.pdf
角田朗. (2012 年 9 月 14 日). PA 会 新人研修セミナー「特許情報調査」（前半）. 参照先: http://www.tsunoda-patent.com/doc/2012PAkai_kenshu1.pdf
角田朗. (2012 年 5 月 23 日). 特許調査セミナー資料（後半）. 参照先: http://www.tsunoda-patent.com/doc/2012seminar2.pdf
角田朗. (2012 年 5 月 23 日). 特許調査セミナー資料（前半）. 参照先: http://www.tsunoda-patent.com/doc/2012seminar1.pdf
角田朗. (2013 年 4 月 22 日). 東雲特許事務所・角田特許事務所特許セミナー資料（後半）. 参照先: http://www.tsunoda-patent.com/doc/2013seminar.pdf

角田朗．(2013年10月9日)．日本弁理士会関東支部主催研修会「他社動向と侵害予防のための 外国特許調査（後半）」．参照先：http://www.tsunoda-patent.com/doc/2013kantoshibu_kenshu2.pdf

角田朗．(2013年10月9日)．日本弁理士会関東支部主催研修会「他社動向と侵害予防のための 外国特許調査（前半）」．参照先：http://www.tsunoda-patent.com/doc/2013kantoshibu_kenshu1.pdf

角田朗．(2016)．特許分類について．情報の科学と技術, 66（6), 266-271.

角田朗．(2017)．非特許文献調査について．知財管理, 67（6), 821.

程序，朱欣昱．(2018)．特許分野における人工知能技術の応用研究．Japio YEAR BOOK 2018, 194-199.

寺岡岳夫．(2011)．たまに使う各国特許庁 Web サイトの紹介：ブラジル編．情報の科学と技術, 61（11), 465-469.

時実象一．(2005)．理系のためのインターネット検索術．講談社．

時実象一，都築泉，小野寺夏生．(2010)．新訂 情報検索の知識と技術．情報科学技術協会．

徳野肇．(2012)．インド特許情報の近況とインド特許の検索方法．情報の科学と技術, 62（1), 20-27.

徳野肇，田端泰広，西誠治，丹羽麻里子，福士洋光．(2019)．インドネシア及びタイにおける特許データベースの収録状況と FTO 調査の実施についての課題．第16回情報プロフェッショナルシンポジウム，(ページ：107-111)．

徳野肇，田端泰広，西誠治，丹羽麻里子，福士洋光，渋谷亮介，伊藤徹男．(2019)．中国の特許・実用新案の同日出願における最近の出願状況と今後への対策．第16回情報プロフェッショナルシンポジウム，(ページ：119-123)．

戸田敬一．(2017)．知財情報検索の現状と今後の可能性．Japio YEAR BOOK 2017, 218-225.

戸田敬一．(2018)．特許情報検索の現状と今後の可能性．Japio YEAR BOOK 2018, 146-155.

戸田敬一．(2019)．特許情報検索の現状と今後の可能性．Japio YEAR BOOK 2019, 134-145.

戸田光昭．(2002)．専門資料論 - 新・図書館学シリーズ（8)-．樹村房．

戸田裕二．(2007)．企業の知的財産マネジメントにおける特許・技術情報の管理と

活用. 情報管理, 50（1）, 44-46.
戸田裕二. (2017). 日立の社会イノベーション事業を支える知財活動と知財情報の有効活用. Japio YEAR BOOK 2017, 42-49.
富永泰規. (2017). 外国特許文献への分類付与に関する機械学習活用可能性調査について. Japio YEAR BOOK 2017, 212-217.
長池将幸. (2013). いすゞ自動車における知財情報活動　特許調査の負荷軽減. 情報管理, 56（1）, 28-35.
長尾清一. (2007). 問題プロジェクトの火消し術. 日経BP.
長岡貞男, 塚田尚稔. (2007). 発明者から見た日本のイノベーション過程：RIETI発明者サーベイの結果概要. 経済産業研究所.
長澤洋. (2004). 検索に必要な主題知識を補う. 情報の科学と技術, 54（5）, 235-239.
長澤洋. (2012). 調査担当者の自己研鑽. 情報の科学と技術, 62（4）, 171-176.
中島玲子, 安形輝, 宮田洋輔. (2017). スキルアップ！情報検索：基本と実践. 日外アソシエーツ.
中谷巌. (2003). 中谷巌の「プロになるならこれをやれ！」. 日本経済新聞社.
中西昌弘. (2018). ASEAN特許調査環境の新たな変革. Japio YEAR BOOK 2018, 178-185.
中西昌弘. (2019). ASEAN6知財庁データベースの検索性能検証. Japio YEAR BOOK 2019, 194-203.
中根寿浩, 水谷太朗. (2018). 知財情報分析への取り組み　〜IPランドスケープその後. IP Business Journal 2018/2019, 62-65.
永野周志. (2019). 改訂版 特許権・進歩性判断基準の体系と判例理論. 経済産業調査会.
中村栄. (2013). 企業における情報検索業務者（サーチャー）の育成. Japio YEAR BOOK 2013, 158-163.
中村栄. (2015). 解析研究会　3i研究会の活動紹介. Japio YEAR BOOK 2015, 156-161.
中村栄. (2015). 特許検索競技大会 Patent Search Grand Prix 2015 開催報告. Japio YEAR BOOK 2015, 134-139.
中村栄. (2019). IPL de Connect. Japio YEAR BOOK 2019, 154-159.
中山時夫. (2005). 企業の観点からの審査の質とスピード. 特技懇, 237, 3-12.

永吉拓也．(2012)．たまに使う各国特許庁Webサイトの紹介：ロシア・ユーラシア編．情報の科学と技術，62（2），78-82．

那須川哲哉．(2017)．テキストアナリティクスの動向と特許情報処理—人間の言葉を機械で読み解く—．Japio YEAR BOOK 2017, 34-41．

夏目健一郎．(2013)．WIPOの無料特許情報データベースPATENTSCOPE．情報管理，56（7），425-439．

並川啓志．(2015)．モノづくりのための特許の基礎知識．発明推進協会．

成毛眞．(2018)．黄金のアウトプット術．ポプラ社．

難波英嗣．(2018)．技術文書中の図表と本文の自動対応付け．Japio YEAR BOOK 2018, 228-233．

二階堂恭弘．(2016)．先行技術文献調査（特許出願前）の能力向上トレーニング．知財管理，66（6），723．

西尾潤，安藤俊幸．(2019)．機械学習を用いた特許文書分類における入力ベクトルの影響．第16回情報プロフェッショナルシンポジウム，（ページ：37-42）．

西出隆二．(2018)．外国特許庁の人工知能技術の活用に向けた取組．Japio YEAR BOOK, 34-39．

西頭光代．(2015)．日本化薬における技術系社員向け情報調査教育　特許検索を中心に．情報管理，58（3），185-192．

日本技術貿易株式会社．(2018年9月18日)．NGBスタッフが特許検索競技世界大会（イタリア，ミラノ）で第2位に入賞．参照先：日本技術貿易株式会社：https://www.ngb.co.jp/ip_articles/detail/1601.html

日本技術貿易株式会社・IP総研．(2011)．欧州特許の調べ方．情報科学技術協会．

日本国特許庁．(1999年1月28日)．先願主義と先発明主義．参照先：日本国特許庁：https://www.jpo.go.jp/shiryou/toushin/shingikai/21_san01.htm

日本国特許庁．(2004)．特許行政年次報告書2004年版．

日本国特許庁．(2007年4月4日)．戦略的な知的財産管理に向けて - 技術経営力を高めるために - 知財戦略事例集．参照先：日本国特許庁：http://www.jpo.go.jp/shiryou/s_sonota/shiryou_chiteki_keieiryoku.htm

日本国特許庁．(2007)．特許行政年次報告書2007年版．

日本国特許庁．(2009年3月26日)．「特許検索ガイドブック」の公表について．2019年8月4日，参照先：日本国特許庁：http://warp.da.ndl.go.jp/info:ndljp/

pid/8433500/www.jpo.go.jp/shiryou/s_sonota/pat_guidebook.htm

日本国特許庁．(2010)．特許情報分析事例集．参照先：http://warp.da.ndl.go.jp/info:ndljp/pid/8433500/www.jpo.go.jp/shiryou/s_sonota/bunsekisyuhou_jirei.htm

日本国特許庁．(2011)．特許行政年次報告書2011年版．

日本国特許庁．(2013)．中国特許文献に付与されている国際特許分類情報の精度に関する調査報告書．参照先：http://www.jpo.go.jp/shiryou/toushin/chousa/china_patent_precision.htm

日本国特許庁．(2014)．テーマ別検索ガイダンス．参照先：日本国特許庁：http://www.jpo.go.jp/torikumi/searchportal/htdocs/search-portal/sea.html

日本国特許庁．(2014年3月17日)．ユーラシア特許公報へのアクセス方法（EAPATIS）．参照先：新興国知財情報データバンク：http://www.globalipdb.jpo.go.jp/etc/5700/

日本国特許庁．(2014年3月13日)．ユーラシア特許公報へのアクセス方法（EAPO公開サーバ）．参照先：新興国知財情報データバンク：http://www.globalipdb.jpo.go.jp/etc/5642/

日本国特許庁．(2014年3月10日)．ロシア特許・実用新案公報へのアクセス方法（FIPSウェブサイト）−ロシア語による検索．参照先：新興国知財情報データバンク：http://www.globalipdb.jpo.go.jp/etc/5591/

日本国特許庁．(2014年3月12日)．ロシア特許公報へのアクセス方法（FIPSウェブサイト）−英語による検索．参照先：新興国知財情報データバンク：http://www.globalipdb.jpo.go.jp/etc/5628/

日本国特許庁．(2014)．特許出願技術動向調査報告 次世代二次電池．参照先：https://www.jpo.go.jp/resources/report/gidou-houkoku/tokkyo/document/index/25_jisedai_battery.pdf

日本国特許庁．(2015年4月27日)．FI改正情報．参照先：日本国特許庁：http://www.jpo.go.jp/shiryou/s_sonota/f_i_kaisei.htm

日本国特許庁．(2015年4月17日)．Fタームテーマコード一覧情報（テーマコード表）．参照先：日本国特許庁：http://www.jpo.go.jp/shiryou/s_sonota/themecode.htm

日本国特許庁．(2015年4月27日)．IPC分類表及び更新情報（日本語版）．参照先：日

日本国特許庁：http://www.jpo.go.jp/shiryou/s_sonota/kokusai_t/ipc8wk.htm

日本国特許庁．(2015年4月20日)．出願の手続．参照先：日本国特許庁：http://www.jpo.go.jp/shiryou/kijun/kijun2/syutugan_tetuzuki.htm

日本国特許庁．(2016)．特許行政年次報告書2016年版．参照先：https://www.jpo.go.jp/shiryou/toushin/nenji/nenpou2016_index.htm

日本国特許庁．(2016年5月31日)．特許情報のさらなる活用に向けて－産業構造審議会知的財産分科会情報普及活用小委員会－．参照先：https://www.jpo.go.jp/shiryou/toushin/toushintou/jouhou_fukyu_160520_katsuyou.htm

日本国特許庁．(2016)．平成27年度 産業財産権情報提供サービスの現状と今後に関する調査．参照先：https://www.jpo.go.jp/resources/report/sonota/service/index.html

日本国特許庁．(2016年3月)．平成28年度人工知能技術を活用した特許行政事務の高度化・効率化実証的研究事業．2016年7月18日，参照先：https://www.jpo.go.jp/koubo/koubo/pdf/jinkou_chinou/01.pdf

日本国特許庁．(2017年4月27日)．特許庁における人工知能（AI）技術の活用に向けたアクション・プランの公表について．2018年6月23日，参照先：https://www.jpo.go.jp/torikumi/t_torikumi/ai_action_plan.htm

日本国特許庁．(2018年6月23日)．産業構造審議会知的財産分科会情報普及活用小委員会．参照先：https://www.jpo.go.jp/shiryou/toushin/shingikai/jouhou_fukyu_katsuyou_menu.htm

日本国特許庁．(2018年6月23日)．知財人材スキル標準（version 2.0)．参照先：https://www.jpo.go.jp/sesaku/kigyo_chizai/chizai_skill_ver_2_0.htm

日本国特許庁．(2018年6月23日)．平成27年度 特許情報提供サービスの現状と今後に関する調査．参照先：https://www.jpo.go.jp/resources/report/sonota/service/index.html

日本国特許庁．(2018年6月23日)．平成28年度 高度な特許情報サービスの普及活用に関する調査．参照先：https://www.jpo.go.jp/resources/report/sonota/service/index.html

日本国特許庁．(2018年6月23日)．平成29年度 特許情報の利用拡大に向けた公的特許情報サービスのあり方に関する調査．参照先：https://www.jpo.go.jp/resources/report/sonota/service/index.html

日本国特許庁. (2019年5月21日). 諸外国の制度概要（一覧表）. 参照先: https://www.jpo.go.jp/system/laws/gaikoku/sangyouzasisankenhou_itiran.html

日本国特許庁. (2019年5月7日). 特許・実用新案審査基準. 2015年9月19日, 参照先: 日本国特許庁: https://www.jpo.go.jp/system/laws/rule/guideline/patent/tukujitu_kijun/

日本国特許庁. (2019年4月12日). 特許情報提供サービスに関する調査報告書について. 参照先: https://www.jpo.go.jp/resources/report/sonota/service/

日本国特許庁. (2019年4月12日). 平成30年度 高度な民間特許情報サービスの発展に関する調査. 参照先: https://www.jpo.go.jp/resources/report/sonota/service/index.html

日本国特許庁. (2019年2月27日). 平成30年度知的財産権制度説明会（初心者向け）テキスト. 参照先: 日本国特許庁: https://www.jpo.go.jp/news/shinchaku/event/seminer/text/h30_syosinsya.html

日本国特許庁. (日付不明). よく分かるIPC（図説IPC)について. 参照先: http://warp.da.ndl.go.jp/info:ndljp/pid/260340/www.jpo.go.jp/shiryou/s_sonota/kokusai_t/ipckaisetu.htm

日本国特許庁. (日付不明). 意匠・商標出願動向調査報告. 参照先: http://www.jpo.go.jp/shiryou/isyou_syouhyou-houkoku.htm

日本国特許庁. (日付不明). 外国特許・商標等情報検索ミニガイド. 2018年6月23日, 参照先: https://www.jpo.go.jp/index/kokusai_doukou/iprsupport/miniguide/index.html#patent_and_trademarks

日本国特許庁. (日付不明). 国内外の分類の対応関係参照ツール. 参照先: 日本国特許庁: http://www.jpo.go.jp/cgi/cgi-bin/search-portal/narabe_tool/narabe.cgi

日本国特許庁. (日付不明). 新興国等知財情報データバンク. 参照先: http://www.globalipdb.inpit.go.jp/

日本国特許庁. (日付不明). 世界の産業財産権制度および産業財産権侵害対策概要ミニガイド. 参照先: https://www.jpo.go.jp/system/laws/gaikoku/iprsupport/miniguide.html#system_and_infringement_measures

日本国特許庁. (日付不明). 知的財産権制度説明会（初心者向け）テキスト. 参照先: https://www.jpo.go.jp/news/shinchaku/event/seminer/text/index.html

日本国特許庁 . (日付不明). 特許行政年次報告書 . 参照先 : 日本国特許庁 : http://www.jpo.go.jp/shiryou/toukei/gyosenenji/index.html

日本国特許庁 . (日付不明). 特許出願技術動向調査報告 . 2016年7月18日 , 参照先 : https://www.jpo.go.jp/resources/report/gidou-houkoku/tokkyo/index.html

日本国特許庁 . (日付不明). 標準技術集 . 参照先 : https://www.jpo.go.jp/resources/report/sonota/hyoujun_gijutsu.html

日本国特許庁 . (日付不明). 分類の相関性を加味してFターム , FIを検索するツール . 参照先 : 日本国特許庁 : http://www.jpo.go.jp/cgi/cgi-bin/search-portal/matrix/matrix.cgi?mode=search

日本国特許庁 . (日付不明). 分類の相関性を表示させるツール . 参照先 : 日本国特許庁 : http://www.jpo.go.jp/cgi/cgi-bin/search-portal/matrix/matrix.cgi?view=1&section=0

日本国特許庁 . (日付不明). 平成22年度産業財産権情報提供サービスの現状と今後に関する調査 . 参照先 : http://warp.da.ndl.go.jp/info:ndljp/pid/9949886/www.jpo.go.jp/shiryou/toushin/chousa/sangyou_zaisan_service_houkoku.htm

日本国特許庁 . (日付不明). 平成23年度特許庁による産業財産権情報のオンライン提供サービス等に関する調査報告書について . 参照先 : http://warp.da.ndl.go.jp/info:ndljp/pid/9949886/www.jpo.go.jp/shiryou/toushin/chousa/sangyou_zaisan_service_houkoku.htm

日本国特許庁 . (日付不明). 平成25年度 産業財産権情報提供サービスの現状と今後に関する調査 . 参照先 : http://warp.da.ndl.go.jp/info:ndljp/pid/9949886/www.jpo.go.jp/shiryou/toushin/chousa/sangyou_zaisan_service_houkoku.htm

日本国特許庁 . (日付不明). 平成26年度 海外特許庁等による産業財産権情報の提供サービス等に関する調査 . 参照先 : http://warp.da.ndl.go.jp/info:ndljp/pid/9949886/www.jpo.go.jp/shiryou/toushin/chousa/sangyou_zaisan_service_houkoku.htm

日本知的財産協会 マネジメント第2委員会第2小委員会 . (2017). これからの知財人材のあり方と育成に関する研究 . 知財管理 , 67 (8), 1189-1201.

日本知的財産協会 マネジメント第2委員会第3小委員会 . (2017). オープンイノ

ベーション促進に貢献する知的財産部門の役割に関する研究. 知財管理, 67 (2), 198-211.

日本知的財産協会 マネジメント第2委員会第3小委員会. (2018). 知財部門からの情報発信のあり方の研究－経営層に効く情報発信とは－. 知財管理, 68 (7), 909-923.

日本知的財産協会 国際第1委員会. (2019). USPTO の審査段階における非特許文献調査に関する研究. 知財管理, 69 (7), 936-946.

日本知的財産協会 情報システム委員会第1小委員会. (2018). 効率的な知財活動のためのグローバルドシエの現状調査と課題への活動. 知財管理, 68 (7), 924.

日本知的財産協会 情報システム委員会第1小委員会. (2018). 効率的な知財活動のためのグローバルドシエの現状調査と課題への活動. 知財管理, 68 (7), 924-936.

日本知的財産協会 情報システム委員会第1小委員会. (2019). 企業における特許庁システムの活用に関する調査・研究. 知財管理, 69 (7), 976-989.

日本知的財産協会 情報システム委員会第1小委員会. (2019). 企業における特許庁システムの活用に関する調査・研究. 知財管理, 69 (7), 976.

日本知的財産協会 情報システム委員会第2小委員会. (2016). イノベーション創発のための企業内情報システムについて－ビッグデータ解析ツールの課題－. 知財管理, 66 (10), 1279-1299.

日本知的財産協会 情報システム委員会第2小委員会. (2017). 企業内情報システムについて－ビッグデータ解析を踏まえて－. 知財管理, 67 (9), 1401-1416.

日本知的財産協会 情報検索委員会第1小委員. (2015). クリアランス調査におけるスクリーニングの研究. 知財管理, 65 (9), 1270-1279.

日本知的財産協会 情報検索委員会第1小委員会. (2017). 新検索技術の到来と特許調査の今後. 知財管理, 67 (11), 1698.

日本知的財産協会 情報検索委員会第1小委員会. (2017). 新検索技術の到来と特許調査の今後. 知財管理, 67 (11), 1698-1708.

日本知的財産協会 情報検索委員会第1小委員会. (2019). IoT 関連技術の特許分類に関する研究. 知財管理, 69 (8), 1144-1159.

日本知的財産協会 情報検索委員会第1小委員会. (2019). 中国・韓国特許調査における機械翻訳の利用に関する研究－特許機械翻訳ツールの現状と調査業務

に即した翻訳ツール評価－. 知財管理, 69 (2), 260-274.

日本知的財産協会 情報検索委員会第2小委員会. (2019). 技術動向の把握に関する研究－審査官フリーワードを用いて－. 知財管理, 69 (1), 111-122.

日本知的財産協会 知的財産情報検索委員会第1小委員会. (2003). 非特許文献調査の実態把握と重要性に関する検証. 知財管理, 53 (9), 1485-1494.

日本知的財産協会 知的財産情報検索委員会第1小委員会. (2013). インド特許調査における現状と課題. 知財管理, 63 (2), 195-208.

日本知的財産協会 知的財産情報検索委員会第2委員会. (2013). 中国特許調査に関する研究2012 (その2)(完)―中国特許調査の最新情報―. 知財管理, 63 (12), 1943-1958.

日本知的財産協会 知的財産情報検索委員会第2小委員会. (2007). 分類とキーワード検索に関する研究―主として研究開発者が特許調査を行う際の指針・解説―. 知財管理, 57 (12), 1961-1974.

日本知的財産協会 知的財産情報検索委員会第2小委員会. (2012). キーワードの選定にテキストマイニングを活用した特許検索手法の提案. 知財管理, 62 (11), 1583-1598.

日本知的財産協会 知的財産情報検索委員会第2小委員会. (2013). ASEAN特許調査に関する研究―ASEAN特許情報の現状と課題―. 知財管理, 63 (7), 1135-1150.

日本知的財産協会 知的財産情報検索委員会第2小委員会. (2013). 中国特許調査に関する研究2012 (その1) - 中国特許調査の最新情報 -. 知財管理, 63 (11), 1763-1776.

日本知的財産協会 知的財産情報検索委員会第3小委員会. (2014). M&Aや新規事業開拓に必要な情報の調査・解析・提案手法. 知財管理, 64 (1), 93-102.

日本知的財産協会 知的財産情報検索委員会第4小委員会. (2011). 特許調査担当のあり方に関する調査と提言. 知財管理, 61 (7), 1041-1056.

日本パテントデータサービス株式会社・国際部. (日付不明). CPC分類最新情報. 参照先: http://www.jpds.co.jp/info/news.html#cpc

野崎篤志. (2011). 特許情報分析とパテントマップ作成入門. 発明推進協会.

野崎篤志. (2013). CPCについて. 情報の科学と技術, 63 (7), 282-287.

野崎篤志. (2013). ITエンジニアが知っておくべき特許情報調査の基礎知識. 情報

処理, 54 (3), 200-207.

野崎篤志. (2014). 弁理士が知っておきたい特許情報調査の基礎知識. パテント, 67 (1), 31-42.

野崎篤志. (2016). 特許情報分析とパテントマップ作成入門 改訂版. 発明推進協会.

野崎篤志. (2018). 知財部員のための未来予測「魚の目視点」の考え方. 知財管理, 68 (11), 1534-1548.

野崎篤志. (2018). 調べるチカラ「情報洪水」を泳ぎ切る技術. 日本経済新聞出版社.

野崎篤志. (2018). 特許情報と人工知能（AI）：総論. 情報の科学と技術, 68 (7), 316-325.

野崎篤志. (2018). 特許情報をめぐる最新のトレンド―人工知能、IPランドスケープおよび特許検索データベースの進化―. Japio YEAR BOOK 2018, 60-67.

野崎篤志. (2019). IPランドスケープの底流―情報分析を組織に定着させるために. IPジャーナル, 9, 32.

野崎篤志. (2019). 知財情報調査・分析を取り巻く人工知能とその周辺動向－AIツール・RPAツールとの協働・共創時代へ－. Japio YEAR BOOK 2019, 80-87.

野仲松男. (2019). 特許制度の国際的動向. 情報の科学と技術, 69 (10), 459-464.

芳賀恵. (2012). たまに使う各国特許庁Webサイトの紹介：サウジアラビア編. 情報の科学と技術, 62 (7), 308-311.

橋間渉. (2019). プロサーチャーの育成とキャリアパス. 情報の科学と技術, 69 (1), 10-15.

長谷川慶太郎. (1997). 情報力. サンマーク出版.

花井等, 若松篤. (2014). 論文の書き方マニュアル 新版. 有斐閣.

林和弘. (2011). INFOSTAのセミナーで磨くスキルと人脈. 情報の科学と技術, 61 (4), 142-145.

原修. (2013). 化学情報協会におけるインフォプロ育成. 情報管理, 56 (10), 669-676.

原田雅美. (2016). 判例と実務：No.459 部分意匠の類否判断について. 知財管理, 66 (6), 686-696.

原田智子, 江草由佳, 小山憲司, 沢井清. (1998). 情報検索演習 - 新・図書館学シリー

ズ（6）．樹村房．

久野敦司．(2006)．特許戦略論．パレード．

平尾啓．(2013)．キリングループにおける特許情報調査．情報管理，56（5），284-293．

平塚政宏．(2012)．知的財産専門人材が行う先行技術調査のスキル習得・向上の要因に関する考察．工学教育，60（4），63-69．

藤俊久仁，渡部良一．(2019)．データビジュアライゼーションの教科書．秀和システム．

藤代裕之．(2011)．発信力の鍛え方．PHP研究所．

藤田節子．(1997)．自分でできる情報探索．筑摩書房．

藤田節子．(2001)．情報整理・検索に活かすインデックスのテクニック．共立出版．

藤田節子．(2007)．キーワード検索がわかる．筑摩書房．

藤田肇．(2019)．人工知能関連技術の発展に伴う特許実務の今後の変化．パテント，72（8），77-85．

藤田明，中西昌弘．(2016)．IPCCATを用いた新興国特許庁IPC付与の実態調査．第13回情報プロフェッショナルシンポジウム，(ページ：C21)．

株式会社富士通総研．(2018)．AI／IoT ―知識活用のデジタル化―．参照先：https://www.fujitsu.com/jp/group/fri/column/opinion/2018/2018-2-2.html

藤間孝雄，垣本和則．(2011)．検索精度向上への取り組み．Japio YEAR BOOK 2011，154-159．

伏見祥子，本田瑞穂，大久保武利，山中とも子，真銅解子，中村栄．(2014)．3i研究会「情報を力に変えるワークショップ」（後編） メンバーが語るその活動と魅力．情報管理，57（4），251-256．

伏見祥子，本田瑞穂，大久保武利，山中とも子，真銅解子，中村栄．(2014)．3i研究会「情報を力に変えるワークショップ」（前編） メンバーが語るその活動と魅力．情報管理，57（3），157-169．

藤本昇．(2019)．これで分かる意匠（デザイン）の戦略実務．発明推進協会．

二神元信．(2015)．特許調査の研究と演習 調査の実際が体系的に学べる初めての教科書．静岡学術出版．

渕真悟．(2014)．できる技術者・研究者のための特許入門．講談社．

船戸奈美子．(2019)．STNマルクーシュ構造検索のしくみ．情報の科学と技術，69（5），204-209．

プロパティ.(2012).中国特許・商標調査の最前線.発明推進協会.

堀栄三.(1996).情報なき国家の悲劇.文藝春秋.

本間奨.(2011).自然文検索から始める一般技術者のための先行技術調査.情報管理,54(2),79-89.

マイスター,デービッド.(2002).プロフェッショナル・サービス・ファーム.東洋経済新報社.

牧野和彦.(2011).ビジネス情報担当者のスキルアップ.情報の科学と技術,61(4),162-167.

間瀬久雄.(2012).特許概念検索結果の理解支援に関する考察.Japio YEAR BOOK 2012,170-175.

丸山高政.(2006).IPC 第8版以降の国際特許分類.情報管理,49(7),359-370.

水野学.(2014).センスは知識から始まる.朝日新聞出版.

宮尾大志,アクセンチュア製造流通本部一般消費財業界グループ.(2017).外資系コンサルのリサーチ技法.東洋経済新報社.

宮川幸子,清水至.(2015).事業をサポートする 知的財産実務マニュアル.中央経済社.

ミンツバーグ,ヘンリー.(2014).エッセンシャル版 ミンツバーグ マネジャー論.日経BP社.

六車正道.(2006).引用特許分析の有効性とその活用例.情報の科学と技術,56(3),114-119.

六車正道.(2007).発明者引用特許の抽出とその分析.情報の科学と技術,57(7),353-357.

六車正道.(2010).概念検索における質問文の長さに関する考察 – どの程度の長さが質問文に最適か？Japio YEAR BOOK 2010,214-221.

六車正道.(2011).特許情報を概念検索で利用するアイデア発想支援.Japio YEAR BOOK 2011,178-185.

六車正道.(2012).概念検索を利用した無効資料調査.Japio YEAR BOOK 2012,182-187.

六車正道.(2013).技術者のためのアイデア発想支援.発明推進協会.

六車正道.(2013).新特許分類・CPCの使いこなし.Japio YEAR BOOK 2013,198-207.

六車正道．(2014)．概念検索の活用促進7つの関門．Japio YEAR BOOK 2014, 166-173．

六車正道．(2015)．概念検索の使いこなしに関する論文．情報の科学と技術, 65 (3), 141-147．

六車正道．(2015)．概念検索は役に立たないのか？ Japio YEAR BOOK 2015, 220-229．

六車正道．(2016)．AI時代の特許情報システムの開発のために．Japio YEAR BOOK 2016, 142-149．

六車正道．(2017)．概念検索の実際の使用例．Japio YEAR BOOK 2017, 248-259．

六車正道．(2018)．情報検索におけるノイズの役割り．Japio YEAR BOOK 2018, 186-193．

武藤晃．(2000)．特許情報の難しさの周辺．情報管理, 43 (7), 604-614．

武藤晃．(2004)．データベースを深く知る：上達の決め手は洞察力とコスト意識．情報の科学と技術, 54 (5), 224-228．

武藤晃, 村野祐子, 鈴木智香．(2010)．欧州特許分類の理論と活用　国際調和に向かって世界をリードする検索ツール．情報管理, 53 (5), 241-255．

森川能匡．(2019)．日国際特許分類に関する最新動向．Japio YEAR BOOK 2019, 72-77．

八木敬宏, 間瀬久雄, 岩山真．(2009)．概念検索技術および特許検索への適用可能性について．特技懇, 252, 43-49．

安河内正文, 延原愛．(2014)．特許公報の読み方【1日完読版】．山の手総合研究所．

矢野純一．(2015)．電機分野における特許調査の現状と課題．情報の科学と技術, 65 (7), p290-295．

山口隆．(2016)．パテントプロサーチャーのための特許調査の知識と実務〔増補改訂版〕．パテントテック社．

山口和弘．(2019)．産業財産権と国際条約．情報の科学と技術, 69 (10), 453-458．

山崎登和子．(2012)．(株) ダイセルにおける情報調査活動　調査チームの取り組みと調査担当者の役割．情報管理, 55 (1), 21-28．

山崎理恵, 森有希．(2019)．デザインを保護する意匠制度　日中欧米の制度比較と, 権利化時の留意点．情報の科学と技術, 69 (10), 465-470．

山﨑久道, 長田孝治, 佐藤京子, 戸塚隆哉．(2019)．座談会　インフォプロの未来．

情報の科学と技術, 69（1）, 2-9.

山田繁和. (2015). 意匠検索システム構築の背景と今後. Japio YEAR BOOK 2015, 120-123.

山田有美. (2012). 米国特許法改正 特許調査への影響を中心に. 情報管理, 55（8）, 562-570.

山本和英. (2015). 日本語の表記ゆれ問題に関する考察と対処. Japio YEAR BOOK 2015, 202-205.

ユーザベース. (2019年8月). 総合化学メーカーの知的財産部門における活用－旭化成株式会社－. 参照先: https://jp.ub-speeda.com/customers_asahikasei/

吉井隆明, 森美由紀, 原田智子, 時実象一. (2015). 情報検索の知識と技術：基礎編. 一般社団法人情報科学技術協会.

吉川日出行. (2007). サーチアーキテクチャ. ソフトバンククリエイティブ.

吉田郁夫. (1993). 特許情報（上）- 連載：情報の探し方第18回. 情報の科学と技術, 43（8）, 773-780.

吉田郁夫. (1993). 特許情報（下）- 連載：情報の探し方第19回. 情報の科学と技術, 43（9）, 853-863.

吉田将英. (2019). 仕事と人生がうまく回り出すアンテナ力. 三笠書房.

リレーエッセー. (2009〜). インフォプロってなんだ？ 私の仕事，学び，そして考え. 情報管理. 参照先: https://jipsti.jst.go.jp/johokanri/list/?mode=2&recomend=3&page=1

和田玲子. (2019). 企業における知財アナリストのキャリアパス〜IPランドスケープの実施のために〜. 情報の科学と技術, 69（1）, 16-21.

渡部博樹. (2017). 特許分類に関する最新動向. Japio YEAR BOOK 2017, 70-75.

渡部博樹. (2018). 特許分類に関する最新動向. Japio YEAR BOOK 2018, 88-91.

おわりに

　本書「特許情報調査と検索テクニック入門」では先行技術調査、無効資料調査・有効性調査、侵害防止調査・FTOといった特許調査を念頭に執筆しているが、特許分析を行う上でも適切な分析母集団を形成する、つまり、特許検索式を作成するスキルは欠かせない。特許調査に従事する方だけではなく、特許分析に従事する方にもぜひとも手に取っていただき、特許情報をより積極的に事業戦略や研究開発戦略へ活用するための一歩としていただきたい。

　改訂版というと、初版をベースにちょっとした修正を行えばよいと思われる読者もいるかもしれない。著者自身もそんな甘い考えを持った1人であった。J-PlatPatのリニューアルに伴う画面の刷新は致し方ないとして、特許検索式作成のテクニックについては初版で詳しく書いたつもりでいたので修正する必要はないだろうと思っていた。しかし、改訂作業をはじめて、そんな甘いものではないことがすぐに分かった。結果的に、全章にわたって追加・修正または削除することになった（**第1章**は全面差し替え、**第2章**も2.4.1や2.4.2を新設、**第3章**も3.1新設、**第4章**は章構成を変更、**第5章**・**第6章**は内容を全面的に刷新、**第7章**は事例をすべて差し替え、**第8章**は8.3を追加、**第9章**は9.1を追加）。

　大々的な改定作業の背景にあるのは、J-PlatPatのリニューアルなど各種データベースの進展や特許情報業務への人工知能技術の導入などのトレンドの影響もあるが、著者自らの特許検索に関する考え方やアプローチの仕方が、4年前に比べて、より一層ブラッシュアップされたからだと考えている。特許検索の考え方やアプローチの仕方がブラッシュアップできたのは、ひとえに各種分析・コンサルティング案件を通じてお付き合いさせていただいているクライアントや、K.I.T.虎ノ門大学院や各種研修・セミナー等に参加いただいている受講生の皆様とのコミュニケーションの賜物である。個々の方のお名前を出すことはできないが、ここで厚く御礼申し上げたい。

　可能な限り、この4年間での思考の進化を反映させたつもりであるが、今回の改訂版が読者にとって読みやすく、より理解しやすい内容になって

おわりに

　いれば幸いである。
　最後に、拙著では毎度で恐縮であるが、多忙な著者を支えてくれている妻・志保と著者の働く原動力である娘・百音に感謝したい。

2019年10月吉日

野崎篤志

著者プロフィール

野崎篤志(のざき　あつし)
株式会社イーパテント　代表取締役社長／知財情報コンサルタント

1977年11月	新潟県生まれ
2002年3月	慶応義塾大学院 理工学研究科 総合デザイン工学専攻 修了(工学修士)
2002年4月	日本技術貿易株式会社入社　IP総研に配属
2010年3月	金沢工業大学院 工学研究科 ビジネスアーキテクト専攻 修了(経営情報修士)
2010年4月	日本技術貿易株式会社入社　IP総研　コンサルティングソリューショングループ　グループリーダー
2010年10月	日本技術貿易株式会社入社　IP総研　マネージャー
2012年4月	ランドンIP合同会社　シニアディレクター(日本事業統括部長)
2013年4月	東京理科大学　工学部　非常勤講師
2014年4月	東京理科大学院　イノベーション研究科　非常勤講師
2017年4月	K.I.T.虎ノ門大学院イノベーションマネジメント研究科 客員准教授
2017年5月	株式会社イーパテント　代表取締役社長
2019年3月	平成30年度特許情報普及活動功労者表彰 特許庁長官賞　受賞

2019年7月　　第44回「情報科学技術協会賞」情報業務功労賞　受賞

　中長期戦略策定支援、未来予測・将来予測、技術動向分析、競合他社分析、知財デューデリジェンス、新事業・新製品開発および新規用途探索・アイデア創出などの知財情報コンサルティングサービスを提供するとともに、日本特許庁・日本弁理士会・北海道経済産業局・近畿経済産業局・発明推進協会・大阪発明協会等の機関・団体や製造業を中心とした民間企業において知財情報調査・分析に関する人材育成・研修講師を務めている。

　著書に『調べるチカラ　「情報洪水」を泳ぎ切る技術』(日本経済新聞出版社)、『特許情報分析とパテントマップ作成入門　改訂版』(発明推進協会)、『EXCELを用いたパテントマップ作成・活用ノウハウ』(技術情報協会)、『知的財産戦略教本』(部分執筆、R＆Dプランニング)、『欧州特許の調べ方』(編著、情報科学技術協会)がある。その他、IPランドスケープや特許情報調査・分析およびその新規事業開発や事業戦略・研究開発戦略への活用に関する論考を数多く寄稿している。

　所属学会：日本知的財産協会、日本知財学会、自動車技術会、情報科学技術協会、日本マーケティング学会、研究・イノベーション学会、人工知能学会、特許情報サービス業連合会（賛助会員含む）

カバーデザイン　サンクデザインオフィス

研究開発＆特許出願活動に役立つ
特許情報調査と検索テクニック入門 改訂版

2015（平成27）年10月30日　初　版　発行
2019（令和元）年12月24日　改訂版　発行
2022（令和4）年4月25日　改訂版　第二刷　発行
2023（令和5）年7月20日　改訂版　第三刷　発行

著　者　野崎　篤志
©2019 NOZAKI Atsushi
発　行　一般社団法人 発明推進協会
発　行　所　一般社団法人 発明推進協会
　　　　　　所在地　〒105-0001 東京都港区虎ノ門3-1-1
　　　　　　電　話　03-3502-5433（編集）03-3502-5491（販売）
　　　　　　ＦＡＸ　03-5512-7567（販売）

印　刷　株式会社丸井工文社　　Printed in Japan
乱丁・落丁本はお取り替えいたします。
ISBN 978-4-8271-1334-1 C3032
本書の全部または一部の無断写複製を禁じます（著作権法上の例外を除く）。

発明推進協会HP：http://www.jiii.or.jp